礼仪修养规划系列教材

社交礼仪

主　编　刘跟科　徐　昊　田桂琴

中国商业出版社

图书在版编目(CIP)数据

社交礼仪/刘跟科、徐昊、田桂琴主编．—北京：中国商业出版社，2017.9
ISBN 978-7-5044-8714-8

Ⅰ.①社… Ⅱ.①刘…②徐…③田… Ⅲ.①心理交往-礼仪-高等职业教育-教材 Ⅳ.①C912.1

中国版本图书馆CIP数据核字(2014)第194806号

责任编辑：蔡凯

中国商业出版社出版发行
010-63180647　www.c-cbook.com
(100053　北京广安门内报国寺1号)
新华书店经销
北京航天伟业印刷有限公司印刷
﹡　﹡　﹡　﹡
787×1092毫米　16开　14印张　350千字
2017年9月第1版　2017年9月第1次印刷

定价:42.00元
﹡　﹡　﹡
(如有印装质量问题可更换)

前 言

中国具有五千年文明史,素有"礼仪之邦"之称,中国人也以彬彬有礼著称于世。礼仪文明作为中国传统文化的一个重要组成部分,对中国社会历史发展有着广泛深远的影响,其内容十分丰富,涉及的范围十分广泛,几乎渗透于社会的各个方面。人们对礼仪的理解与认识同样丰富多彩,礼仪是一种体面而又恰当的操行;是高贵的坐立、言行、举止;是待人接物的技巧;是让人留下深刻、美好的印象,被人尊重的行为表现;是人们在人际交往中以约定俗成的程序、方式来表现的律己敬人的行为。总之,礼仪是一种为时代所认同的行为准则,是人们自觉学习和遵守的行为规范。

进入21世纪,人类社会正经历一个快速发展的新时期。我国的迅速崛起,在世界上赢得了更多的关注与尊重,和世界各国人民的交流日益频繁。在这种历史背景下,普及礼仪知识,充分展现中华民族"礼仪之邦"的风采,显得尤为重要。熟练掌握各种礼仪知识,不仅可以有效地展现一个人的风度和魅力,还体现出一个人对社会的认知水准、个人学识、修养和价值观,是现代人的处世根本,也是成功者的潜在资本,使我们得以和外界顺畅地进行交往。但是,在现实生活中,由于礼仪知识缺失以及礼仪观念淡薄,造成交流不畅、理念冲突的报道经常见诸媒体;由于礼仪运用不当影响交往、破坏组织形象的事件时有发生。

继承和发扬我国优良的礼仪传统,是我们义不容辞的责任,不论我们工作在学校、公司、媒体、社会组织或政府部门,还是日常生活起居、或行走于公共场所,都需要我们有得体的行为、优雅的风姿,并以恰当的方式表达出对他人的尊重、赞赏和关心,同时也为自己赢得尊重与友谊。

为适应当前学生素质教育的发展,切实提高从业人员的培养质量,提高从业人员礼仪素养,适应各行业不同的特点和要求,我们按不同行业组织编写了这套"礼行天下"系列培训教程。包括以下八本:《社交礼仪》、《商务礼仪》、《服务礼仪》、《政务礼仪》、《涉外礼仪》、《职业礼仪》、《接待礼仪》、《庆典礼仪》。

本系列教程注重编写特色的连续性，侧重于礼仪规则和行为规范的具体介绍和训练，通过案例引入，导入相关礼仪内容，启发学生思维，激发学生兴趣；并通过丰富的案例、图片展示解读相关规则，生动直观；通过小组互动、实践训练将理论与实际运用有机结合起来，培养学生宽容、谦逊、诚信的待人态度，守则自律、是非分明、与人为善、助人为乐的做人品行，庄重大方、热情友好、谈吐文雅、讲究礼貌的行为举止。

本系列教程可供各类院校涉及相关专业教学使用，还可作为企业员工礼仪培训用书及从业人员自学读物及大学毕业生的求职礼仪指导用书。《社交礼仪》教程由刘跟科、徐昊、田桂琴任主编，王金庆、黄健生、米旋、张艳艳任副主编，参加本书编写的有刘跟科、徐昊、田桂琴、王金庆、黄建生、米旋、张艳艳、甄逢江、王璇、吴颢、杜昌志、王滕滕、于志明、陈鹏、易绍兴、吴玉玲、王昆、高玉香等。书中示范图片由米旋组织排练，陈鹏、张艳艳摄影，书中漫画由张艳艳、王昆绘制。

本教程出版之际，对中国商业出版社的相关编辑深表谢意。感谢他们在本教程编写过程中给予的莫大支持和热心协助。此外本教程的编写过程中，曾多次听取有关专家、教师的意见，参考了大量有关方面的书籍、文献，在此谨向有关专家、教师、作者表示衷心的感谢。

限于时间、水平有限，本教程编写过程中的缺陷在所难免，敬请读者指正，以臻完善。

编者

2017 年 9 月

目 录

第一章 概论 (1)
第一节 礼仪内涵 (1)
第二节 礼仪的学习与运用 (9)

第二章 个人礼仪 (18)
第一节 仪容 (18)
第二节 仪态 (35)
第三节 服装 (46)
第四节 饰品 (55)

第三章 交往礼仪 (58)
第一节 称呼 (58)
第二节 介绍 (62)
第三节 握手 (66)
第四节 名片 (70)
第五节 交谈 (73)

第四章 联络礼仪 (80)
第一节 电话礼仪 (80)
第二节 书信礼仪 (85)
第三节 拜会礼仪 (91)
第四节 接待礼仪 (95)
第五节 馈赠礼仪 (99)
第六节 送花礼仪 (104)

第五章 公共礼仪 (111)
第一节 行进 (111)
第二节 交通 (116)

第三节　购物 ·· (123)
　　第四节　观光 ·· (127)
　　第五节　宾馆 ·· (132)

第六章　应酬礼仪 ·· (136)
　　第一节　亲缘 ·· (136)
　　第二节　友缘 ·· (142)
　　第三节　地缘 ·· (145)
　　第四节　业缘 ·· (150)

第七章　应聘礼仪 ·· (159)
　　第一节　应聘准备工作 ·· (159)
　　第二节　应聘面试时的基本礼仪要求 ······························ (167)
　　第三节　公务员面试技巧 ·· (175)

第八章　聚会礼仪 ·· (182)
　　第一节　宴会礼仪 ·· (182)
　　第二节　晚会礼仪 ·· (191)
　　第三节　寿诞礼仪 ·· (196)
　　第四节　婚礼的基本礼仪 ·· (199)
　　第五节　吊唁礼仪 ·· (202)

附录 ·· (205)
　　附录一 ·· (205)
　　附录二 ·· (209)
　　附录三 ·· (210)
　　附录四 ·· (211)
　　附录五 ·· (213)
　　附录六 ·· (214)

第一章　概论

讲礼仪是社会文明的一种体现。国家有大小之分，民族有多寡之别，社会形态也各不相同，但是各民族都讲究文明，注重礼仪，希望友好往来。讲究礼仪是社会对每位公民的基本要求。要成为一个受人尊重和受人欢迎的文明公民，就必须注意自己的言行举止，养成讲究礼仪的良好习惯。况且现代社会发展变化迅速，社会交往频繁，对社交活动的要求水平越来越高，人们越来越需要认真学习社交活动的有关仪表、仪态、交际等礼仪方面的知识，学会沟通、协调，并建立和谐的人际关系，调节紧张的生活，强化个人素质，塑造个人形象，建立友谊、交流情感、广结良缘、增长见识、扩展信息、融洽往来。礼仪不仅有利于维护整个社会的安定团结，而且还有利于社会和谐稳定和发展。因此，在社会生活中，人们往往把讲究礼仪作为一个国家和民族文明程度的重要标志；对个人而言，礼仪则是衡量一个人的道德水准高低和有无教养的尺度。成功学大师拿破仑希尔说：世界上最廉价，而且能够得到最大收益的一种特质就是讲礼仪。

第一节　礼仪内涵

◆ 案例引入

【案例1-1】
某医疗器械厂与美国客商达成了引进"大输液管"生产线的协议，第二天就要签字了。可是，当该厂厂长陪同外商参观车间的时候，不经意间向墙角吐了一口痰，然后用鞋底去擦。这一幕让外商彻夜难眠，他让翻译给那位厂长送去一封信："尊敬的厂长先生，我十分佩服您的才智和精明，但是您在车间里吐痰的一幕使我彻夜难眠。恕我直言：一个厂长的卫生习惯可以反映一个工厂的管理素质，况且，我们今后生产的是用于治病的输液管。贵国的成语说得好：人命关天！请原谅我的不辞而别，否则上帝会惩罚我……"一项已基本谈成的项目，就这样"吹"了。

社交礼仪

【案例1-2】

日本的著名企业家松下幸之助开始创业时不修边幅,企业也不注重形象,因此企业发展缓慢。有一天理发时,他的理发师不客气地批评他不注重仪表,说:"你是公司的代表,却这样不注重衣冠,别人会怎么想?连人都这样邋遢,他的公司会好吗?"松下幸之助听后感觉很有道理,从此松下幸之助一改过去的习惯,开始注意自己在公众面前的仪表仪态,同时也注重对员工的要求,生意也随之兴旺起来。现在,松下电器产品享誉天下,与松下幸之助长期率先垂范,要求员工懂礼貌、讲礼节是分不开的。

【讨论】

1. 这是两个关于CEO的故事,为什么一个煮熟的鸭子飞了,另一个生意却兴旺起来?
2. 说一说您对礼仪的认识。

礼仪体现一个人的修养、体现一个企业的形象和文化、体现一个民族的素质。一个人的礼仪修养水平,能使其行为举止留给人们美好的印象,有助于人们获得交往活动的成功。讲礼仪可以使得社会更加安定。掌握规范的社交礼仪,能为交往创造出和谐融洽的气氛,建立或改善人际关系。

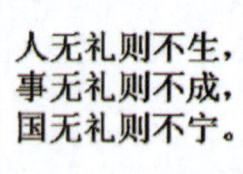

人无礼则不生,
事无礼则不成,
国无礼则不宁。
——荀子

◆ 跟我学礼仪

一、礼仪的内涵

礼仪是律己、敬人的一种行为规范,是表现对他人尊重和理解的过程和手段。

礼仪其实就是交往艺术,就是待人接物之道。礼仪是在人际交往中,以一定的、约定俗成的程序方式来表现的律己敬人的过程,涉及穿着、交往、沟通、情商、处世等内容。从个人修养的角度来看,礼仪可以说是一个人内在修养和素质的外在表现。从交际的角度来看,礼仪可以说是人际交往中一种交际方式或交际方法,是人际交往中约定俗成的示人以尊重、友好的习惯做法。从传播的角度来看,礼仪可以说是在人际交往中进行相互沟通的技巧。礼仪,简单说就是人与人交往中必须遵守的行为规范和准则。

礼仪作为一种约束和规范主要表现在四个方面:

1. 礼貌

礼貌一般是指在人际交往中敬重、友好的表示,通过语言、动作向交往对象表示谦虚与恭敬。礼貌是人与人之间和谐相处的意念和行为,展现一个人的思想、文化修养和交际能力。恰当地运用礼貌用语能够调和及融洽人际关系。如,"谢谢"、"辛苦了"、"欢迎"、"见谅"、"不客气"、"对不起"、"没关系"等等。

2. 礼节

礼节通常是指人们在日常生活和交际场合,相互表示尊重、友好的惯用形式,也就是人际交往过程中的行为规范。如拜会、回访、敬茶、让座让路、尊老爱幼、待人热情等等。

3. 仪式

仪式是一种正式的礼节形式，是在一定场合举行的、具有专门程序的活动。为表示敬意而隆重举行的规范化活动，均属仪式的范畴。如开业典礼、迎来送往中的鸣炮奏乐、迎三步送七步、鞠躬握手、拥抱、招手等。

4. 仪表

仪表是指一个人的外表，如容貌、服饰、姿态、举止等，是一个人精神面貌的外在体现。

由此可见，"礼"是制度、规则和社会意识观念；"仪"是礼的具体表现形式，"仪"是依据"礼"的规则和内容形成的一套系统而完整的程序。礼仪是行为规范或行为模式。比如，见面时，不自觉地握手，说"您好"，临走时，挥挥手，说"再见"。

礼仪作为一种文化，是人们在社会生活中处理人际关系的标准，是用来对他人表达友谊和好感的符号。礼仪约束人们的欲望，维护社会秩序，促进人际关系的和谐。

◆ **小互动**

> 我国素有"礼仪之邦"的美誉，以"和谐、仁爱、忠孝、谦让、敬人"为精髓的中华礼仪文化源远流长，并且具有完备的礼仪体系，这是我们中华民族的骄傲，应发扬光大。一些古代礼貌用语现在使用起来依然会感到比较亲切。比如：宾客来到说："欢迎光临"；祝人健康说："保重"。
>
> 思考一下，下列情况应当如何说？
>
> 欢迎购买说——　　　　　　　　得到帮助说——
> 向人祝贺说——　　　　　　　　求人方便说——
> 中途先走说——　　　　　　　　请人勿送说——
> 送人远行说——　　　　　　　　等候别人说——
> 没能迎接说——　　　　　　　　需要考虑说——

二、礼仪的要素

1. 礼仪的要素

礼仪是由礼仪的主体、礼仪的客体、礼仪的媒体（载体）、礼仪的环境等四项基本要素所构成的。

礼仪的主体，指的是礼仪活动的操作者和实施者。它既可以是个人，也可以是组织。当礼仪活动规模较小、较为简单时，其主体通常是个人。当礼仪活动规模较大、较为复杂时，其主体通常是组织。没有礼仪主体，礼仪活动就不可能进行，礼仪也就无从谈起。

礼仪的客体，又叫礼仪的对象，它指的是礼仪活动的具体指向者和承受者。从外延上讲，它可以是人，也可以是物；可以是物质的，也可以是精神的；可以是具体的，也可以是抽象的；可以是有形的，也可以是无形的。没有礼仪客体，礼仪就失去了对象，就不成其为礼仪。礼仪的客体与礼仪的主体二者之间既对立，又依存，而且在一定条件下相互转化。

礼仪的媒体，指的是礼仪活动所依托的一定的媒介。它实际上是礼仪内容与礼仪形式的统一。任何礼仪都必须使用礼仪媒体，不使用礼仪媒体的礼仪不可能存在。礼仪的媒体，具体是由人体礼仪媒体(参与的人)、物体礼仪媒体(借助的物体)、事体礼仪媒体(涉及的活动或行为)等构成的。在具体操作礼仪时,这些不同的礼仪媒体往往是交叉、配合使用的。

礼仪的环境,指的是礼仪活动得以进行的特定的时空条件。大体来说,它可以分为礼仪的自然环境与礼仪的社会环境。礼仪的环境,经常制约着礼仪的实施。不仅实施何种礼仪由其所决定,而且礼仪具体的实施方法也由其所决定。

礼仪都是通过主体的语言、行为或物体来表达对礼仪客体的尊重。如,在某人家的客厅里,主人面带笑容地为客人端上一杯茶,请客人享用。这个礼仪体现了主人对客人的热情款待,是在家庭环境里通过人、物体(茶)表达出来的。这就构成了礼仪的基本要素:环境、主体、客体和媒体。

2. 礼仪的分类

礼仪依据适用对象和适用范围,有各种不同的分类方式,常见的分类如下:

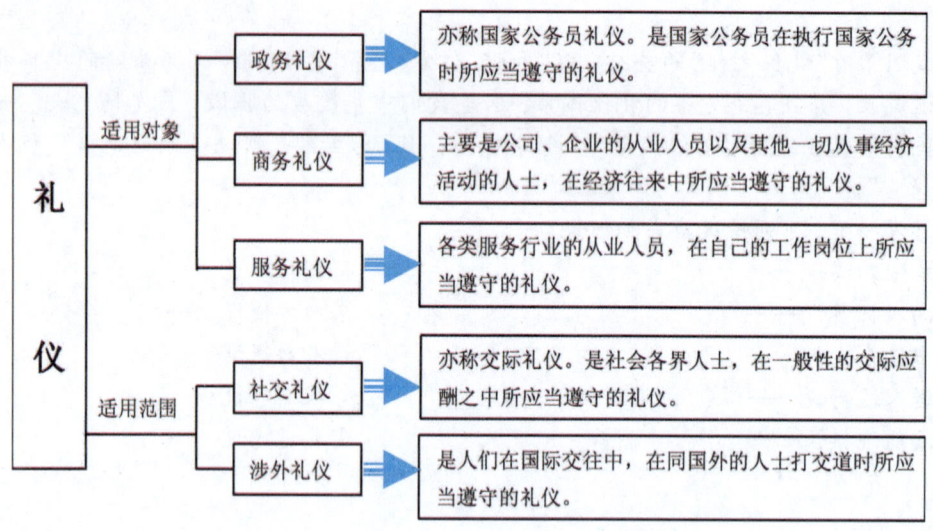

3. 礼仪的核心

我国古代大思想家孟子说:"敬人之心,礼也。"讲究礼仪有三个基本的、显著的标志:一是给老人充分的尊重;二是给女士优先照顾;三是给儿童真心喜欢。因此,尊重是礼仪的基石,也是待人接物的根基。只有尊重别人,才能赢得别人的尊重。大千世界,具体礼仪数不胜数,其核心就是:尊重。而尊重的一个内在表现形式和要求就是礼仪。

尊重依据尊敬的对象不同分为自尊与尊他。

(1)自尊为本,自尊自爱,爱护自己的形象;

(2)热爱自己的职业;

(3)热爱自己的工作单位;

(4)尊敬他人。

◆ 小互动

【案例1-3】
　　吴青和周悦是一对好朋友。有一次学校发放《贫困生助学贷款申请表》，吴青了解到周悦家境贫寒，符合申请资格，并且也急需这一笔助学贷款，便催促周悦去领表。可是，周悦迟迟不肯行动，吴青急了，叫起来："你不是跟我说过，你爸妈都下岗了，家里没钱供你读书只有找亲戚借，但是亲戚借钱的脸色好看吗？与其看人脸色，还不如直接向银行贷款。"当时正是课间，很多同学的目光都被吸引到两人身上。周悦的脸一直阴着，仍旧一言不发。吴青自悔失言，却不知道如何补救，两个好朋友好长一段时间都没有说话。

【议一议】
　　在日常交往中，吴青作为好朋友，关心周悦，体现了吴青待人诚恳、善良。但，为什么两个好朋友好长一段时间都没有说话？

【说一说】
　　这个礼仪活动属于哪一类别？礼仪的主体、礼仪的客体、礼仪的媒体、礼仪的环境等四项基本要素各是什么？

三、礼仪的特征

　　礼仪是在社会交往过程中人们的行为准则，人们以此来规范和约束自己的行为，协调和制约人际间的相互关系。与其他行为准则相比，礼仪具有以下特点：

　　1. 传承性

　　礼仪是一个国家、民族传统文化的组成部分。任何国家的礼仪都具有自己鲜明的民族特色，任何国家的当代礼仪都是在本国古代礼仪的基础上继承、发展起来的。礼仪的传承是一个扬弃的过程，一个剔除糟粕、继承精华的过程。那些反映劳动人民的精神风貌、代表劳动人民道德水平和气质修养的健康高尚的礼仪得到了肯定和发扬，而那些代表帝王将相封建迷信的繁文缛节得以根除。比如古代的磕头跪拜风早已被现代的握手敬礼所替代；至于古代朝见天子所需的三跪九叩，更早已被抛进历史的垃圾堆。而那些"温良恭俭让"、"尊老爱幼"的行

为规范则得到了弘扬。礼仪就是这样，作为一种人类的文明积累，将人们在交际应酬之中的习惯做法固定下来，流传下去，并逐渐形成自己的民族特色，这不仅不是一种短暂的社会现象，而且不会因为社会制度的更替而消失。这就是礼仪传承性的特定含义。正是因为礼仪具有传承性，各个国家和地区的礼仪才具有了自己的特色。

　　2. 规范性

　　礼仪，指的就是人们在交际与待人接物时必须遵守的行为规范。这种规范性的实质反映的是一种被广泛认同的社会价值取向和对他人的态度。无论是具体言行还是具体的姿态，均可反映出行为主体所具有的思想、道德等内在品质和外在的行为标准。这种规范性，不仅约

束着人们在一切交际场合的言谈话语、行为举止，使之合乎礼仪；而且也是人们在一切交际场合必须采用的一种"通用语言"，是衡量他人，判断自己是否自律、敬人的一种尺度。总之，礼仪是约定俗成的一种自尊、敬人的惯用形式。因此，任何人要想在交际场合表现得合乎礼仪，彬彬有礼，都必须对礼仪无条件地遵守。另起炉灶，自搞一套；或是只遵守个人适应的部分，而不遵守不适应自己的部分，都难以为交往对象所接受、所理解。

3. 普遍性

礼仪是人类在社会生活的基础上产生的行为规范，是全社会约定俗成、全社会共同认可、普遍遵守的准则。在生活中，许多礼仪是不随人的意志为转移的，它的存在本身具有很强的普遍性，礼仪无处不存，礼仪无时不在，从政治、经济、文化领域，到人们的日常生活方面，礼仪活动普遍存在，被人们广泛认可，反映着人们对真善美的追求愿望。现代社交礼仪的内容已渗透到社会的方方面面，比如，大到一个国家的国庆庆典，小到一个企业公司的开张志喜，再到人们日常生活中的接待、见面谈话、宴请等，均需要讲究礼仪规范，遵守礼仪行为准则。

一般来说，礼仪代表一个国家、一个民族、一个地区的文化习俗特征。但我们也看到不少礼仪是全世界通用的，具有全人类的共同性。例如：问候、打招呼、礼貌用语、各种庆典仪式、签字仪式等等，比如最简单的问候语"你好"、"再见"，这几乎是全世界通用的一种问候礼节。具有绝对的普遍性。

4. 自律性

礼仪是社会生活中约定俗成的习惯和规则，礼仪对人们的各种行为规范都有着广泛的约束力，但这种约束力不是强制性的。礼仪不像法律那样威严，也不像道德那样肃然，礼仪的实施无须别人的督促和监督，有人冒犯了礼仪规范，也不会受到法律的制裁。因此，礼仪的实施，主要是依靠人们自觉地利用礼仪规范来约束自己的行为，这就是礼仪的自律性。礼仪的这一特点，要求人们在实施礼仪的过程中，树立起一种内心的道德信念和行为修养准则，不断提高自我约束、自我克制的能力，在人际交往中自觉地遵守礼仪规范。礼仪的自律性并不是说礼仪是可以随意冒犯的，不注意礼仪的人在社会生活中会处处碰壁，孤独、尴尬、失意总是难以摆脱，而自觉地注重礼仪，与人交往就会一帆风顺，处处受人尊重。

5. 差异性

礼仪作为一种约定俗成的行为规范，其运用要受到时间、地点和环境的约束，同一礼仪会因时间、地点或对象的变化而有所不同。这就是礼仪差异性的特点。俗话说："百里不同风，千里不同俗"，不同的文化背景，产生不同的礼仪文化，不同的地域文化决定着礼仪的内容和形式。

礼仪的差异性首先表现为民族差异性，不同民族的礼仪多姿多彩，各具特色。各民族的习俗礼仪都凝结着本民族本地区人民的文化情结，人们严格遵循，苦心维护，难以改变。比如同是见面礼，不同的民族有着不同的表现形式：有脱帽点头致意的，有拥抱的，有双手合十的，有手按抚在胸口上的，更多的还是握手致意。

礼仪的差异性还表现为个性差异，每个人因其地位、性格、资质等因素的不同，在使用同样的礼仪时会表现出不同的形式和特点。比如同是出席招待会，男人和女人的礼仪规范也有不同之处。如"女士优先"已成为社交往来中应该遵守的礼仪规范。

礼仪的差异性还表现在礼仪的等级差别上，对不同身份地位的对象施以不同的礼仪。同样是宴会就会因招待对象的身份地位高低的差别而有所不同，身份和地位高的，可能就会受到更高级的款待，身份低的相对就低一等。如，师生相遇时，学生应向老师行鞠躬礼，而老师对学生则不必行鞠躬礼相还，只要向学生微笑致意并问候就可以了。

礼仪的差异性还表现在其时代变异性。礼仪随着社会的进步而不断发展、丰富和完善，又称礼仪的发展性。礼仪总是体现着时代要求和时代精神，因而会随着时代发展而产生差异。世界各国都很重视礼仪改革，现代礼仪发展变化的趋势是使礼仪活动更加文明、简洁和实用。例如：在我国，握手替代了作揖，鞠躬替代了跪拜；如今节假日给亲朋好友打个礼仪电话，发个短信、微信，或送去礼仪鲜花，表示祝贺与问候。这些都反映了礼仪发展性的特点。

礼仪的差异性要求我们在社交和礼仪活动中，既要注意各民族、国家、区域文化的共同之处，又要谨慎地处理相互间的文化差异及身份差异。

6. 限定性

比如，社交礼仪主要适用于交际场合，适用于普通情况之下一般的人际交往与应酬。在这个特点范围之内，礼仪肯定行之有效。离开了这个特定的范围，礼仪则未必适用。这就是礼仪的限定性特点。必须明确，当所处场合不同，所具有的身份不同时，所要应用的礼仪往往会因此而各有不同，有时甚至还会差异很大。一般而论，适合应用礼仪的，主要是初次交往、因公交往、对外交往等三种交际场合。

7. 可操作性

切实有效，实用可行，规则简明，易学易会，便于操作，是礼仪的一大特征。它不是纸上谈兵、空洞无物、不着边际、故弄玄虚、夸夸其谈，而是既有总体上的礼仪原则、礼仪规范，又在具体的细节上以一系列的方式、方法，仔细周详地对礼仪原则、礼仪规范加以贯彻，把它们落到实处，使之"言之有物"，"行之有礼"。礼仪的易记易行，能够为其广觅知音，使其被人们广泛地运用于交际实践，并受到广大公众的认可，而且反过来，又进一步地促使礼仪以简便易行、容易操作为第一要旨。

8. 理智性

礼仪实际上是以对真、善、美的追求为基础，展现了彼此之间的相互尊重，是为人做事的自觉性和理智性的体现。一个人知道怎么做是有礼的、规范的；一个人更要知道：什么是不应当做的，从而更自觉地约束自己的行为，使之符合礼仪的要求。

◆ 小互动

1. 酒满茶半以礼待人

我国历来就有"客来敬茶"的民俗。俗话说：酒满茶半。奉茶时应注意：茶不要太满，以八分满为宜。水温不宜太烫，以免客人不小心被烫伤。上茶时应以右手端茶，从客人的右方奉上，并面带微笑，眼睛注视对方。选茶也要因人而异，如北方人喜欢饮香味茶，江浙人喜欢饮清芬的绿茶，闽粤人则喜欢醇郁的乌龙茶、普洱茶等。茶具可以用精美独特的，也可以用简单质朴的。

社交礼仪

2. 饭桌转盘顺时慢转

在聚会吃饭时，经常会遇到带转盘的圆桌，如果饭局上有长幼之别，一道菜刚上来，应先转到主人、主宾、尊者面前，待其享用之后，其他人再慢转转盘。并且，转盘应顺时针转动，切忌快速旋转。

3. 鱼头鱼尾有说法

家庭宴会当中，主人应将鱼头朝向桌上辈分最大、职务最高的人摆放，由他带头吃鱼喝酒。

4. "拱手抱拳礼"双手有高低

大多数情况下的拱手礼应该是左手在上右手在下，即左手压住右手。这是因为，人们一般多使用右手来持兵器，用左手压住右手则象征或表达了中国古人热爱和平的意愿。

【议一议】

收集材料，讲一讲我国春节拜年有哪些礼仪？这些礼仪古今有何异同？不同地域有何特点？

◆ **拓展与提高**

中华礼仪的主要精神

1. 自强不息、刚健有为的进取精神。

中国古代文化经典《周易》上说："天行健，君子以自强不息。"就是提倡人应效法日月星辰刚健运行那样奋斗不息、积极进取，坚持独立意志、人格尊严和做人原则。自强不息是中国传统文化思想的主旋律，也是中华民族历经磨难而不倒，中华文明历经浩劫而传承的重要因素。这种精神铸就了中国人民百折不挠、愈挫愈奋的民族品格。

2. 以和为贵、和而不同的和谐精神。

早在2000多年前，中国古代思想家就提出"和实生物"、"和而不同"等思想。主张国家之间、民族之间、人与人之间和谐共处；不同文明之间和谐共存；人与自然和谐共生。"和"是中华文化的精髓，是中国人民奉行的崇高价值，在中国历史上曾经起了促进民族团结，增强民族凝聚力，实现睦邻友好的积极作用。

3. 民为邦本、民贵君轻的民本思想。

成书于殷商时期的《尚书》中就有"民惟邦本，本固邦宁"的思想。我们提出的"以人为本"，是对"民本"思想的继承和发扬。就是通过改革开放，解放和发展生产力，满足人们日益增长的物质文化需求；就是要在平等、自由的条件下实现人的全面发展。

4. 天人合一、民胞物与的人与自然相统一的思想。

中国宋代哲学家张载明确提出"天人合一，民胞物与"的思想。就是说，天地犹如父母，人与万物都是天地所生，人民都是我的兄弟，万物都是我的朋友。这充分肯定了人与自然界的统一。人是自然界所产生的,是自然界的一部分,人可以认识自然并加以改变调整,但不应破坏自然。如果破坏了自然,人类迟早会受到自然界的惩罚。

◆ 实践训练

1. 收集资料,说一说我国春节礼仪的演变和各地春节礼仪的异同。
2. 说一说:在日常生活工作中有哪些礼仪?

第二节　礼仪的学习与运用

◆ 案例引入

【案例1-4】
中国某集团公司的总经理赵某,经人介绍与前来中国寻找合作伙伴的加拿大商人查理·许首次会面。当查理·许来到赵总的办公室的时候,赵总正坐在办公桌后打着电话。在赵总打电话的时间,查理·许仔细打量了一番赵总,赵总身穿棕灰色人造纤维的格子西服,一条花领带露在他的毛衣外面,鼻毛有些长,由于抽烟,牙齿黑黄。好像问题很严重,赵总在电话中大声训斥着对方,然后毫不客气地猛然摔下电话。摔下电话后,赵总似乎余怒未消,象征性的将手伸向了查理·许。中午,赵总邀请查理·许共进午餐,席间无意中话题涉及饮食与肥胖的关系,赵总旁若无人地指责胖人没有节制的饮食,查理·许的胖同伴低头不语。查理·许举杯转移话题,"好酒,中国的红酒真有味道"。赵总喝完酒后,再度谈起肥胖的话题,认为胖人之所以胖,是由于懒惰,不锻炼身体,没有毅力等等。最终,赵总所在集团没有实现与查理·许的合作。
【想一想】
为什么赵总与查理·许没有达成协议?请从礼仪的角度找出原由。

要树立良好的个人形象意识,提升自我的交际能力、自控能力、应变能力、表达能力及创新能力等,在社交活动中塑造良好的自我形象,就要多了解社交礼仪,多学、多练,以得体的服饰打扮、幽默的谈吐、高雅的举止及适宜的处世方式来赢得大家的赞许。

◆ 跟我学礼仪

一、树立正确的理念

在社交场合,要想正确地运用礼仪,获得他人认可,与人建立良好的人际关系,就要坚持并灵活运用正确的理念。

1. **真诚尊重**

古人云:"敬人者,人恒敬之。"只有相互尊重,人与人之间的关系才会融洽和谐。心理学家马斯洛认为，人们对尊重的需要包括对获得信心、能力、本领、成就、独立和自由等的愿望。来自他人的尊重包括这样一些概念：威望、承认、接受、关心、地位、名誉、赏识。一个具有足够自尊的人总是更有信心，更有能力，也更有效率，自然也包括对自己在社会上所扮演的角色的正确认识，否则就会为了满足自己的自尊而造成对别人的无礼。礼仪讲究互尊原则，即相互尊敬、坦诚、谦恭、和善及运用得体，"你敬我一尺，我敬你一丈"，才能满足每个人的自尊心理。

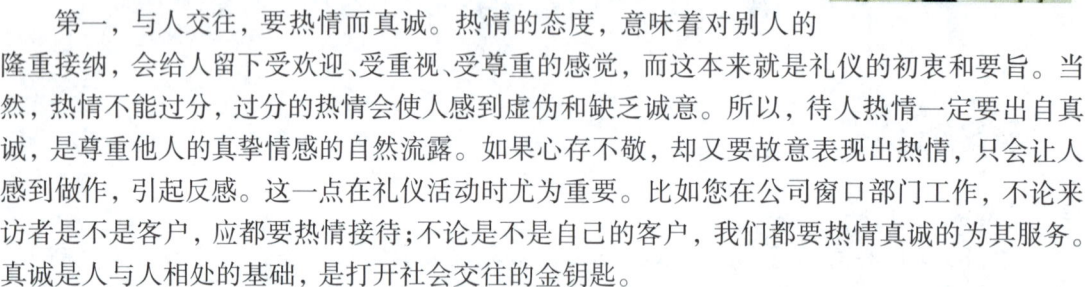

要想在与人交往中通过礼仪的形式体现出对对方的尊重，就应从以下几个方面做起：

第一，与人交往，要热情而真诚。热情的态度，意味着对别人的隆重接纳，会给人留下受欢迎、受重视、受尊重的感觉，而这本来就是礼仪的初衷和要旨。当然，热情不能过分，过分的热情会使人感到虚伪和缺乏诚意。所以，待人热情一定要出自真诚，是尊重他人的真挚情感的自然流露。如果心存不敬，却又要故意表现出热情，只会让人感到做作，引起反感。这一点在礼仪活动时尤为重要。比如您在公司窗口部门工作，不论来访者是不是客户，应都要热情接待；不论是不是自己的客户，我们都要热情真诚的为其服务。真诚是人与人相处的基础，是打开社会交往的金钥匙。

第二，要给他人留有面子。所谓面子，即自尊心。每个人都有自尊心。失去自尊，对一个人来说，是一件非常痛苦、难以容忍的事情。所以，伤害别人的自尊是严重失礼的行为。

第三，允许他人表达思想，表现自己。每个人都有表达自己思想、表现自身的愿望。社会的发展，为人们弘扬个性提供了更为广阔的空间。丰富的个性色彩和多元思想的共存，是现代社会区别于传统社会的一个基本特征。因此，现代礼仪的互尊原则，要求人们必须学会彼此宽容，尊重他人的思想观点和个性。

2. 信用宽容谦和

孔子有言："民无信不立，与朋友交，言而有信"。信用主要指忠诚老实、诚恳待人，信守诺言。无论什么理由，不遵时守约都是不礼貌的。中国传统文化提倡做人与人际交往，都要以信义为本，提倡"一诺千金"。

宽容就是心胸宽广、与人为善，容许别人有行动和判断的自由，对不同于自身观点的见解能够耐心公正地容忍，坦然对待。有道是"水至清则无鱼，人至察则无徒"，"海纳百川，有容乃大"。宽容他人，理解他人，体谅他人，不要求全责备、斤斤计较，甚至咄咄逼人。能设身处地为别人着想，能原谅别人过失，也是一种美德，被作为现代人的一种礼仪素养。

在礼仪中体现宽容原则应从以下几个方面做起：

第一，要做到"入乡随俗"。《礼记》中说："入境而问禁，入国而问俗，入门而问讳"，"到什么山唱什么歌"。尊重习俗与风俗禁忌是指世界每个民族地区都可能有自己独特的风俗禁忌，我们应当理解它、尊重它，不违反这些风俗禁忌。这一规律要求人们客随主便、主随客意。客随主便，就是客人必须遵循主人所在地域的礼仪规范，按照主人方的礼仪习惯来做。如，我们中国人习惯就餐时使用筷子，但是如果到了欧洲，就应该主动适应欧美人就餐时使用刀叉的习惯。主随客意，是指东道主接待客人的时候应考虑到来宾的礼俗习惯和禁忌，尽量做到让客人宾至如归。中国文化数千年，没有统一的宗教信仰，中国56个民族，禁忌各不相同。

第二,理解他人,互谅互让。俗话说"金无足赤,人无完人"。现实生活中的人,没有十全十美的。表现在礼仪方面,有些人擅长于礼仪交际,说话办事滴水不漏;有些人则不熟悉礼仪知识,形似粗俗。

第三,谦和,谦虚与和善。"和气生财","和为贵"。举止、言语、神态都谦恭有礼;听别人教诲应当洗耳恭听,做谦谦君子,保持良好的自信心和正常心态。虚心接受他人对自己的批评意见,即使批评错了,也要认真倾听。俗话说"人非圣贤,孰能无过"。有了过错后允许他人批评指正,才能得到大家的理解和尊重。有时,批评者的意见是错误的,但只要不是出于恶意,就应以宽容大度的姿态对待,有则改之,无则加勉。但是,谦和,不要过分谦虚,更不能妄自菲薄、丧失原则。

3. 平等和谐适度

以礼相待是礼仪的核心内容,"礼尚往来",俗话说:"来而不往非礼也"。它要求人们在交际活动中要互尊互敬、友好相待,投之以桃,报之以李。社会交往中每个人都希望得到尊重,体现自我价值。平等是指尊重交往对象,对任何交往对象都必须一视同仁,给予同等程度的礼遇。平等在交往中,表现为不要骄狂,不要我行我素,不要自以为是,不要厚此薄彼,不要傲视一切、目中无人,而应处处、时时平等谦虚待人。平等是人与人交往中建立情感的基础。

和谐适度是指交往中应把握礼仪分寸,根据具体情况、具体情景而行使相应的礼仪,人与人之间的交往与沟通一定要把握适度性,注意社交距离,控制感情尺度,确定自己的行为标准。特别注意在不同情况下,坚持因时、因地、因人的合宜原则。一般来说,在人际交往过程中如果言行过于拘谨,就难以形成宽松融洽的氛围,影响深入交流;但如果与他人交往时我行我素、目中无人,则会走向另一个极端,易招人反感。应用礼仪时特别要注意做到情感适度、谈吐适度、举止适度,把握分寸,优雅得体,友好坦诚,不卑不亢,热情大方,有理、有利、有节,避免过犹不及。分寸感是礼仪实践的最高技巧。运用礼仪时,假如做得过了头,或者做得不到位,都不能正确地表达自己的自律、敬人之意。因此一定要做到适度、和谐。要做到这些,就必须在社会交际实践中积极地勤学多练,使礼仪行为成为自己的习惯。

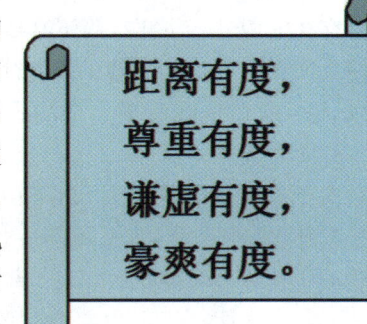

4. 自信自律

自信即对自己充满信心。这是社交场合中一种很可贵的心理素质。社交场合中一个充分自信心的人,才能在交往中不卑不亢、落落大方。遇到强者不自惭;遇到磨难不气馁;遇到侮辱敢于挺身反击;遇到弱者会伸出援助之手。一个缺乏自信的人,就会处处碰壁。因此,在社交活动中要自信,但不能自负。

自律乃自我约束。在社会交往过程中,在心中树立起一种内心的道德信念和行为修养准则,以获得一种内在力量,并用这种内在力量约束自己的行为,严以律己,实现自我教育,自我管理。

5. 沟通互动

沟通，即了解交往对象，并积极推销自己，增进双方的理解和共识。有了沟通才会互动。互动要求人们必须善于体谅交往对象，进行换位思考，努力做到"以交往对象为中心"，不能自以为是。

◆ 小互动

【案例1-5】
某企业与外商一个合作金额几十万美元的项目完成了前期论证，双方达成了初步协议，签字前中方合作者宴请外商。席间几位喝得醉眼朦胧的东道主与外商拍着肩膀称兄道弟，又借酒壮胆"引吭高歌"，一派乌烟瘴气。外商立刻皱起眉头，借口告辞，几天后便发来传真，要取消合作。
【讨论】
1. 为什么即将签订的合同又会失去呢？
2. 说一说：您对"礼多人不怪"的认识。

二、礼仪学习的途径

学习礼仪，不可敷衍应付，只走过场。对一般人来讲，学习礼仪主要有三大途径：

1. 进行理论学习

利用图书资料、广播电视、互联网络、教学函授，系统地、全面地学习礼仪。

2. 向社会实践学习

交往的成功，往往有赖于必要的经验。交际实践作为学习礼仪的一个具体过程，不仅可以使人加深对礼仪的了解，强化对礼仪的印象，而且还会检验其作用，并且据以判断个人掌握、运用礼仪的实际水平。

3. 向专人学习

向专业人员学习，可以事半功倍。这里所指的专人，可以是教师、培训专家、礼仪顾问，也可以是在某些方面确有经验或所长者、堪称楷模之人。其共同点，是对礼仪有一定的了解，或是具有一定的实践经验和心得体会。向他们学习，可使自己取长补短，益智开窍。

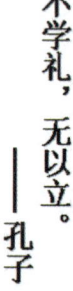

不学礼，无以立。——孔子

三、礼仪学习的方法

1. 联系实际

礼仪本身就是一门应用学科。因此学习礼仪，务必要坚持知和行的统一。要注重实践，将知识运用于实践，不断地在实践中总结经验、提高技能。这是学习礼仪的最佳方法。

2. 分清主次

学习礼仪应当有主有次，抓住重点和关键。学习礼仪的重点在于掌握具有普遍指导意义的各项礼仪原则：第一，适用于整个礼仪活动的原则，如："以右为尊"，国际礼仪强调"女士优先"；第二，适用于局部礼仪活动的原则，如：通联礼仪的原则——"保持联络"、握手礼仪的原则——"尊者决定"、公共礼仪的原则——"遵守公德"、"勿碍他人"等。

礼仪学习的关键在于练习。礼仪的学习更重要的是能力的训练,而不仅仅是知识的学习。我们要善于在礼仪的实践中发现自己的缺点,找出不足,将学习、运用礼仪真正变为个人的自觉行为和习惯做法。通过学习、训练、实践、养成,做到学以致用,提高自己的素质和修养。

同时,学习礼仪是一个渐进的过程。对一些规范、要求,只有反复运用、重复体验,才能真正掌握。

3. 反躬自省

古人强调提高个人修养要注意反躬自省,"吾日三省吾身"。学习礼仪,也应进行自我监督,处处注意自我检查。将学习、运用礼仪真正变为个人的自觉行动和习惯做法。

四、运用礼仪要"恰如其分",避免"过犹不及"

在学习和运用礼仪过程中,讲究礼仪"恰如其分",避免"过犹不及"。应当注意如下事项:

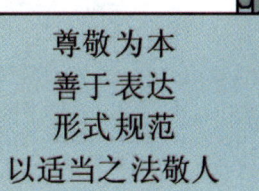

1. 忌故意卖弄、炫耀。
2. 与人交往,只注重礼仪,忽视情感交流,虚伪做作。
3. 忌喜欢用礼仪的尺度衡量他人,好为人师,吹毛求疵;要严于律己宽以待人,牢记礼仪的核心是:尊重。
4. 在社交活动中,要注意分寸,明确有所为,知道应当如何做,或如何做得更好;明确有所不为,即不能做什么;明确多种"不能"惯例,如:不过分开玩笑,不随便发怒,不言而无信,不热情过度,不乱起绰号,不当面纠错,不恶语伤人,不妨碍他人,不犯禁忌。
5. 合作共赢,善待他人,求同存异,和睦相处。
6. 有时候,在国内各种社交场合的交往中,或是在对外交往中,经常会遇到他人的挑衅。这时,应当灵活而有智慧地主动捍卫自己的尊严。

从总体上看,礼仪是由一系列的规范、程式、活动所构成的。学习与运用礼仪,要讲全面性、系统性,但是不能搞繁琐哲学,不能脱离实际,死抱着条条框框不放。若是把礼仪搞得过分复杂、琐碎,是不利于礼仪的普及、推广的。古人曾就此一针见血地指出:"礼繁则难行,卒成废阁之书。"将礼仪搞成繁文缛节,必将使礼仪脱离群众,曲高和寡。

◆ 小互动

1. 如果在交际活动中对于对方的观点或打扮,您不喜欢、不赞同,您应当怎么做才符合礼仪要求?

2. 苏格拉底(古希腊思想家和哲学家)曾言:"不要靠馈赠来获得一个朋友,您需要贡献诚挚的爱,学习怎么用正当的方法赢得一个人的心。"

卡耐基(美国现代成人教育之父)言:"一个人事业的成功,15%取决于专业知识,85%则取决于人际关系和处世技巧。"

【写一写】

您对这两段话的理解。

❋ 社交礼仪

◆ 拓展与提高

《弟子规》原名《训蒙文》，为清朝秀才李毓秀所作，全文仅1080字，列述在家、出外、待人、接物与学习上应该恪守的守则规范。集中国传统家训、家规、家教之大成，对我们为人处世具有重要的指导作用。（摘自 www.dizigui.cn）

弟子规

总 叙

| 弟子规 | 圣人训 | 首孝弟 | 次谨信 |
| 泛爱众 | 而亲仁 | 有余力 | 则学文 |

入 则 孝

父母呼	应勿缓	父母命	行勿懒
父母教	须敬听	父母责	须顺承
冬则温	夏则凊	晨则省	昏则定
出必告	反必面	居有常	业无变
事虽小	勿擅为	苟擅为	子道亏
物虽小	勿私藏	苟私藏	亲心伤
亲所好	力为具	亲所恶	谨为去
身有伤	贻亲忧	德有伤	贻亲羞
亲爱我	孝何难	亲憎我	孝方贤
亲有过	谏使更	怡吾色	柔吾声
谏不入	悦复谏	号泣随	挞无怨
亲有疾	药先尝	昼夜侍	不离床
丧三年	常悲咽	居处变	酒肉绝
丧尽礼	祭尽诚	事死者	如事生

出 则 弟

兄道友	弟道恭	兄弟睦	孝在中
财物轻	怨何生	言语忍	忿自泯
或饮食	或坐走	长者先	幼者后
长呼人	即代叫	人不在	己即到
称尊长	勿呼名	对尊长	勿见能
路遇长	疾趋揖	长无言	退恭立
骑下马	乘下车	过犹待	百步余
长者立	幼勿坐	长者坐	命乃坐
尊长前	声要低	低不闻	却非宜
进必趋	退必迟	问起对	视勿移
事诸父	如事父	事诸兄	如事兄

谨

朝起早	夜眠迟	老易至	惜此时
晨必盥	兼漱口	便溺回	辄净手
冠必正	纽必结	袜与履	俱紧切
置冠服	有定位	勿乱顿	致污秽
衣贵洁	不贵华	上循分	下称家
对饮食	勿拣择	食适可	勿过则
年方少	勿饮酒	饮酒醉	最为丑
步从容	立端正	揖深圆	拜恭敬

泛 爱 众

凡是人	皆须爱	天同覆	地同载
行高者	名自高	人所重	非貌高
才大者	望自大	人所服	非言大
己有能	勿自私	人所能	勿轻訾
勿谄富	勿骄贫	勿厌故	勿喜新
人不闲	勿事搅	人不安	勿话扰
人有短	切莫揭	人有私	切莫说
道人善	即是善	人知之	愈思勉

勿践阈	勿跛倚	勿箕踞	勿摇髀	扬人恶	即是恶	疾之甚	祸且作
缓揭帘	勿有声	宽转弯	勿触棱	善相劝	德皆建	过不规	道两亏
执虚器	如执盈	入虚室	如有人	凡取与	贵分晓	与宜多	取宜少
事勿忙	忙多错	勿畏难	勿轻略	将加人	先问己	己不欲	即速已
斗闹场	绝勿近	邪僻事	绝勿问	恩欲报	怨欲忘	报怨短	报恩长
将入门	问孰存	将上堂	声必扬	待婢仆	身贵端	虽贵端	慈而宽
人问谁	对以名	吾与我	不分明	势服人	心不然	理服人	方无言
用人物	须明求	倘不问	即为偷		亲 仁		
借人物	及时还	后有急	借不难	同是人	类不齐	流俗众	仁者希
	信			果仁者	人多畏	言不讳	色不媚
凡出言	信为先	诈与妄	奚可焉	能亲仁	无限好	德日进	过日少
话说多	不如少	惟其是	勿佞巧	不亲仁	无限害	小人进	百事坏
奸巧语	秽污词	市井气	切戒之		余 力 学 文		
见未真	勿轻言	知未的	勿轻传	不力行	但学文	长浮华	成何人
事非宜	勿轻诺	苟轻诺	进退错	但力行	不学文	任己见	昧理真
凡道字	重且舒	勿急疾	勿模糊	读书法	有三到	心眼口	信皆要
彼说长	此说短	不关己	莫闲管	方读此	勿慕彼	此未终	彼勿起
见人善	即思齐	纵去远	以渐跻	宽为限	紧用功	工夫到	滞塞通
见人恶	即内省	有则改	无加警	心有疑	随札记	就人问	求确义
唯德学	唯才艺	不如人	当自砺	房室清	墙壁净	几案洁	笔砚正
若衣服	若饮食	不如人	勿生戚	墨磨偏	心不端	字不敬	心先病
闻过怒	闻誉乐	损友来	益友却	列典籍	有定处	读看毕	还原处
闻誉恐	闻过欣	直谅士	渐相亲	虽有急	卷束齐	有缺坏	就补之
无心非	名为错	有心非	名为恶	非圣书	屏勿视	蔽聪明	坏心志
过能改	归于无	倘掩饰	增一辜	勿自暴	勿自弃	圣与贤	可驯致

社交礼仪

◆实践训练

【案例1-5】

【《深圳青年》杂志】有一批应届毕业生22个人,实习时被导师带到北京的国家某部委实验室参观。全体学生坐在会议室里等待部长的到来,这时有秘书给大家倒水,同学们表情木然地看着她忙活,其中一个人还问了一句:"有绿茶吗?天太热了。"秘书回答说:"抱歉,刚刚用完了。"林晖看着有点别扭,心里嘀咕:"人家给你水还挑三拣四。"轮到他时,他轻声说:"谢谢,大热天的,辛苦了。"秘书抬头看了他一眼,满含着惊奇,虽然这是一句很普通的客气话,却是她今天听到的唯一一句。

门开了,部长走进来和大家打招呼,不知怎么回事,静悄悄的,没有一个人回应。林晖左右看了看,犹犹豫豫地鼓了几下掌,同学们这才稀稀落落地跟着拍手,由于不齐,越发显得零乱起来。部长挥了挥手:"欢迎同学们到这里来参观。平时这些事一般都是由办公室负责接待,因为我和你们的导师是老同学,非常要好,所以这次我亲自来给大家讲一些有关情况。我看同学们好像没有带笔记本,这样吧,王秘书,请你去拿一些我们部印的纪念手册,送给同学们作纪念。"接下来,更尴尬的事情发生了,大家都坐在那里,很随意地用一只手接过部长双手递过来的手册。部长脸色越来越难看,来到林晖面前时,已经快要没有耐心了。就在这时,林晖礼貌地站起来,身体微倾,双手握住手册,恭敬地说了一声:"谢谢您。"部长闻听此言,不觉眼前一亮,伸手拍了拍林晖的肩膀:"你叫什么名字?"林晖照实作答,部长微笑点头,回到自己的座位上。早已汗颜的导师看到此景,才微微松了一口气。

两个月后,毕业分配表上,林晖的去向栏里赫然写着国家某部委实验室。有几位颇感不满的同学找到导师:"林晖的学习成绩最多算是中等,凭什么选他而没选我们?"导师看看这几张尚属稚嫩的脸,笑道:"是人家点名来要的。其实你们的机会是完全一样的,你们的成绩甚至比林晖还要好,但是除了学习之外,你们需要学的东西太多了,修养是第一课。"

【讨论】

讲究礼仪对个人的成功是至关重要的,因为它关系到个人的形象。个人形象,是一个人仪容、表情、举止、服饰、谈吐和教养的集合,而礼仪在上述诸方面都有自己详尽的规范。因此学习礼仪,运用礼仪,无疑将有益于人们更好地、更规范地设计个人形象,维护个人形象,更好地、更充分地展示个人的良好教养与优雅的风度。由此可见,学习礼仪、运用礼仪有助于提高个人的修养,有助于"用高尚的精神塑造人",真正提高个人的综合素质。

谈一谈,您如何提高自己的礼仪和修养水平?写一份规划书。

◆综合实践训练

1. 谈一谈:您如何才能成为一个知书达理的人?
2. 运用本章所学的礼仪知识分析下列现象,说一说您的观点。

【案例1-6】

"学校不能只管孩子的学习,不教文明素质!"这是一周前,一位网友在自己的微博上咆哮的一句话。咆哮的根源是一则小学生秋游的新闻,某校的小学生秋游,学生撤去后,竟然在草地上留下了一地垃圾无人清理。

【采访实例】

"我们刚刚上完《品德与社会》课,中午在食堂吃饭的时候就又有人插队了。真气人。"身为班干部的李洋气呼呼地告诉记者。每天中午在食堂排队买饭,总有那么几个"捣蛋鬼"想尽一切办法插队。"有的时候女生挤不过男生,就只能看着他们从我们面前挤过去。"更过分的是,吃完午饭,男生们总不记得把用过的餐盘端到餐具堆放处,食堂阿姨们只能跟在男生们身后收拾餐盘。

摘自 人民网 2013.11.14

第二章　个人礼仪

随着现代社会人际交往的日渐频繁,人们对个人的礼仪更是倍加关注。从表面看,个人礼仪仅仅涉及个人穿着打扮、举手投足之类无关宏旨的小节小事,但小节之处显精神,举止言谈见文化。个人礼仪,作为一种社会文化,不仅事及个人,而且事关全局。若置个人礼仪规范于不顾,自以为是,我行我素,必然授人以柄。个人礼仪小到影响个人的自身形象,大到足以影响社会组织乃至国家和民族的整体形象。

第一节　仪容

◆ 案例引入

【案例2-1】
一天,黄先生与两位好友小聚,来到某知名酒店。接待他们的是一位五官清秀的服务员,她面无血色,显得无精打采。黄先生一看到她就觉得心情欠佳,仔细留意才发现,这位服务员没有化工作淡妆,在餐厅昏黄的灯光下显得病态十足。上菜时,黄先生又突然看到传菜员手指上指甲油缺了一块,他的第一个反应就是"不知是不是掉到我的菜里了"。但为了不惊扰其他客人用餐,黄先生没有将他的怀疑说出来。用餐结束后,黄先生唤柜台内服务员结账,而服务员却一直对着反光玻璃墙面修饰自己的妆容,丝毫没注意到客人的需要。自此以后,黄先生再也没有去过这家酒店。
【讨论】
请指出案例中服务员在仪容上存在的问题。

第二章 个人礼仪

◆ **跟我学礼仪**

仪容主要是指人的容貌,是个人仪表的重要组成部分,包括面容、发式以及人体所有未被服饰遮掩的肌肤,如手部、颈部等。

一、面容的妆饰

面容妆饰在仪容修饰之中举足轻重。在仪容中,面容是人的仪表之首,也是最为动人之处,所以面容的修饰是仪容美的重头戏,特别是在社交场合,对于面容的修饰更为重要。

1. 妆前修眉

(1)方形脸:眉型以椭圆形为主,这样可以使脸部面积看起来小一些。中长发的掩饰作用可以让脸部看起来修长些,卷曲的波浪发型可以修饰两侧边的宽度。

图 2-1 方形脸

(2)瓜子脸:眉型以抛物线弧度为主,这样可以减少脸部多角的缺点,在视觉上呈柔顺线条,不要拉长眉尾,否则会弄得头重脚轻。中长发或短发比较适合,长发会使脸部看起来没精神。

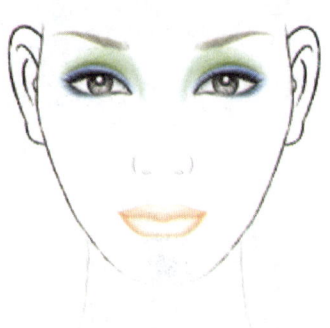

图 2-2 瓜子脸

(3)圆形脸:应选择有一些角度的眉型。大波浪的弧度比较适合。

图 2-3　圆形脸

2.打粉底的方法

(1)用棉棒挑取适量的粉底于手背上,然后用海绵或手指沾取点在额头、颧骨、鼻子和下巴处。眼睛下方可用些遮暇膏。

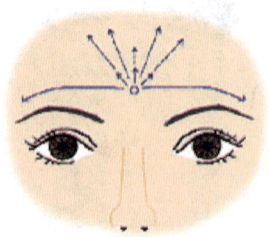

图 2-4　额头部位

(2)接着用海绵从面颊由内至外及眼睑边缘,从眼角下方起向下扫至鼻翼及向横至眼尾,然后推匀至整个颧骨位,再于上下眼睑边缘由头扫向尾。

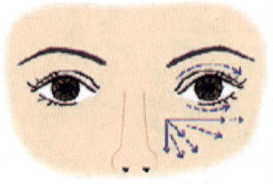

图 2-5　眼睑下方部位

(3)顺面毛生长方向由耳根扫至下巴,若要令面型看来尖长一点,或修饰腮骨,此处可改用深色点的粉底。

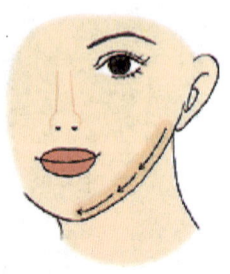

图 2-6　面颊部位

(4)鼻下属暗位,涂上薄薄的粉底。下巴中央点上粉后向左右推匀,需要时颈部也需上粉,上粉时于眉心由上至下推抹到鼻尖,及鼻梁两侧与鼻翼。

3.眼影的画法

(1)同色渐层妆:同一色系的深浅两个颜色搭配。妆容自然大方,适合大多数场合和大多数人,是最安全的眼影用法。

(2)异色对比妆:不同色系甚至是冷暖对比色系搭配(撞色法)。妆容大胆、时尚,有跳跃感,适合年轻活泼的女孩。

(3)欧式立体妆:眼窝处以深棕色或深灰色画眼窝,增加眼部的深度及三维效果。周围用同色系眼影逐渐晕开(烟熏妆)。妆容神秘、高贵,适合成熟的现代都市女性。

(4)自然裸色妆:用最接近肤色的米色、浅金色、浅啡色塑造出的妆容自然、淡雅,适合肤质、肤色姣好的女性。

4.眼线的画法

(1)握眼线笔:与握铅笔的方法是一样的,握得越前面越好控制线条,事前先把笔头磨圆。

图2-7 握眼线笔

(2)轻拉眼皮:将镜子放在距身体20厘米处,眼睛向下看,用无名指把眼皮轻轻向上拉。

图2-8 轻拉眼皮

(3)从眼尾画:贴着睫毛根部,由眼尾向眼角分段描画,每一段保持在2毫米左右。

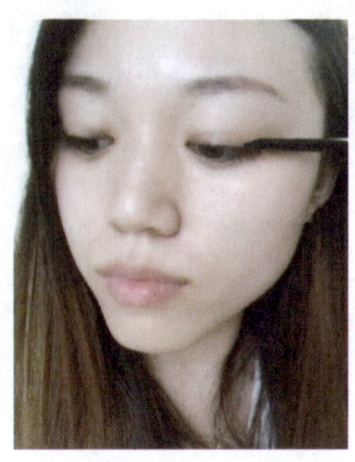

图2-9 从眼尾画

（4）反复描画：先用食指将眼角向鼻部方向拉，然后再从眼角描画至眼尾，使眼线看上去纤细。

图2-10 反复描画

5. 唇彩的画法

（1）以不透明的浅驼色唇膏打底。唇彩增加嘴唇外围的亮度。

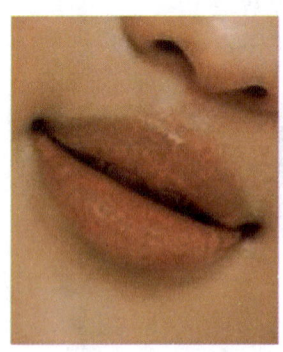

图2-11 唇彩

（2）以多层花瓣式样点染红色唇膏。根据肌肤状况，选择适当的颜色：如果皮肤的颜色偏黄，就要选择暖色系列，尽可能避免使用粉红色调。粉红色的口红虽然好看，但偏黄的皮肤涂上它反而会显得皮肤蜡黄，不健康。而皮肤白皙的人，才适合粉红色系，涂上后会衬得肌肤白里透红。

图2－12　唇膏

6. 定妆

用大号的散粉刷沾蜜粉或粉饼均匀地扫在整个脸部，之后可以在脸上盖一层薄薄的纸巾，喷上保湿水或矿泉水，可以使妆容更加持久。如果想使脸部更加有光泽，可沾取脸部专用的闪粉扫于额头、鼻梁、脸颊"C"型区、下巴处。

> 衣着与红唇要和谐相配：在涂口红之前，要将口红拿到衣服前来做一下对比，选择色彩比较相近的颜色。

二、男士面容的修饰

1. 眼部的修饰

眼部是被别人注意最多的地方，所以要时刻注意眼部的清洁，避免眼屎遗留在眼角，并让眼睛能够得到足够的休息。有些男士喜欢戴墨镜，墨镜主要适合在户外活动时佩戴，来防止紫外线损伤眼睛，在室内时最好不要佩戴。

2. 眉型的修饰

浓稠粗黑、眉棱清晰的眉毛是男性容貌美区别于女性容貌美的明显部分。男子的眉毛应自然、真实、大方，不宜出现修饰的痕迹。而当眉型不美或有缺陷时，便可采取有别于女性的修饰方法，因为男性眉型旨在成功地体现男士的阳刚之美。修饰眉形时，当然还要考虑到自己的脸型与五官的协调。

3. 鼻部的修饰

早晚特别是经过较长时间在外奔波的，更要注意清洁鼻子内外，起码不要让人看到"乌溜溜"的鼻孔。有鼻液更要及时用手帕或纸巾擦干净，不应当众用手去擤鼻涕、挖鼻孔、乱弹或乱抹鼻垢，更不要用力"赤溜、赤溜"地往回吸，那样既不卫生又让人恶心。一定要在没有人的地方清理，用手帕或纸巾辅助进行，还应避免搞得响声太大，用完的纸巾要自觉地扔到垃圾箱里。平时还要注意经常修剪鼻毛，不要让它在外面"显露"，更不要当众揪拔自己的鼻毛。

4. 耳朵的修饰

耳孔里，不仅有分泌物，还有灰尘，要经常进行耳部的清洁。如果有耳毛的话，还要及时进行修剪。不过一定要注意,这些举动绝对不应该在工作岗位上或公众面前进行。

5. 胡须的修饰

如果没有特殊的职业需要、宗教信仰或民族习惯,应该把每天刮胡须作为自己的一个生活习惯,不可以胡子拉碴地抛头露面。

6. 牙齿的保洁

保持牙齿清洁,首先要坚持每天早晚刷牙。不要敷衍自己,应该顺着牙缝的方向上下刷,牙齿的各部位都应刷到。如果牙齿上有不易去除的牙垢很明显,或是牙齿发黄,可以去医院或专业洗牙机构洗牙,以使牙齿看起来更加洁白、健康。不吸烟、不喝浓茶是预防牙齿变黄的有效方法。

◆ 小互动

按照以上所述的彩妆步骤为自己画一次彩妆。

三、面部表情

人的内心活动,较多是以面部为表现的。狄德罗在其《绘画论》中指出:"一个人……他的心灵的每一个活动都表现在他的脸上,刻画得很清晰,很明显……"。一个人的面部表情包括眼、眉、嘴、鼻、颜面肌肉的各种变化以及整个头部的姿势等。人的五官除耳朵是无法支配的以外,其余皆能以各种变化随意或不随意的表现特定情感。

1. 眼睛

眼睛是心灵的窗户。我们在相互交往中,都自觉不自觉的用眼睛在"说话",也在有意无意地观察他人的眼神。印度诗人泰戈尔说,"一旦学会了眼睛的语言,表情的变化将是无穷无尽的。"这又说明眼睛语言的表现力是极强的。一双炯炯有神的眼睛,给人以感情充沛,生机勃发的感觉;目光呆滞麻木,则使人产生疲惫的印象;深切的注视是一种崇敬的表示;眉来眼去,暗送秋波是情人交流感情的形式;横眉冷对,是仇人相见的眼神;眼球移动迟钝、痴呆,则说明一种深情或忧愁。因此,对于我们的眼神也有一定的要求。

(1) 注视的方式

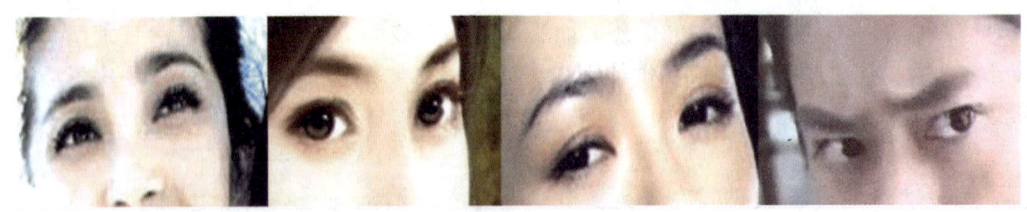

图 2-13 不同的注视方式

表示友好:向对方表示友好时,可以面带微笑的不时地注视着对方。

表示重视:向对方表示关注,应该把目光注视对方,时间稍长。

表示轻视:向对方表示不屑、轻视的态度,目光可以分散、游离、不集中。

表示敌意:目光可以始终怒视对方,表情严肃、冷漠,眼神犀利。

(2) 注视的角度和部位

①角度:

平视:一般注视的角度都是平视,即视线呈水平状态。常用在普通场合与身份平等的人进行交往时。

仰视:即主动地居于低处,抬眼向上注视他人,以表示对他人的尊重,敬畏对方。

俯视:即向下注视他人,可表示对人的尊重和对晚辈的宽容和怜爱。

②部位:

双眼:注视对方的双眼表示自己重视对方,但时间不要太久,否则会让人觉得很不自在。

额头:注视对方额头,表示严肃认真,参加面试的人员可以通过注视考官的额头来缓解面试的紧张情绪。

特别要注意的是千万不要盯着别人上下打量或者盯着某一处看个不停,这样不仅会让别人特别不舒服,而且显现的特别没教养,让人非常反感。

此外,瞳孔的大小也反映出心理活动的变化。心理学家往往用瞳孔的变化大小的规律,来测定一个人对不同事物的兴趣、爱好、动机等等。若是一个人感到兴奋,他的瞳孔会扩张到比平常大四倍;相反,生气、消极的心情会使瞳孔收缩到很小。这种现象告诉我们,与人交谈时,在注视对方的同时,可以设法让对方的瞳孔告诉你对方的真正感觉。

2. 嘴巴

(1)笑容

说起嘴巴,让我们想到的第一个面部表情就是微笑。微笑,可以消除彼此间的陌生感,打破交际障碍,为更好的沟通与交往创造有利的氛围,因而微笑不仅仅是一种外化的形象,也是内心情感的写照。总而言之,微笑是有一种磁性的魅力,它可以使困难变容易,使强硬变温柔,所以,它是人际交往中十分有效的润滑剂。

在人际交往中微笑大致可以分为以下几种:

含笑,即不出声,不露齿,只是面带笑意,表示接受对方,待人友善,适用范围较为广泛。

轻笑,即嘴巴微微张开一些,上齿显露在外面,不发出声响,表示欢喜、愉悦,多用于会见客户、与朋友打招呼等。

微笑,嘴角上扬略呈弧形,牙齿露出六颗,这是最为标准的微笑方式,亲和力较强。

大笑,表示特别的喜悦之情,因为表情过于夸张,不宜在正式场合表现。

(2)嘴部小动作

嘴巴的动作不同往往可以显示不同的心理状态,常见的主要有:

张嘴:嘴巴大开,表示惊讶。

抿嘴:含住嘴唇,表示努力或坚持。

撇嘴:撇起嘴巴,表示不满或者生气。

3. 面部的综合表情

面部表情是指人们面部所显现出的综合表情。它是眼睛和嘴巴等共同表现出来的综合体,能够真确表达我们的喜怒哀乐。

表示快乐:当人们在快乐的时候,一般会睁大眼睛,眉毛上扬,嘴巴张开。

表示愤怒:人们在愤怒时,一般会嘴角向两侧拉,眼睛大睁,眉毛倒竖。但是表现这种情感的时候要分清场合,并且要冷静。

表示悲伤:人们在悲伤时一般眼神黯淡,或紧闭或微睁,嘴角下垂,这时可以沉默。

❋ 社交礼仪

可以大哭，可以默默流泪，但不要一直哭闹不止，否则，会让人感觉没有素质，给人以任性的感觉。

表示无所谓：人们在对一个人或事物不感兴趣，呈现无所谓的态度的时候一般平视，眉毛展平，整体面容平和。但是要做一个有修养的人，就算是你对他再不感兴趣，出于对对方的尊重也不会表现的过于不耐烦。

◆ 小互动

笑容是人类最美的语言，所以我们要展示出自己最好的一面，一个需要完成的课程就是——微笑。有魅力的微笑是天生的，但依靠自身的努力也完全可以拥有蒙娜丽莎一样的微笑。笑脸中最重要的是嘴型。因为根据嘴型如何动，嘴角朝哪个方向，微笑也不同。

形成笑容时最重要的部位是嘴角。如果锻炼嘴唇周围的肌肉，能使嘴角的移动变得更干练好看，也可以有效地预防皱纹。如果嘴边儿变得干练有生机，整体表情就给人有弹性的感觉，所以不知不觉中显得更年轻。伸直背部，坐在镜子前面，反复练习最大地收缩或伸张。

1. 张大嘴

长大嘴使嘴周围的肌肉最大限度地伸张。张大嘴能感觉到颚骨受刺激的程度，并保持这种状态10秒。

2. 使嘴角紧张

闭上张开的嘴，拉紧两侧的嘴角，使嘴唇在水平上紧张起来，并保持10秒，聚拢嘴唇。

3. 用门牙轻轻地咬住木筷子

把嘴角对准木筷子，两边都要翘起，并观察连接嘴唇两端的线是否与木筷子在同一水平线上，保持这个状态10秒，然后轻轻地拔出木筷子之后，维持微笑十分钟。

4. 修正微笑

虽然认真地进行了训练，但如果笑容还是不那么完美，就要寻找其他部分是否有问题。但如果能自信地敞开地笑，就可以把缺点转化为优点，不会成为大问题。

缺点①嘴角上升时会歪

意想不到的是两侧的嘴角不能一齐上升的人很多。这时利用木制筷子进行训练很有效。刚开始会比较难，但若反复练习，就会不知不觉中两边一齐上升，形成干练而老练的微笑。

缺点②笑时露出牙龈

笑的时候特别露很多牙龈的人，往往笑的时候没有自信，不是遮嘴，就是腼腆地笑。自然的笑容可以弥补露出牙龈的缺点，但由于本人太在意，所以很难笑出自然亮丽的笑。露出牙龈时，通过嘴唇肌肉的训练弥补。

5. 挑选满意的微笑

以各种形状尽情地试着笑。在其中挑选最满意的笑容。然后确认能看见多少牙龈。大概能看见2mm以内的牙龈，就很好看。

6. 反复练习满意的微笑

照着镜子，试着笑出前面所选的微笑。在稍微露出牙龈的程度上，反复练习美丽的微笑。

四、头发的修饰

当初次与人见面时,对方首先注意的通常不是你的衣着如何光鲜照人,第一眼往往是从头看起。头部是我们每一个人的制高点,是交往对象无法忽视的重要部分。所以我们平时应当以整齐、简单、明快、较少修饰的发型为主,同时要注意做好头发的修饰。

1. 正确的梳发方法

梳发,是保持美发不可缺少的日常修整之一。梳发可以去掉头发上的浮皮和脏物,并给头发以适度的刺激,以促进血液循环,使头发柔软而有光泽。使用的梳子应从实用的目的出发进行选择。洗发之前或大风的天气里,梳拢披散的头发时,使用粗纹的动物毛制作的刷子最好,既不会伤害头发,又能对头皮起到按摩作用。

正确的梳发方法如下:

(1)"倒梳"梳头法:通常梳头时,总是手持发梳将头顶和脑后的头发从发根向发梢梳去,并以柔缓的动作刺激头皮血液循环,促进头发新陈代谢,使头发鲜泽柔润。不过,若梳子质地过硬、梳齿过尖、梳头用力过猛或动作过大,此法梳头极易伤及毛囊而影响头发生长。如果采用与常态梳头相反的程序,即一手捏发梢,一手持发梳,从发梢入梳,倒着梳向发根,则梳头、护发"一箭双雕"。对于长发女性,使用本妙方更为适宜。

图 2-14 "倒梳"梳头法

(2)除屑梳头法:吹、烫头发后使用的梳子多为排梳,那么在梳头前将用旧的丝袜套在梳子一排排的梳齿上,梳齿便可穿过丝袜"脱颖而出"。用这种梳子梳头时,尼龙丝与毛发产生的静电可令头皮屑、油垢等附着在袜子上而带出体外,从而达到既梳理头发,又有去垢除屑的作用。另外,清洗丝袜,总比清洗嵌入梳齿缝底的油垢要容易得多。

图 2-15 除屑梳头法

(3)推压梳头法:梳头时先用梳子将头发梳通。然后,双手手掌伸直,左右手掌呈垂直状(如左掌与头顶平行,右掌与脸庞平行,左手指尖轻轻抵住右手掌心)。用与头发长势垂直之掌(如前述与头顶平行的左掌)的掌面轻轻揉压发浪过高处,用与头发平行之掌(如右手掌)将头发按走势向发根处推挤出波浪起伏的变化,以弥补单掌揉压的过失与不足。如此边压边推,理顺头发,可以理出梳子梳不出的发型。

图2-16 推压梳头法

2. 洗发应以按摩的要领进行

头发上的脏物是引起头皮屑过多和脱发的一个原因,而且有碍于头发的正常发育。而洗头的目的就在于洗掉头皮屑和头发上的污物,所以,要保护好头发,就要经常洗头和按摩,使头发经常处于清洁状态。洗发时,先要用水浸湿头发,然后再用洗发剂清洗。

第一次将洗发剂涂在头发上,用手指肚像按摩似地揉洗。

第二次用第一次洗发剂用量的一半进行清洗,洗好后用清水反复漂洗,直至头发上彻底没有洗发剂为止。

3. 漂洗能使洗过的头发更柔软

漂洗剂有两种:一种是可直接擦在头发上的;一种是需用热水稀释后再使用的。

使用漂洗剂和洗发剂时,尽量使用同一厂家生产的产品,这样,香型一致,有利于保护头发。

4. 吹风做型的方法

洗发后,用毛巾擦掉水分,然后将头发一点一点地拢起用吹风机吹至半干,根据个人爱好做出各种发型。

5. 利用发饰、发带扮饰各种发型

佩戴一只小小的发饰能将头型装扮得时髦美丽。人们习惯根据季节或流行的式样变换服饰。发饰也是如此,一般是选用与服装颜色相同和耳环颜色相近的发饰佩戴。

(1)如果你平时喜欢披散着头发的话,那么来一款发箍会显得更有魅力,这样一款水晶风格的发箍,就让披散着的头发散发出一股清新的淑女风。

图2-17 发箍造型

（2）侧扎马尾，低低的很有女人味，来一款浅蓝色的牛仔布发饰装点一下，充满了宁静祥和的田园风韵，看着就觉得淑女气息扑面而来。

图2-18 侧扎马尾造型

（3）黑色蝴蝶结发夹，看起来很有高贵的公主风的感觉，搭配棕色披肩发，侧面的大大的黑色蝴蝶结发夹让发型显得丰富了起来。

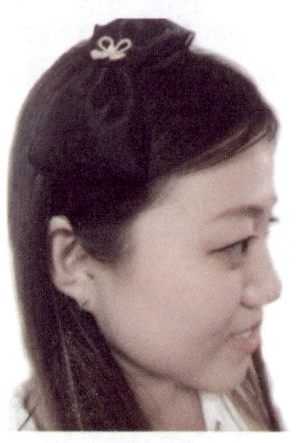

图2-19 蝴蝶结造型

(4)将头发扎一个高马尾是应对高温天的好选择,但是马尾难免陷入平淡,为了打破这个尴尬的局面,可以用一个蝴蝶结发饰来绑扎马尾,瞬间就变美了。

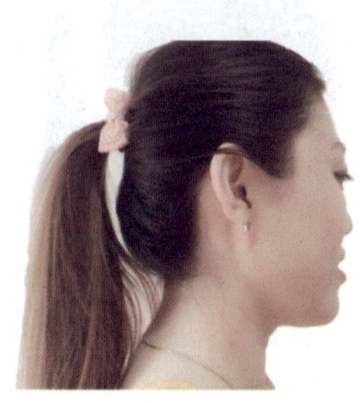

图2-20 高马尾造型

6. 柔软纤细头发的保养

柔软的头发不但纤细,而且无弹性,不易蓬松,发型也不容易持久。此外,如不经常加以修饰,头发会变干、发红、易受损伤。为预防上述现象,必须经常擦护发油,以防止外来的刺激损伤头发。平时,可擦些化妆水来防止头发干燥,从而避免产生静电摩擦。吹风时要控制好吹风机的温度。头发柔软的人,在梳理发型时,向头发上喷洒些烫发液,使头发富有弹性和强度,能使发型持久,同时还可增加头发的蓬松感。烫发时,发根处不要卷得太紧,前部发型要做得蓬松。

7. 粗、硬头发的保养

粗、硬的头发比柔软纤细的头发健康,但缺乏柔性,难以修饰。粗、硬的头发在吹风成型时要不断地喷洒化妆水,平时最好经常擦些头油以保持美丽的发型。

8. 头皮瘙痒的防治方法

头皮瘙痒是由于不经常洗澡,不注意皮肤卫生等原因引起的,所以,首先应注意清除头皮的污物,保持皮肤清洁,头皮瘙痒可逐渐减轻或消失。脂性头皮,因头皮的皮脂分泌过多,为使头发干净整齐,应每日清洗,通过梳拢和按摩等方法进行保养;干性头皮,由于皮脂分泌少,头皮干燥引起头皮发痒,要注意保持头发的清洁,还要补充油分防止干燥。

9. 易断易分叉头发的保养

要保护好头发,首先要防止外部刺激,应在头发表面涂一层薄薄的油膜,这样可以起到保护头发的作用。给头发涂油膜,必须在洗发后进行。洗发时不要将头发揉搓在一起,以免损伤。其次要经常修剪,也可避免头发分叉。用刷子梳拢时,不要马上从头发根部开始,应先将发梢散乱的部分梳开后,再从根部开始梳拢。梳拢或吹风时,使用些药用化妆水以保护头发。

10. 卷发的修整

卷曲的头发容易互相交错纠缠,梳拢时应该先从发梢开始一点点的梳向发根,整修发型时,也应先从发梢开始涂烫发液再吹风,经过这样的修饰,就可以使卷发头发充满生机和活力。

11. 预防脱发的办法

其一要经常保持头皮和头发的清洁。其二可在头表皮涂些生发香水,以促进血液循环,以此来预防头发的脱落。其三坚持做头部按摩操,经常注意梳理头发,这些都是预防头发脱落的有效措施。

◆ 小互动

为自己修饰美发,让老师指点评价。

五、肢体的修饰

1. 手

交往中,暴露在外的除了面容,就是手。手不仅暴露在外而且动作较多,可以表达很多个人信息,所以成为别人注视的重点。手的修饰主要是做到清洁卫生,指甲要及时修剪。不要当着他人在公共场合清理指甲里的污垢或咬指甲。女士留长指甲需要修饰,但要符合个性。

2. 腋毛

腋毛浓密不同,一般无关紧要,如果过分浓密,应向医生咨询。腋毛外露很不雅观,天热时穿无袖衣服很容易暴露,如招手、举手,在公交车上握住车上扶手时,让人看到腋毛很不体面,应剃掉或穿带袖装。

3. 其他注意事项

一般场合,不应裸露肩部。男士不应穿短裤暴露腿部;女士不应穿超短裙。一般在公共场所不应赤脚穿鞋,也不应在别人面前脱鞋、脱袜。

六、手势

手势是体态行为的一种最有表现力的"语言"。人们在交谈时往往以手势配合谈话内容,达到表意表情的目的,如在谈话激动时,往往攥拳头;谈到高兴处,往往双手舞动等等。

下面介绍几种手势的不同用法以及使用时必须显示出的礼仪。

1. OK手势

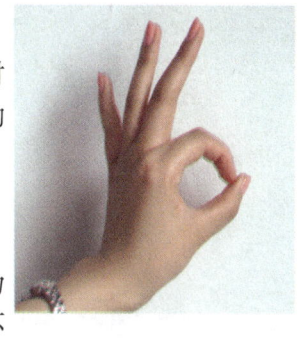

人们常用这种手势,这种手势不仅在美国和某些西方国家广为流行,也遍及欧亚两洲。但这种手势在不同的国家和地区表达了不完全相同甚至相悖的意思,因此在运用和理会时应该特别注意区分不同对象。在美国,它表示"同意、了不起、顺利、赞赏"的意思;在法国,它表示"零"或"无";在印度,它表示"正确";在泰国,它表示"没问题";而在日本、缅甸、韩国,则表示"金钱"的意思,在日本还表示"懂了";在我国,一般表示"零"或"三"两个数字。而相反,在巴西,它是"引诱女人"或"侮辱男人"的意思,在突尼斯,它表示"傻瓜"或"无用";在印尼,表示"什么也干不了"或"不成功"。

2. 举大拇指的手势

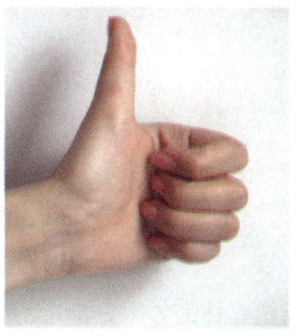

在美国、英国、澳大利亚和新西兰,这种手势大致包含三种含意:一是搭便车,二是表示OK,再就是如果把拇指用力挺直,会有

骂人的意思。而在某些国家,如希腊,它的主要意思便是"够了"。假如把大拇指朝下则一致表示"坏"的意思。据说这是罗马帝国时期,恺撒大帝每当决定杀人,总是做出拇指朝下的手势。另外在意大利,数数字,竖起拇指是表示一,加上食指是二;而美国人和英国人则食指是一,加上中指是二,拇指便成五了。

3. V手势

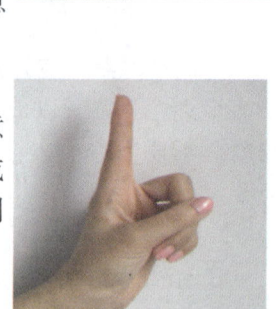

即中指和食指同伸,这种手势现在人们普遍用来表示"胜利"(VICTORY的第一个字母)。但二次大战时期,温斯顿·丘吉尔首先使用这种手势时是手掌向外;若是手掌向内,就变成侮辱人下贱的意思了。在欧洲,这种手势还表示"二"的数目。

4."右手握拳,伸出食指"手势

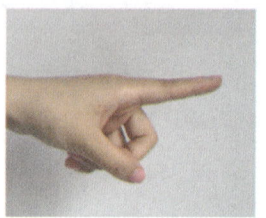

这种手势在我国表示"一"或"一次",或是"提醒对方注意"的意思;而日本、韩国、菲律宾、印尼、墨西哥等国,则表示"只有一次"或"一个";在法国,它是"请求",有的还有"拜托"的意思;在新加坡,则表示"最重要"的意思;而在澳大利亚,是示意"请再来一杯啤酒"。

5. 指点手势

在交谈中,伸出食指向对方指指点点是非常不礼貌的行为。这个动作表示出对对方的蔑视与指责,指着别人的身体,有教训之嫌,指着别人的鼻子和头部,则有侮辱之意,更不可以将手举高,用食指指向别人的脸。

如果遇到对方问路需要我们进行指引时,也最好不要用"一指禅",要五指合拢,掌心向上,手掌水平移动,指尖不要指向他人的身体,然后进行指引。如下图所示:

图2-21 指引手势

此外,在社交场合,我们还会发现用手贴住嘴和鼻子,这往往是开始感到疲倦或对某个问题不予关心的表示;用手搔头摸肋则通常是有难言之苦;用手心拍前额,则定是忘记了某事,但并没有为忘记某事感到惊惶;而如果是他用手掌拍颈背,则肯定是你指出他的失误或错误令他感到"如芒在背"。在社交公共场所应注意不能用手挖耳鼻、剔牙、挖眼屎、修指甲等。这种手势都会被众人或对方以交往无兴趣,不堪一听,蔑视对方,没有教养。

◆ 小互动

弗洛伊德曾有句名言:"凡人皆无法隐瞒私情。尽管他的嘴可以保持缄默,但他的手指却会多嘴多舌。"

说一说:您对这句名言的理解。

做一做:您还会哪些手势?说出其含义。

七、辅助语言

辅助语言,也称副语言。它包括发声系统的各个要素:音质、音幅、音调、音色等。一个人的嗓音具有许多特点,如音量大小,音质柔软度,音高及其变化,发音,共鸣,音调高低,呼吸、鼻音、喉音、圆润、平淡等。这些特点的单个或结合运用就可以表达语言的特定的意思,或友好的,或嘲讽的;或兴奋的,或悲哀的;或诚恳的,或虚假的。甚至自觉地打开情绪状态的"密码",展示一个人的身份和性格。就以礼貌用语中用得比较多的一个"请"字来说,语调平稳,会显得客气,满载盛情;语调上升,并带拖腔,便意味着满不在乎,无可奈何;而语调下降,语速短促,就会被理解为是命令式的口气,怀有敌意。事实上,人们在语言沟通时,同一句话,同一个字,就因为使用不同的副语言而造成人们不同知觉的情况还有很多,比如,人往往倾向于说话语速较快、口语较多的人为地位比较低且又紧张的人;而把说话的语音响亮,慢条斯理的人知觉为地位较高,悠悠自得的人。说话结结巴巴,语无伦次的人会被认为缺乏自信,或言不由衷;而用鼻音哼声又往往会表现出傲慢、冷漠和鄙视,令人不快。不仅于此,一个人激动时往往声音高且尖,语速快,音域起伏较大,并带有颤音;而悲哀时又往往语速慢,音调低,音域起伏较小,显得沉重而呆板。

同样,爱慕的声音往往是音质柔软,低音,共鸣音色,慢速,均衡而微向上的音调,有规则的节奏以及含糊的发音;而表示气愤声音则往往是声大、音高,音质粗哑,音调变化快,上下不规则,节奏不规则,发音清晰而短促。比如,我们在收听球赛广播时,尽管看不见播音员的面容与动作,有时也不完全听清说话内容,但却能从尖锐、短促,乃至声嘶力竭的语调中知觉其兴奋或紧张心情;而从低沉,叹气声中知觉出惋惜之情。意大利著名的悲剧影星罗西在一次欢迎外宾的宴会上应邀为客人表演一段悲剧,他用意大利的"台词",尽管客人们听不懂他的"台词"内容,却为他那动情的声调和表情,凄凉悲怆,而流下同情的泪水。可是这位悲剧明星念的根本不是什么台词,而是宴席桌上的菜单。这充分表明,副语言确实是一种知觉别人或被别人知觉的手段。

社交礼仪

◆ 拓展与提高

仪容的内在之美

仪容的内在美是最为重要的一个部分,它是通过个人不断的努力,学习或者磨练,使自己的内在品格上升为外在美的一个过程,可以表现为一个人的魅力、风度、气质等等。

魅力是指人与人之间的一种由喜欢而引起的感召力和吸引力,是人际交往的重要条件。举止,是交往行为中身体的姿势、手势。风度是一个人的举止、言谈、作风等表现出的美,这种美既是一种外在美,又是一个人内在美的自然流露,也就是内在美和外在美的和谐统一。这要做到:

(1)做事稳重。无论做事、说话、参加活动,都应当稳稳当当,快而不慌,忙而不乱,有程序、有分量。切不可丢三落四,毛手毛脚,草草了事。

(2)要注意坐、立、行的姿势。坐、立、行都有其正确的姿势规范,否则非但不雅观,还会影响身体的正常发育,养成坏习惯。在社交场合,有人歪歪斜斜地往沙发上一靠,高高翘起二郎腿,既是对别人的不尊重,也是没有修养和风度的表现。

(3)谈吐幽默风趣。幽默使人感到被理解、被启发,也使气氛轻松、融洽,有利于交流,拉近人与人间的心理距离。幽默既是一种性格特点,又是一种社交技能。

谈笑要有节制。既达意抒情,又不会令人生厌。注意健谈的同时不卖弄、信口开河。无休止地高谈阔论,旁若无人的纵情大笑,都有失风度。

(4)大方而不做作。畏畏缩缩,小里小气,矫揉造作,在社交场合不会受欢迎。要自信、热情、大方、该行则行,该止则止,该说则说,该笑则笑,但要注意得体。

◆ 实践训练

【案例2-2】

阿美和阿娟是一所美容学校的学生,初学化妆非常感兴趣,走在大街上,总爱观察别人的妆容,因此发现了一道道奇特风景线:

一位中年妇女没有做其他化妆,仅涂了一个嘴唇,而且是那种很红很艳的唇膏,只突出了一张嘴。一位女士的妆容看起来真的很漂亮,只可惜脸上精采纷呈,脖子却马虎了,在脸庞轮廓上有明显的分界线,像戴了面具一样。再看,还有的女士用粗的黑色眼线将眼睛轮廓包围起来,像个"大括号",看上去那么的生硬,不自然。一位很漂亮的女士,身穿蓝色调的时装,却画着橘红色的唇膏……

【讨论】

针对以上几种情形,请帮助阿美和阿娟分析一下自己化妆时应注意哪些问题?

第二节 仪态

◆ 案例引入

【案例2-3】
《林肯传》中有这样一件事:一天,林肯总统与一位南方的绅士乘坐马车外出,途遇一老年黑人频频地向他鞠躬,林肯点头微笑并摘帽还礼。同行的绅士问道:"为什么你要向黑鬼摘帽?"林肯说:"因为我不愿意在礼貌上不如任何人。"1982年美国举行民意测验,要求人们在美国历届的40位总统中挑选一位"最佳总统"时,名列前茅的就是林肯。
【讨论】
林肯在仪态方面成功的秘诀是什么?

仪态是指人在行为中的姿态和风度。仪态美即姿势、动作的美,属于人的行为范畴。在人际交往中,它用一种无声的体态语言向人们展示出一个人的道德品质、礼貌修养、人品学识、文化品位等方面的素质与能力。仪态美主要表现在站、立、行、卧等方面。一个人的仪态是他在与人交流时身体所发出的所有信号,包括正确的站姿,优美的坐姿,矫健的走姿,恰当的手势等。

◆ 跟我学礼仪

一、仪态从站姿起步

1. 男士站姿与手位

男士站姿的基本要求:男士的站姿总体要求做到刚劲挺拔,气宇轩昂,彰显男子的阳刚之美。需要注意的是:在不同的场合,男士站姿的要求有所不同,大家要有所区分。

(1)正式场合:在正式的场合男士的站姿要给人以威武、庄重的感觉,要从内在升华一种自信、稳重的心境,这样不管在商务活动或者政务活动当中,都会让人有种可信赖感。在图2-22中展示的是标准的男士站姿,在正式场合之下,也大可不必如此标准的站立,自然挺拔即可,具体要求如下:

①头部:端正,双眼平视前方,嘴角微闭,下颌微收,面容平和自然。
②躯干部:肩部下沉,挺胸,收腹,腰部挺立,使内在有股上升之气,这种姿势可使我们的自信感倍增。
③双手:自然垂直于身体两侧,虎口朝前,五指自然微握,中指贴于裤缝。或者两手交叉,右手叠放于左手之上,放于小腹部。
④两脚:双腿直立,膝盖并严或略微分开,两脚尖分开约60°,脚跟相靠。

社交礼仪

图2-22　男士站姿

（2）非正式的场合：非正式的场合与正式场合相比随意性较强，比如遇到朋友，参加同学聚会，就可以随意一些，双手随意地做些小动作，这样不但能够增加彼此的感情，而且可以促进朋友之间更好的交流，不显生硬。在正式的场合庄重，在非正式场合活泼、潇洒，这样才能充分显现一个成熟男士的魅力，但是仍要注意挺胸、抬头、收腹，保持身体的立直。

图2-23　非正式场合站姿

（3）服务业：在一些服务业，要求男士的站姿要显现出温和的气质，给人以亲切的感觉，例如安保、领班等，这时男士的站姿与手位略有不同。在保持基本的抬头、挺胸、收腹、平视的站立姿势时，两脚平行或分开，略比肩宽，双手在身后交叉，右手搭于左手之上，贴在腰部。

◆ **小互动**

按要求和图示做一做，让老师指点评价一下。

开始在训练这一姿势的时候，身体可能略显呆板、拘束、僵硬，不要气馁，这是一个循序渐进的过程，当这种训练姿势真正成为你行为的一部分的时候，你就成功了！

2.女士站姿与手位

图 2-24　正式场合站姿

女士的站姿要求整体呈现出优雅、高贵、大方的美感,从而把女性的柔美气质体现得淋漓尽致。与男士相同,不同的场合,对于女性站姿的要求也不同。

(1)正式的场合

在正式场合要求女士以标准站姿站立。

①头部:抬头,双目平视,表情自然大方,嘴角轻轻上扬,下巴稍微向后缩,但避免出现双重下巴。

②躯干部:脖子同脊柱成一条直线,挺胸,收腹,脊柱挺直,臀部尽量不要向后撅,与肩部平行。

③双手:在正式场合,女士的手位与男士相同,自然的垂放于身体两侧,手心向里,中指微贴裤缝。

④双脚:两膝并严,脚跟紧靠,脚尖平行,或者可以采取"左丁字"或"右丁字"的姿势,即脚尖向外略展开,右腿(左脚)在前,将右脚跟(左脚跟)靠于左脚(右脚)内侧(脚弓处)。图 2-25就是从不同方向展示丁字脚的基本站法。

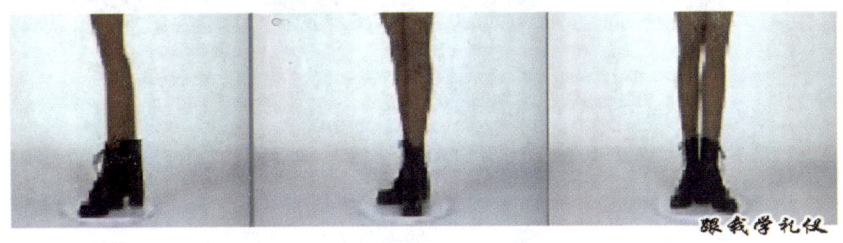

图 2-25　脚部站姿

(2)非正式场合

在非正式场合,双脚的姿势为避免呆板,可做灵活变动。既可以选择并拢,也可以一前一后,自然成形。肌肉放松,但仍然保持身体的挺直,肩膀下沉,平视。女士穿着礼服或旗袍时,可让双脚之间前后距离约 5 厘米左右,以一只脚为重心,双手自然搭于腹部,不要紧握,这会让人感觉你很紧张。

图 2-26　非正式场合站姿

(3)服务业

在一般服务业中,例如礼仪小姐、服务生等,女士的站姿要求与正式场合相同,但是双手在腰间交叉,左手搭于右手上,置于腹部。如下图所示。

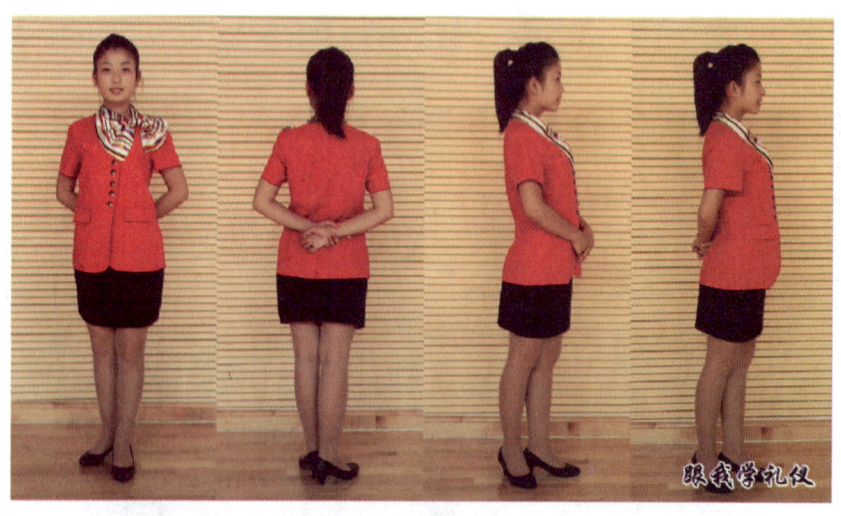

图 2-27　服务业站姿

如果女士从事安保、乘务员等行业,有些就要求手放于腰后,右手搭于左手之上,贴于腰部,脚部呈丁字型或者脚跟并拢,脚尖平行站立。如图 2-27 向我们展示的就是优秀的列车乘务员标准的站姿。

采用标准的站姿站立是非常辛苦的,当我们站立时间太长时,可变为调节式站立,如:身体重心偏移到左脚或右脚上,一条腿向前微屈,腿部放松,但背部依旧要求保持直立。

◆ 小互动

女士的站姿在不同的场合没有特别明显的界线,可以根据不同情况选择自己最自然的站姿,不要呆板和生硬,要最恰到好处地表现出自己最优雅、最有修养的气质,这就要求大家在日常多加训练,勤能补拙嘛!

按站姿的基本要求练一练,互相评一评。

二、坐姿与手位动作

坐姿是人际交往中最重要的人体姿势,它反映的信息也非常丰富。端庄优美的坐姿,会给人以文雅、稳重、自然大方的美感。讲究"坐要有坐相",坐姿文雅优美,并非一项简易的技能。对坐姿要做到"坐如钟",即坐相要像钟那样端正。因为正确的坐姿是仪态的主要内容之一,无论我们在工作、学习还是生活中都离不开坐。

正确的坐姿可以给人庄重安详的印象,同时也能体现出男子的自信、豁达;女性的庄重、矜持。正确的坐姿与体位的协调配合一致,更能显示出坐姿静态美的魅力。因此,选择良好的坐姿与手位动作是很有必要的。

1. 男士坐姿与手位

(1) 正式场合

在正式场合,男士坐姿应以"坐如钟"的姿势,给人一种四平八稳的感觉。"太上皇"在金銮宝殿上坐得那么威严,就是男子应有的坐相。上体微向前倾,双手放在扶手上;两腿自然弯曲,不要放得太开,也不要收得太拢;头部要自然转动,表情自然。

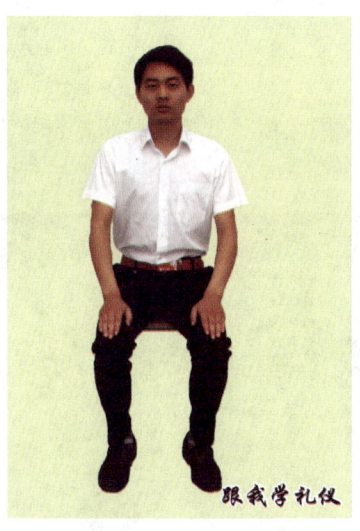

图2-28 正式场合男士坐姿

在工作中,男士坐姿应做到上体挺直,下颌微收,双目平视,表情自然;两腿分开,不超肩宽,两脚平行,小腿与地面垂直;两手分别放在双膝上或双臂微屈放在桌面上。

（2）非正式场合

在轻松的场合，男士如有需要，可交叠双腿"大二郎腿"或"小二郎腿"。"小二郎腿"是把一条腿放到另一条腿的大腿上。当年龄较大的男人在同比较年轻的人说话时，可以选择这种坐相。因为如果你仍一味地正襟危坐，双手放平，会给人以很呆板的感觉。"大二郎腿"即把一只脚的踝部放在另一条腿的大腿上，在庄重的正式场合，绝不要使用这一姿势。

图 2-29　非正式场合男士坐姿

2. 女士坐姿与手位

女士的坐姿应时注意"阴柔之美"。就坐时要缓而轻如轻风徐来，给人以美感。

（1）正式场合

在正式场合女士的坐姿尤为重要，不管你身着多么昂贵的套装，如果没有一个优雅庄重的坐姿，自身的形象就会立刻溃退。所以在这种环境之下，我们要求的就是标准坐姿。入坐臀部应尽量向前，背部一般不要靠在椅背上，可以将随身携带的物品如手提袋或衣物等东西，放在身体和椅背之间。女士坐下时膝盖不应分开，小腿也要合拢。

①头部：上身自然挺直前倾，下颌微收，双目平视，目光凝视客人，保持优雅的微笑，不要摇头晃脑。

②四肢：双手轻放双膝上或轻搭在椅子扶手上，两腿自然弯曲并拢与地面垂直。也可以采取图 2-30 所示的坐法，像翘二郎腿一样，但是处在上方的脚面必须下压，使小腿与地面垂直。

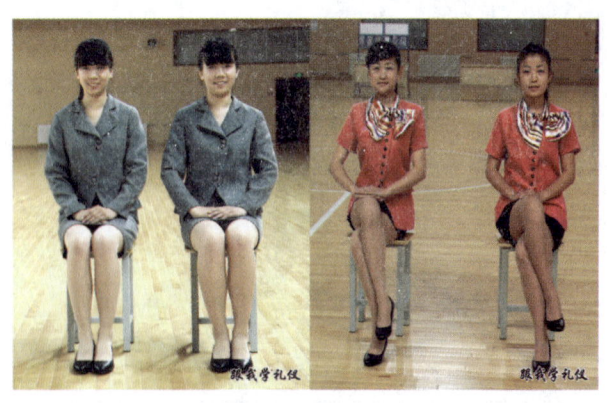

图 2-30　正式场合女士坐姿

（2）非正式场合

在比较轻松的场合下，女士坐姿较多，如侧位式、交叠式。

侧位式：侧位式坐姿是比较舒适的一种坐姿，要求头正，身直，右脚在前，左脚脚跟紧贴右脚内侧，腿部顺势向右倾斜。双手交叠放于腿部中位。

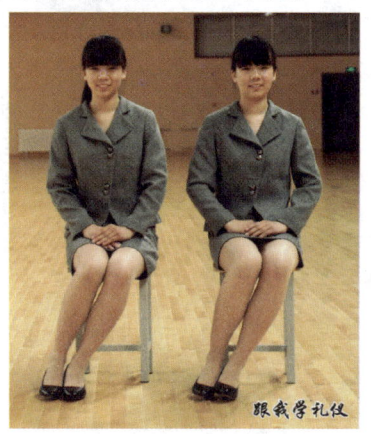

图 2-31　侧位式坐姿

交叠式：交叠式要求腿向左倾斜，右腿交叠于左腿上方，紧贴左小腿，双手轻握放于大腿中位。腰部直立前倾，头部端平。（如下图所示）

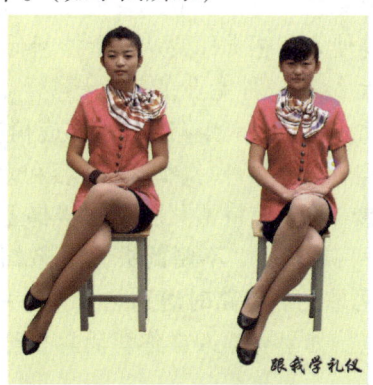

图 2-32　交叠式坐姿

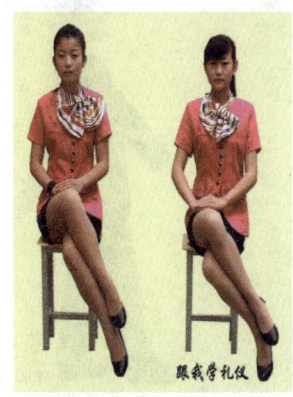 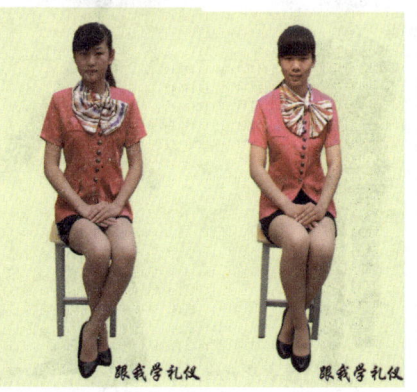

图 2-33　交叠式坐姿

社交礼仪

我们要像图中一样坐立，两腿紧贴没有缝隙，这样才能给人以大方文雅的感觉。较长时间端坐非常累，也可适当交换为侧坐或翘"小二郎腿"，但脚尖应朝地面，两小腿贴紧，切忌脚尖朝天抖动。这样，既能做到轻松舒适，又能表现出自己的仪态万千。

不管是标准姿势还是侧位与交叠式，都会给人以端庄的整体印象，大家可以在镜子前练习，但要特别注意的是，不管采用哪种姿势腰部必须是挺直的，双腿间不能留有空隙，要紧贴，否则会非常不雅观，可以在两腿间夹张纸来进行练习。

总之，人坐在椅子上可选择不同的姿态，只要正确的坐姿与体位的协调配合，那么各种坐姿都会是优美自然的。

◆ 小互动

按坐姿的基本要求练一练，互相评一评。

三、走姿

1. 男士的走姿

男士正确的走姿应该是：走路时要将双腿并拢，身体挺直，双手自然放下，下巴微向内收，眼睛平视，双手自然垂于身体两侧，随脚步微微前后摆动。双脚尽量走在同一条直线上，脚尖应对正前方，切莫呈内八字或外八字，步伐大小以自己足部长度为准，速度不快不慢，尽量不要低头看地面，否则容易使人们感觉你要从地上捡起什么东西。正确的走路姿态会给人一种充满自信的印象，同时也给人一种专业的信赖感觉，让人赞赏。因此走路时应该抬头、挺胸、精神饱满，不宜将手插入裤袋中。走路时，腰部应稍用力，收小腹，臀部收紧，背脊要挺直，抬头挺胸。切勿垂头丧气。气要平，脚步要从容和缓，要尽量避免短而急的步伐，鞋跟不要发出太大声响。上下楼梯时，应将整只脚踏在楼梯上，如果阶梯窄小，则应侧身而行。上下楼梯时，身体要挺直，目视前方，不要低头看楼梯，以免与人相撞。此外弯腰驼背或肩膀高低不一的姿势都是不可取的。走路时遇到熟人，点头微笑招呼即可，若要停下步伐交谈，注意不要影响他人的行进。如果有熟人在你背后打招呼，千万不要紧急转身，以免紧随身后的人应变不及。

图 2-34 不同角度的男士走姿

2. 女士的走姿

女士走路时手部应在身体两侧自然摇摆，幅度不宜过大。如果手上持有物品，如手提包等，应将大包挎在手臂上，小包拎在手上，背包则背在肩膀上。走路时身体不可左右晃动，以免妨碍他人行动。雨天拿雨伞时，应将雨伞挂钩朝内挂在手臂上。

图 2-35　女士走姿

图 2-36　女士走姿

女性在走路时，不宜左顾右盼，经过玻璃窗或镜子前，不可停下梳头或补妆，还要注意不要三五成群，左推右挤，一路谈笑，这样不但有碍于他人行路的顺畅，看起来也不雅观。在行进过程中，如果有物品遗落地上，不要马上弯腰拾起。正确的姿势是，首先绕到遗落物品的旁边，双腿顺势交叉，一手抚于大腿之上，然后单手将物品捡起来，这样可以避免正面领口暴露或裙摆打开等不雅观的情况出现。一些女性由于穿高跟鞋，走路时鞋底经常发出踢跶声，这种声音在任何场合都是不文雅的，容易干扰他人，特别是在正式的场合，以及人较多的地方，尤其注意不要在走路时发出太大的声响。

总之，女士行走坐卧，往往是众人注目的焦点，举手投足，都应恰当地表现自己的身份地位，让客人感觉亲切而有涵养，成为人们钦佩的对象。即使不是在大型活动场合，保持良好的举止风范也是十分必要的。

◆小互动

按走姿的基本要求练一练，互相评一评。

四、蹲姿基本姿势

与站姿、坐姿、走姿不同，蹲姿更多地体现在女性身上，优雅的蹲姿，可以更好地体现女人的韵味，而不当的蹲姿，却可以使一个原本优雅的女人变得粗俗。以下列举几种蹲姿。

1. 半蹲式蹲姿

屈膝下蹲，双腿尽量靠拢。不要低头，也不要弓背，要慢慢弯曲双腿，双腿合力支撑身体。

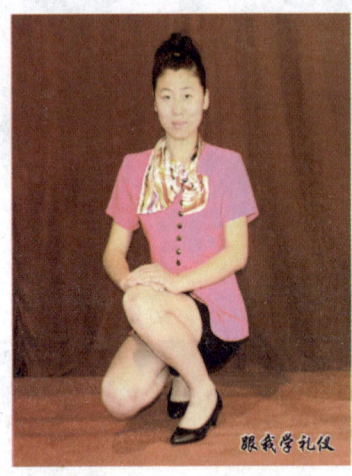

图 2-37　女士蹲姿

2. 正确的拾物姿态

走到物品左边，让物品位于身体的右侧，腿呈半蹲姿态。下蹲时左脚在前，右脚在后，两腿膝盖以上靠紧或右腿压住左腿，慢慢屈膝并且腰部用力下蹲，不弓背，用右手拾起物品。

图 2-38　拾物姿态

3. 蹲姿的注意事项

女性穿着低领上装，要用一只手护住胸口；拾物时不要东张西望，否则会让人猜疑；不要弯腰屈背，显露琐碎相，影响形体美观；不要采用全蹲姿态，这会使腿显得短粗；不要用不雅观的翘臀姿态。尤其女性穿着短裙时，不要近距离面对他人下蹲，显得对别人不够尊重；不要双腿平行叉开下蹲，显得很不文雅。

第二章 个人礼仪

◆ 小互动

从以下三张图片中选出一张正确的姿态。

(1)

(2)

(3)

◆ 实践训练

1. 头顶书，腿夹纸训练法

这种训练方法是最为常见的训练站姿的一种方法，头顶书是为了使练习者在整体保持平衡的前提下，伸展脊柱，下沉肩膀，从而展现出一种非常优雅的站立或者行进姿势。而腿夹纸的方法是为了使两膝盖保持直立、并严，在这个过程当中，身体也保持了挺直的状态。

训练要求：

①受训者首先要求穿上不低于 3 厘米的高跟鞋，以帮助其挺胸收腹，保持基本的站姿站立，平视，肩部放平下沉，双手交叠于小腹上方。

②以基本姿势站立之后，头挺用 A4 纸印制的书，在保证书本不掉落的同时，不能弓背，要直立脊背，收腹，保持内心平静，第一次训练半小时时间就可以，以后根据训练的深入增加训练的难度和深度。

③在练习一段时间之后，身体基本上适应了这种训练强度，再在膝盖中间夹上一张 16K 的纸，训练时要求纸不掉落，整体协调。

两种训练方法结合在一起，勤加练习，必定能够塑造一个完美的仪态形象。

图 2-39 腿夹纸训练法

图 2-40 头顶书训练法

2. 耳坠训练法

在古代穿耳的最初意义,并不在于装饰,而是为了起到警戒的作用。它本是兄弟民族的一种风俗,因为有些妇女过于活跃,不甘居守,有人便想出在女子的耳上扎上一孔,并悬挂上耳珠,以便约束女子的行为动作,后来逐渐也变成了汉族人的礼俗。

耳坠训练法是一种行为训练方法,它相对于平常的"顶书训练法"有着"易于掌握"、"便于实践"的特点,方便初学者随时随地进行自我训练。此种方法主要是通过控制耳坠的摆动幅度来调节受训者的整体形态。

训练要求:

①训练时要求女士佩戴长款耳坠(2cm以上适宜)并以基本站姿在镜子的远端站立。

②在朝镜子行走的过程中保持头正身直、肩平、收腹的基本要求,在行进的过程观察耳坠的摆动幅度(约<30°)。

③开始时可以借助"头顶书"来帮助大家掌握耳坠的摆动幅度,在熟练之后对镜练习行走。

④受训者可以在日常生活当中通过感觉耳坠的摆动幅度来调节自己行走的姿势。

3. 靠墙站立训练法

这种方法也是很常见的一种训练方法,而且男女通用,简单易学。

训练要求:

受训者背靠墙站立,头部、肩部、腰部、膝盖、脚跟五点紧贴于墙,双手自然下垂贴于裤缝处。

此种方法也是为了使训练者拥有一个挺拔的身姿而设计的,希望大家能够坚持练习,自己体会,在训练时保持内心平静能够帮助大家更好地提升内在的气质。

第三节 服装

◆ 案例引入

【案例2-4】

【世纪秘书网】记得有一次有国外朋友请我去看歌剧。我满心欢喜穿了一套白色的礼服美美地准时赴约。因为有好几个人,我们约定先到他家会合,再一起出发。到了他家,我一看,不好!其他人都穿得很随便。我穿着礼服显得格格不入,甚至笨头笨脑。原来这天的歌剧在一个运动场演出,大家都将坐在草地上,可以说是一次正规但轻松的演出,所以不用穿礼服。都怪自己没有问一问朋友,结果出了洋相。

经常听到同胞们说洋人穿衣服随便。可能因为这样的想法就认为他们穿洋服的时候也较随便。其实这就大错特错了。洋人穿衣是有很多规范的。一般来讲场合决定了穿的服装是否合适。正式的场合不能乱穿不说,就是平常的场合也是有约定俗成的一套穿衣规则。譬如洋朋友请吃饭,虽然跟英女王请吃饭的重要性不同,穿牛仔裤还是显得不是很尊重主人家,就是不穿西装也最起码穿西裤。但是如果是好朋友一起去麦当劳又不一样了。所以那次的歌剧,我虽然穿的是很好的白礼服,但因为场合不对还是出了洋相——穿得过于隆重了。

回国以后,我发觉这问题好像又有不一样的看法了。不少人好像是采取了洋为中用的政策,西服还是照着自己的规矩穿。我家旁边工地上的工人基本上就都是穿西装上衣和泥的。我提到他们不是我歧视,觉得工人不该穿西装上衣和泥,而是因为我对中国人穿西服要不要自创一套规范还没有想到答案。在国内我还经常看见一些人穿着睡衣在街上跑。最好玩的一次在上海,在南京东路上,看到两夫妻都穿着睡衣在逛街。头发梳得一丝不苟,带着太阳镜,脚上还穿着皮鞋!在国外睡衣是绝不能在外人面前穿的。很多外国人觉得穿着睡衣跟没穿衣服没什么分别,他宁愿让你看到他穿着内衣,也不愿意让你看到他穿着睡衣。这样的偏执实在也有些奇怪,但他们的习惯就是这样。所以大家千万别穿着睡衣就到洋邻居家串门借糖借盐,否则女主人一定会觉得中国男人不文明!

【讨论】
(1)读了这篇文章你有何感想?
(2)你对着装的"TPO"原则是怎样理解的?

◆跟我学礼仪

一、服装

服装除了能帮助人们驱寒蔽体外,也是展现自己风姿和特色的媒介。它们能够向他人无声地传递你的社会地位、个性、职业、教养等信息。所以,任何人都不应小看衣装的作用,它甚至能帮助人们更好地融入社会当中。服装,是对人所穿衣服的总称。在日常交往中,服装被视为人的"第二肌肤"。在正式社交场合,它还是地位、身份的象征。服装是由面料、色彩、款式这三项基本要素所构成的。

> **TPO 原则:**
> TPO 是三个英语单词的缩写,它们分别代表时间(Time)、地点(Place)和场合(Occasion),即着装应该与当时的时间、所处的地点和场合相协调。

1. 对面料的要求

制作在正式的社交场合所穿的服装,宜选纯棉、纯毛、纯丝、纯麻制品。用这四种纯天然面料制作的服装,均为高档次服装。常见面料的特性:

(1)棉布。多用来制作时装、休闲装、内衣和衬衫。优点是轻松保暖,柔和贴身,吸湿性、透气性甚佳;缺点是易缩、易皱。

(2)麻布。用来制作休闲装、工作装、夏装。优点是强度极高、吸湿、导热、透气性甚佳;缺点是穿着不甚舒适,外观较为粗糙,生硬。

(3)丝绸。用来制作各种服装，尤其适合制作女装。优点是轻薄、合身、柔软、滑爽、透气，色彩绚丽，富有光泽，高贵典雅，穿着舒适；缺点是易生皱褶，容易吸身、不够结实、褪色较快。

(4)呢绒。用以制作礼服、西装、大衣等正规、高档的服装。优点是防皱耐磨，手感柔软，高雅挺括，富有弹性，保暖性强；缺点是洗涤较为困难，不大适用于制作夏装。

(5)皮革。分为两类：一是革皮，即经过去毛处理的皮革。二是裘皮，即处理过的连皮带毛的皮革。用以制作时装、冬装。优点是轻盈保暖，雍荣华贵；缺点是价格昂贵，贮藏、护理方面要求较高，故难以普及。

> 你的服装往往表明你是哪一类人，它们代表着你的个性。一个和你会面的人往往自觉不自觉地根据你的衣着来判断你的为人。
>
> ——索菲亚·罗兰

(6)化纤。分为人工纤维和合成纤维两大门类。用以制作各类服装，但总体档次不高。优点是色彩鲜艳、质地柔软、悬垂挺括、滑爽舒适。缺点是耐磨性、耐热性、吸湿性、透气性较差，遇热容易变形，容易产生静电。

(7)混纺。用来制作各种服装。优点是既吸收了棉、麻、丝、毛和化纤各自的优点，又避免了它们各自的缺点，而且在价格上相对较为低廉；缺点是档次不高。

2. 对色彩的要求

色彩是人的眼睛对物体反射的不同波长的光所产生的印象。在服装的色彩上最重要的是要掌握色彩的特性、色彩的搭配、色彩的调节和正装色彩的选择。

(1)色彩的冷暖。使人产生温暖、热烈、兴奋感觉的色彩叫暖色，如红色、黄色。使人产生寒冷、抑制、平稳感觉的色彩叫冷色，如蓝色、黑色。

(2)色彩的轻重。色彩越浅，明度就越强的色彩，使人产生上升感、轻感。色彩越深，明度就越弱的色彩，使人产生下垂感、重感。所以，人们平日的着装，通常讲究上浅下深。

(3)三色原则。即要求正装的色彩在总体上应当以少为宜，最好将其控制在三种色彩之内。该原则是选择正装色彩的基本原则。这样做，能保持正装庄重、保守的总体风格，并使正装在色彩上显得规范、简洁、和谐。如果正装的色彩超出三种色彩，就会给人以繁杂、低俗之感。

(4)基本色彩。正装的色彩，一般为单色，深色，无图案。最标准的套装色彩是蓝色、灰色、棕色、黑色；衬衫的色彩最佳为白色、灰色；皮鞋、袜子、公文包的色彩宜为深色，并以黑色为主流。如果正装有多种颜色，并有花哨的图案，就会令你的形象大打折扣。

3. 对款式的要求

服装的款式，指的是它的种类、式样与造型。这与着装者的性别、年龄、体型、职业、偏好有关，并受到文化、习俗、道德、宗教与流行趋势的影响。

在社交场合，根据礼仪规范，选择服装的款式，最重要的是要合乎身份，维护形象，并且对交往对象不失敬意。

二、男士着装礼仪

西装是男人在正式场合的首选服饰。西装：七分在做，三分在穿。无论在西装的选择和着装上都是有讲究的。

1. 西装的穿法
(1)讲究规格:两件套或三件套。
(2)注意顺序:头发——衬衫——西裤——皮鞋——领带——上装。
(3)穿好衬衫:衬衫通常为单色,一般多用蓝色、白色,不能过于花哨。

领子要挺括、干净。衬衫下摆要掖进裤子,不能露在外面。系好领扣和袖扣,衬衫衣袖要稍长于西装衣袖0.5-1厘米,领子要高出西装领子1-1.5厘米,以显示衣着的层次。非正式场合可不系领带,此时,衬衫领口的扣子应解开。

(4)系好领带:下缘接腰带上端放背心内,领带夹一般应夹在衬衫第三粒与第四粒扣子之间,西装系好钮扣后,领带夹不能外露。

(5)用好衣袋:一般上装外面左胸口的衣袋是专门用于插装饰性手帕的,下面的两个口袋只作装饰用,一般不放物品。西裤前面的裤兜亦不可装物品,可用于插手(站立时可将手插在裤兜内,但行走时一定要把手拿出来)。

(6)系好钮扣:双排扣的西服要把钮扣全部系上,以示庄重;坐下时也可将最下面的扣子解开。单排两粒扣的上装,只扣上面一粒钮扣是正规穿法;三粒扣的,则扣中间一粒。单排扣的西服扣子也可以全部不扣,显得潇洒;如将全部扣子都系上,则显得土气。

(7)穿好皮鞋:穿西服一定要穿皮鞋,裤子要盖住皮鞋鞋面。男性的皮鞋最好是黑色或与衣服同色的,正式场合还应当是黑色、无花纹、系带的。不能穿旅游鞋、轻便鞋或布鞋、露脚趾的凉鞋,也不能穿白色袜子、色彩鲜艳的花袜子和半透明的尼龙或涤纶丝袜。男性宜穿着深色线织中筒袜。

◆ **小互动**

选两位男同学在讲台上按上述西装的穿着规范来演示一下。

2. 领带与西服颜色搭配

穿银灰、乳白色西服,适宜配戴大红、朱红、墨绿、海蓝、褐黑色的领带,会给人以文静、秀丽、潇洒的感觉。

穿红色、紫红色西服,适宜配戴乳白、乳黄、银灰、湖蓝、翠绿色的领带,以显示出一种典雅华贵的效果。

穿深蓝、墨绿色西服,适宜佩带橙黄、乳白、浅蓝、玫瑰色的领带,如此穿戴会给人一种深沉、含蓄的美感。

穿褐色、深绿色西服,适宜配戴天蓝、乳黄、橙黄色的领带,会显示出一种秀气飘逸的风度。

穿黑色、棕色的西服,适宜配戴银灰色、乳白色、蓝色、白红条纹或蓝黑条纹的领带,这样会显得更加庄重大方。

3. 西装与领带衬衫搭配

穿西服不扎领带,是不够正式的,不适宜出席正式场合。打领带有不少讲究。

花色与图案:一般来说素色、斜纹、圆点、和几何图案的领带都能够与任何款式的西服或衬衫搭配。但是要注意的是草履虫的图纹只能在休闲时穿戴,在上班时最好避免使用,否则会有失大雅。

款式:领带的款式主要在领带的宽度上,常用的领带宽度多为8-9厘米,最宽的可达12厘米,最窄的仅有5-7厘米。可以根据自己的爱好来选择。

领带的季节性一般来说也是很有学问的,在炎炎夏日里最好佩带丝和绸等材质的轻软型领带,领带结也要打得比较小,给人以清爽感。而在秋冬季里颜色就要以暖色为主了,例如深红色、咖啡色之类的暖色调在视觉上就会产生温暖的感觉。在春夏季节可以以冷色调为主,暖色调为辅。

那么领带如何与西服衬衫相搭配呢?有一种搭配叫三单,也就是说三种单色搭配在一起一般来说比较保险。或者二单一花,这种装束要注意,这其中唯一有花纹或图案的无论是衬衫、领带或是西服,花纹或图案的颜色一定要是其他两种颜色的其中一种。还有二花一单:当有两种花纹或图案时,必须先区分出图案的强弱和图案的走势。如果穿直条纹西服或衬衫时就要避免使用直纹或横纹的领带,最好用斜纹、圆点或草履虫色等没有方向性的领带比较好。

4. 皮带、西裤

第一,是皮带的装饰性,有的朋友爱在皮带上携挂钥匙、手机等等。这样会非常影响皮带的装饰性,看上去即不简洁也不干练。第二,皮带的长度。皮带在系好后尾端应该介于第一和第二个裤绊之间,即不要太短也不要太长。第三,皮带的宽窄。皮带太窄会使男人失去阳刚之气,太宽的皮带只适合于休闲、牛仔风格。一般皮带宽窄应该保持在3厘米。在系皮带的时候不要使皮带扣与拉链不在一条线上,否则要闹笑话了。

裤腰是西裤的灵魂,西裤的灵魂在裤腰上,裤腰合不合适只要在穿好裤子后,在自然呼吸的情况下不松不紧地刚好放得下一只手,这就说明裤腰是合适的。如果伸不进去一个手掌那就是裤子瘦了。如果裤腰能伸进一个拳头就说明裤腰肥了。西裤的裤腰可修改的幅度是有讲究的,往小里改只能在5厘米之内,往大里改不能超过3.8厘米。如果超出这个范围就会改变裤子原来的形状。

裤管也要讲究,裤管的中折线一定要不偏不倚地、笔直而自然地垂到鞋面,只有这样中心折线才能撑出裤管笔挺的质感。裤子的长度从后面看应该刚好到鞋跟和鞋帮的接缝处。如果想让腿看起来更修长,那么裤管的长度也可以延伸到鞋后跟的1/2处。另外,在买皮带的时候皮带一定要比裤子长5厘米。也就是说如果穿35号的裤子,那么皮带就应该买36号的。

在生活中男士们一定不要从西裤和皮鞋之间露出一截白袜子。因为白袜子和浅颜色的纯棉袜子只适合运动休闲时穿。一般来说男袜的颜色应该是基本的中性色,而且要比长裤的颜色深。袜子的颜色与西服的颜色相配是最时髦最简洁的。另外袜子的长度也要注意。太长的袜子会显得土气,太短的袜子会在你坐下时或一条腿搭在另一条腿上露出腿上部分皮肤。所以一般袜子的长度大约是在小腿以下的位置。

5. 男士穿着西装的注意事项

西服被看做男士的脸面,要让它为生活增彩的话,有"五忌"需多多注意:

一忌:西裤过短(标准长度为裤长盖住皮鞋);

二忌:衬衫放在西裤外;

三忌:不扣衬衫纽扣;

四忌:西服的衣、裤袋内鼓鼓囊囊;

五忌:领带太短(一般长度应为领带尖盖住皮带扣)。

◆ 小互动

【案例2-5】

郑伟是一家大型国有企业的总经理。有一次,他获悉有一家著名的德国企业的董事长正在本市进行访问,并有寻求合作伙伴的意向。他于是想尽办法,请有关部门为双方牵线搭桥。让郑总经理欣喜若狂的是,对方也有兴趣同他的企业进行合作,而且希望尽快与他见面。到了双方会面的那一天,郑总经理对自己的形象刻意地进行一番修饰,他根据自己对时尚的理解,上穿茄克衫,下穿牛仔裤,头戴棒球帽,足蹬旅游鞋。无疑,他希望自己能给对方留下精明强干、时尚新潮的印象。然而事与愿违,郑总经理自我感觉良好的这一身时髦的"行头",却偏偏坏了他的大事。

【讨论】

(1) 郑总经理的错误在哪里?

(2) 他的德国同行会对此有何评价?

三、女士着装礼仪

相对于偏于稳重单调的男士着装,女士们的着装则亮丽丰富得多。得体的穿着,不仅可以显得更加美丽,还可以体现出一个现代文明人良好的修养和独到的品位。

1. 女士西装

(1) 西装的挑选

束腰的短西装适合体型小巧的女性穿,另外,短款西服最好是竖直单排扣的。

丰满的曲线型身材应穿比较合体的西装,且最适宜的是在一边系单扣的式样。这种样式既显示颇具女性感的曲线,同时又能掩藏住一部分多余的体重。

(2) 不同场合的搭配

出席正式场合的社交活动必须穿深色西服,衬衫要求穿白色衬衫。

出席非正式场合穿着可选择色调明朗轻快,花型华美的西服。

2. 女士裙装

所有适合女士在正式场合穿着的西装裙式服装中,套裙是首选。它是西装套裙的简称,上身是女式西装,下身是半截式裙子。也有三件套的套裙,即女式西装上衣、半截裙外加背心。

(1) 套裙的分类

套裙,可以分为两种基本类型。一种是用女式西装上衣和一条裙子进行的自由搭配组合成的"随意型"。一种是女式西装上衣和裙子成套设计、制作而成的"成套型"或"标准型"。

(2) 连衣裙

连衣裙的穿着需要遵守很多规则,选购连衣裙要根据自己的脸型和肤色外,还要根据自己的体型来考虑。

❋ 社交礼仪

高而瘦的女性，可穿泡泡袖的环形褶裙；女性体型较为肥大，可穿整料连衣裙，但是不要穿宽大的裙子；低腰短腿的女性，宜穿高腰连衣裙；臀大腰圆的女性，可穿喇叭裙，但是忌穿紧身连衣裙。

3. 女士着装的注意事项

（1）大小适度，要能突出女性的体型美，穿着要合体。

（2）注意场合，女性着装应该考虑到年龄、职业、体型、肤色等特点，年龄较大、较胖者可穿一般款式的西装，颜色略深一些。肤色较深的人不适合穿蓝、绿、黑三色。

（3）女士着装应注重服装与服饰的搭配，里穿高领毛衣，可佩带领花；里穿衬衣时，可选领口带有花边点缀的。

◆ 实践训练

1. 女士穿着搭配训练

（1）腰部赘肉的女士穿着技巧：很多女生认为，宽松长衫可以遮盖小肚腩，这样并不能达到视觉修身的效果。如果穿不好反而会像孕妇。搭配花苞半身裙建议将上衣束进裙子里，能形成最佳的身形比例。花苞裙有立体的轮廓感，可以巧妙遮挡臀部和大腿处的赘肉，适合略微丰满的 MM 穿着。

（2）宽厚肩膀的女士穿着技巧：宽厚肩膀的女士可以选择宽松又有垂坠感的大蝙蝠袖，这种款式尽量要选择较深的色系，袖子的长度应盖住大臂。可以选择清透的雪纺面料，有着很好的流动性，随着步履的节奏，荷叶边也在动静之间遮住大胳膊处的肉肉。衬衫式的公主泡泡袖，不仅古典华丽感十足，更加修饰了厚肩膀的肌肉。但要谨防袖口的松紧度。

（3）大腿显粗的女士穿着技巧：一般来说，我们不建议腿粗 MM 选择牛仔质地的裤子，因为粗犷的牛仔裤会让腿部显得更加臃肿。紧身裤或紧身底裤，如果腿较短较粗，这种裤型绝对能夸大你的腿形缺点。不要以为腿粗的女孩就不能穿裙子，前提是，必须选择一条好面料、好剪裁、最适合自己的裙子。

2.男士穿着搭配训练

男士重要的就是要穿出自己的线条美。特别是男士，不能和女士一样在身上点缀太多的东西。男士要简单有内涵，要凸显自己的品位就只能从两点入手：一是衣服的质量；二是用衣服修饰自身阳刚的线条之美。

✱ 社交礼仪

(1)白色+宽松+板鞋

(2)衬衫+宽松+皮鞋

(3)牛仔裤+T恤+鞋拖

第四节 饰品

◆ 案例引入

【案例2-6】
小黄去一家外企进行最后一轮总经理助理的面试。为确保万无一失,这次她做了精心的打扮。一身前卫的衣服、时尚的手环、造型独特的戒指、亮闪闪的项链、新潮的耳坠,身上每一处都是焦点,简直是无与伦比、鹤立鸡群。况且她的对手只是一个相貌平平的女孩,学历也并不比她高,所以小黄觉得胜券在握。

但结果却出乎意料,她没有被这家外企所认可。主考官报歉地说:"你确实很漂亮,你的服装配饰无不令我赏心悦目,可我觉得你并不适合干助理这份工作。实在很抱歉。"
【讨论】
(1)小黄面试失败的原因。
(2)在面试过程中,我们在配饰上应该注意什么?

现代生活中,饰品与服装都是服饰的有机组成部分,饰品佩戴也有传播信息的作用,展现个人风采,彰显个人素养,尤其在交际场合更应恰到好处地佩戴这些饰品。正确地搭配,确实可以起到画龙点睛的作用。

◆ 跟我学礼仪

一、佩戴饰品的基本规范

1. 适合自己身份的饰品才是最美的

假如在十分严肃正式的地方,那么就不要佩戴另类个性的饰品;如果工作性质需要追求个性解放,那么不妨标新立异一番;如果是长辈级别,不宜佩戴太过可爱的饰品;如果尚在青涩年华,则不宜佩戴过于成熟老气的饰品。

2. 饰品的颜色应当统一

如果佩戴两种或两种以上的饰品,应当尽量色彩和谐一致。

3. 饰品要和整体风格相一致

饰品是为服饰服务的,它必须服从整个服饰的搭配。穿职业装时不适宜佩戴民族风格的饰品;穿民族服饰时也不适宜佩戴精致小巧的黄金白金首饰。总之,佩戴饰品要兼顾服饰的材质、色彩以及款式,并与其风格相一致。

二、饰品的佩戴方法

1. 围巾

围巾从最初单纯为了保暖,到现在成了必不可少的配饰。不论从款式,还是花样,都有了很大的变化,除了针对保暖外,美观、易搭配也是现在选择围巾的重点。就连男款的围巾,时尚度也是只增不减的。

(1)不同颜色的围巾搭配的服饰也不同

白色围巾纯洁可爱,搭配条纹衫清爽自然。简单干净的搭配,人见人爱;如果皮肤不是很白的女孩可以尝试大红色的围巾,脸色会提亮,而且搭配也很容易;浅色的大衣,搭配一款糖果色围巾,会显得年轻,浅色系尤其适合皮肤白皙的女孩;灰色针织镂空花毛围巾,适合冬季爱穿裙子的女孩,优雅动人。

(2)男士围巾搭配的技巧

男士在正式的场合或上班时选用深色围巾:灰色、黑色、深蓝色、绛紫色;男士围巾颜色与服装协调。单色、暗色的服装配花色围巾,并且需与脸色相近。

2. 帽子

(1)不同款式的帽子搭配的服饰不同

圆点图案的太阳帽配上浅灰色的长裙很有层次感,也衬托出你活泼大方的气质;充满运动感的棒球热帽使你充满活力,头顶镂空的设计也让头部在运动中不会感觉特别闷热;甜美的小呢帽让简单的T-Shirt想低调都不行,不禁让人怀疑,星范儿也是天生的。

(2)不同脸型的人搭配的帽子不同

尖脸型适合戴圆顶帽子;圆脸型适合戴棒球帽子。

3. 项链

项链是非常重要的配饰,是人们视觉的焦点。项链让女性更加美丽,项链的种类很多,大致可以分为金属材料项链和珠宝项链两大系列。

(1)不同的颈形应搭配不同的项链

佩戴项链的要诀是要造成视觉变化以弥补颈项的不足。脖子长的人要选择那些有横纹、较粗的短项链,使其在脖子上占据一定的位置,在视觉上能缩短脖子的长度。对于脖子比较短的人来说,则宜佩戴较长的项链,因为直线条可增加颈部的修长感,如能佩戴细长的项链,也很漂亮;如果项链下面悬着一颗钻石吊坠,那就更完美了。

(2)不同的服装应搭配不同的项链

穿礼服时,应佩戴珍珠项链与礼服相称的金属钻石类项链。在穿便装、休闲装时,可随自己的爱好,根据衣服的颜色、质地等因素,佩戴木质、陶质项链,这样的搭配可以让你轻松拥有休闲韵味。

4. 手表

与首饰相同的是,在社交场合人们所戴的手表往往体现其地位、身份和财富状况。因此在人际交往中人们所戴的手表、尤其是男士所戴的手表,大都引人瞩目。在正规的社交场合,手表往往被视同首饰,对于平时只有戒指一种首饰可戴的男士来说,更是备受重视。有人甚至强调说:手表不仅是男人的首饰,而且是男人最重要的首饰。在西方国家,手表与钢笔、打火机曾一度被称为成年男子的"三件宝"。

(1)手表的选择:佩戴手表若要正确无误,自然先要了解手表,并且善于选择手表。

(2)手表的色彩:选择在正式场合所戴的手表,其色彩应力戒繁杂凌乱,一般宜选择单色手表、双色手表,不应选择三色或三种颜色以上的手表。不论是单色手表还是双色手表,其色彩都要清晰、高贵、典雅。金色表、银色表、黑色表,即表盘、表壳、表带均有金色、银色、黑色的手表,是最理想的选择。金色表壳、表带、白色表盘的手表,也能经得住时间的考验,在任何年代佩戴都不会落伍。

5.腰带

腰带的作用:装饰、美化人体、矫正体型、制造错觉。

男士在工作中使用的腰带以黑色或棕色皮革制品为佳,宽度一般不超过3厘米;女士腰带同服装配套,又要考虑体型。腰细的女子可选用宽腰带会更楚楚动人。

◆ **拓展与提高**

戴戒指的含义

戴在左手食指上意为"示爱";戴在中指上表示正在恋爱中;戴在无名指上表示已定婚或结婚;戴在小指上则表示独身主义者。每只手只戴一枚戒指。

三色原则

三色原则是指全身上下的衣着,应当保持在三种色彩之内。简单说来就是指男士在正式场合穿着西装时,全身颜色色系必须限制在三种之内,否则就会显得不伦不类,失之于庄重和保守。

三个统一

三个统一是指男士的腰带、皮鞋和手提包的颜色应是统一的。

个人举止行为的各种禁忌

1. 在公众之中应力求避免从身体内发出的各种异常声音。咳嗽、打喷嚏、打哈欠,均应侧身掩面再为之。
2. 公众场合,不得用手抓挠身体的任何部位。文雅起见,最好不当众挖耳朵、揉眼睛,也不要随意剔牙齿、修剪指甲、梳理头发等,应去洗手间完成。
3. 参加正式活动前,不宜吃带有强烈刺激性气味的食物(如葱蒜、韭菜、洋葱)。
4. 在公共场合,应避免高声谈笑、大呼小叫。

◆ **实践训练**

求职面试第一印象非常重要,如何选择佩戴饰品才能起到画龙点睛的作用,又不给以人庸俗之感呢?(分别从男生、女生身份进行思考)

第三章 交往礼仪

　　一个人在社会中欲生存和发展，就必须以各种形式与其他人进行交往。因为没有交往就难以合作；没有合作就难以生存和发展。对于交际，不但要积极参与，总结经验，吸取教训，更要重视基本交际礼节的学习，并在实践中正确地加以运用，这样才能备尝交际成功带来的欢乐。

第一节　称呼

◆ 案例引入

【案例3-1】
　　在广告公司上班的王先生与公司门卫的关系处得好，平时进出公司大门时，门卫都对王先生以王哥相称，王先生也觉得这种称呼很亲切。这天王先生陪同几位来自香港的客人一同进入公司，门卫看到王先生一行人，又热情地打招呼道："王哥好！几位大哥好！"谁知随行的香港客人觉得很诧异，其中有一位还面露不悦之色。
【讨论】
　　为什么门卫平时亲切的称呼，在这时却让几位香港客人诧异甚至不悦？门卫的称呼有何不妥，应该如何称呼？

　　称呼，主要是指人们在交往过程中对彼此的称谓语，它表示人与人之间的关系，反映一个人的修养和品德。称呼语是交际语言中的先行官，是沟通人际关系的一座桥梁。一声得体又充满感情的称呼，不仅体现出称谓人的文化和礼仪修养，也会使交往对象感到愉快、亲切，促进双方感情的交融，为以后的深层交往打下良好基础。因此有人把称呼比作是交谈前的"敲门砖"，它在一定程度上决定着社会交往的成功与否。

◆ 跟我学礼仪

一、常用的称呼

1. 在社交、工作场合中常用的称呼

在工作岗位上，人们彼此之间的称呼是有其特殊性的。它的总要求是庄重、正式、规范。

（1）职务性称呼

一般在较为正式的官方活动、政府活动、公司活动、学术性活动中使用职务性称呼，以示身份有别，敬意有加，而且要就高不就低。职务性称呼具体来说分三种情况：

只称职务，如：董事长、总经理等；

职务前加姓氏，如：王总经理、张主任、刘校长等；

职务前加上姓名，适合于极为正式的场合，如：×××市长等。

（2）职称性称呼

对于有专业技术职称的人，可用职称性称呼。具体来说分三种情况：

仅称职称，如：教授、律师、工程师等；

在职称前加姓氏，如：龙主编、常律师、叶工程师；

在职称前加姓名，如：杨振宁教授、谢玉清研究员等。

（3）学衔性称呼

学衔性称呼，增加被称者的权威性，同时有助于增加现场的学术气氛。有四种情况：

仅称学衔，如博士；

加姓氏，如刘博士；

加姓名，如刘选博士；

将学衔具体化，说明其所属学科，并在后面加上姓名，这种称呼最正式，如：法学博士刘选。

（4）行业性称呼

在工作中，可以按行业称呼。可以直接以职业作为称呼，如：老师、教练、会计、医生等。一般情况下，在此类称呼前，均可加上姓氏或者姓名，如：刘老师、于教练、王会计等。

2. 在生活中常用的称呼

生活中的称呼应当亲切、自然、准确、合理。

（1）对亲属的称呼：与外人交谈时，对自己亲属，应采用谦称，可加"愚"字，如愚伯、愚岳、愚兄、愚甥、愚侄等。对他人的亲属的称呼，要采用敬称，可加"令"或"尊"，如尊翁、令堂、令郎、令爱（令嫒）、令侄等。

（2）对朋友、熟人的称呼：对任何朋友、熟人，都可以人称代词"您"或"你"相称；平辈的朋友、熟人，彼此之间可以直呼其姓名，如"王迎"，"李香"；长辈对晚辈也可以这样称呼，但晚辈对长辈却不能这样。对关系极为亲密的同性朋友、熟人，可不称其姓，直呼其名，如"晓龙"，但不可对异性这样称呼，只有其家人或恋人才允许这样称呼。对于邻居、至交，可用令人感到信任、亲切的称呼，如"爷爷"、"奶奶"、"大爷"、"大妈"、"叔叔"、"阿姨"等类似血缘关系的称呼，也可以在这类称呼前加上姓氏，如"毛爷爷"等。

（3）对一般（普通）人的称呼：对一面之交、关系普通的人，可视情况采取下列称呼：同志、先生、女士、小姐、夫人、太太等。

❋ 社交礼仪

◆ 小互动

【案例3-2】

有一次,有一位先生为他的外国朋友订做生日蛋糕,并要求打一份贺卡。蛋糕店小姐接到订单后,询问先生说:"先生,请问您的朋友是小姐还是太太?"这位先生也不清楚朋友是否结婚了,想想一大把年龄了,应该是太太吧,于是就跟小姐说写太太吧。蛋糕做好后,小姐把蛋糕送到指定的地方,敲开门,只见一位女士开门,小姐有礼貌地询问:"您好,请问您是怀特太太吗?"女士愣了愣,不高兴地说:"咦,错了!"就把门关上了。蛋糕店小姐糊涂了,打电话向订蛋糕的先生再次确认,地址和房间号码都没错,于是再次敲开门,说道:"没错,怀特太太,这正是您的蛋糕!"谁知这时,这位女士大叫道:"告诉你错了,这里只有怀特小姐,没有怀特太太!""啪"的一声,门关上了。

【讨论】

请针对以上案例谈谈你的看法。

二、称呼禁忌

1. 使用错误的称呼

主要在于粗心大意,用心不专。常见的错误称呼有两种:

(1)误读,误读也就是念错姓名。如"仇(qiu)"、"查(zha)"、"盖(ge)"等。为了避免这种情况的发生,对于不认识的字,事先要有所准备;如果是临时遇到,就要谦虚请教。

(2)误会,主要指对被称呼者的年纪、辈份、婚否以及与其他人的关系作出了错误判断。比如,将未婚妇女称为"夫人",就属于误会。相对年轻的女性,都可以称为"小姐",或"美女",这样对方也乐意听。

2. 使用过时的称呼

有些称呼,具有一定的时效性,一旦时过境迁,若再采用,难免贻笑大方。在我国古代,对官员称为"老爷"、"大人"。若将它们全盘照搬进现代生活里来,就会显得滑稽可笑,不伦不类。

3. 使用不通行的称呼

有些称呼,具有一定的地域性,比如,北京人爱称人为"师傅",山东人爱称人为"伙计";中国人把配偶、孩子分别称为"爱人"、"小鬼"。但是,在南方人听来,"师傅"等于"出家人","伙计"肯定是"打工仔"。而外国人则将"爱人"理解为进行"婚外恋"的"第三者",将"小鬼"理解为"鬼怪"、"精灵",可见这是"南辕北辙",误会太大了。

4. 使用庸俗低级的称呼

在人际交往中,有些称呼在正式场合切勿使用,如"哥们儿"、"姐们儿"、"磁器"、"死党"、"铁哥们儿"等一类的称呼,就显得庸俗低级,档次不高。它们听起来令人肉麻不堪,而且带有明显的黑社会人员的风格。逢人便称"老板",也显得不伦不类。

5. 用绰号作为称呼

对于关系一般者,切勿自作主张给对方起绰号,更不能随意以道听途说来的对方的绰号去称呼对方。还要注意,不要随便拿别人的姓名乱开玩笑。如:拐子、秃子、罗锅、四眼、傻大个、麻杆儿等更不能说出。另外,还要注意不要随便拿别人的姓名乱开玩笑,要尊重一个人,必须首先学会去尊重他的姓名,每一个正常人都极为看重本人的姓名。对此,在人际交往中一定要牢记。

◆ **拓展与提高**

有一次,演讲家曲啸同志应邀到一所监狱向犯人讲话,遇到了一个难题,那就是怎么称呼的问题,如果叫"同志们"吧,好像不大合适,叫"罪犯们"吧,好像会伤害到对方的自尊。经过考虑,曲啸同志在称呼他们时,说的是"触犯了国家法律的年轻的朋友们",谁知这句称呼一出来,全体罪犯热烈鼓掌,有人还当场落下了热泪。

在对别人的称呼中,我们应该遵循什么样的原则呢?

1. 礼貌原则

在称呼别人时,要讲究礼貌,常用的尊称有"您"、"贵"、"贤"、"尊"。

2. 尊崇原则

对于职位比较高的同事或前辈,在称呼时,要体现自己对对方的尊敬。

3. 恰当原则

对对方的称呼,要讲究恰当,比如,对司机、厨师称"师傅"可以,但是对医生、教师称"师傅"就不恰当了。

◆ **小互动**

【案例3-3】

有一位年轻人想要去市工商局,走了很长一段,不知距目的地还有多远,看见一位老者在前方行走,跑过去张口就问:"喂,老头,市工商局还有多远啊?"老者抬头望了年轻人一眼,说:"无礼。"年轻人大喜,也不道谢,急往前走,可走了很长一段,早就有几个五里了,还是不见工商局。年轻人顿悟,懊悔不已。

【讨论】

年轻人的行为有何失礼?小组派代表分别扮演老者和年轻人,如何问路,分组上台试演,互评一下。

◆ **拓展与提高**

同志

志同道合者才称同志。如政治信仰、理想、爱好等相同者,都可称为同志。改革开放之后,这一称谓的使用率相对减少,如在同一党内、同一组织内,对解放军和国内的普通公民,这一称呼皆可使用。但对于儿童,对于具有不同政治信仰、不同价值观、不同国家的人,尽量

社交礼仪

少使用或不使用。

先生

在我国古代,一般称父兄、老师为先生,也有称郎中(医生)、道士等为先生的。有些地区还有已婚妇女对自己的丈夫或称别人家的丈夫为先生的。目前,先生一词泛指所有的成年男子。

小姐、女士

对女性的尊称,已婚女性多称"女士",未婚女性多称为"小姐",如不确定对方婚否,都可以"女士"相称。

夫人、太太

夫人、太太是有身份人家对妻子的称呼,后来作为对所有已婚妇女的尊称,现在使用已经相当普遍。

◆ **实践训练**

> 一位西装革履的男士进入写字间,就问前台秘书小姐:"这是四方公司吗?"小姐不理,这时,有两个客户走来,秘书小姐说:"李姐,王哥,我们经理正等着你们呢……"
> 以上情景在称呼上有什么问题?

第二节 介绍

◆ **案例引入**

> 【案例3-4】
> 张云和朋友赵波一起去听李教授的一个校内公开讲座,赵波对讲座很感兴趣,想与李教授有进一步的交流。由于李教授曾经给张云所在的班上过课,认识张云,因此赵波想让张云在会后把自己介绍给李教授。
> 【讨论】
> 如果你是张云,你会怎样介绍两人认识呢?

在交际礼仪中,介绍是一个非常重要的环节。是人际交往中与他人进行沟通、增进了解、建立联系的一种最基本、常规的方式。通过介绍,可以缩短人们之间的距离,帮助扩大社交的圈子,促使彼此不熟悉的人们更多地沟通和更深入的了解。

◆ 跟我学礼仪

一、自我介绍

在社交活动中，如欲结识某些人或某个人，而又无人引见，如有可能，可向对方自报家门，自己将自己介绍给对方。如果有介绍人在场，自我介绍则被视为不礼貌的。

1. 自我介绍的时机

应当何时进行自我介绍，这是最关键而往往被人忽视的问题。在下面场合，有必要进行适当的自我介绍。

(1) 没有其他介绍人在场的时候；

(2) 没有其他闲杂人员在场的时候；

(3) 对方并未忙碌，而且看起来有一个较为轻松的心情时；

(4) 周围的环境比较安静、氛围比较舒适的时候；

(5) 比较正式的社交场合。

2. 自我介绍的具体形式

自我介绍时应先向对方点头致意，得到回应后再向对方介绍自己的姓名、身份、单位等。

自我介绍的具体形式：

(1) 应酬式。适用于某些公共场合和一般性的社交场合，这种自我介绍最为简洁，往往只包括姓名一项即可。如"你好，我叫张强。""你好，我是李波。"

(2) 工作式。适用于工作场合，它包括本人姓名、供职单位及其部门、职务或从事的具体工作等。如："你好，我叫张强，是××电脑公司的销售经理。""我叫李波，我在北京大学中文系教外国文学。"

(3) 交流式。适用于社交活动中，希望与交往对象进一步交流与沟通。它大体应包括介绍者的姓名、工作、籍贯、学历、兴趣及与交往对象的某些熟人的关系。如："你好，我叫张强，我在××电脑公司上班。我是李波的老乡，都是北京人。""我叫王朝，是李波的同事，也在北京大学中文系，我教中国古代汉语。"

(4) 礼仪式。适用于讲座、报告、演出、庆典、仪式等一些正规而隆重的场合。包括姓名、单位、职务等，同时还应加入一些适当的谦辞、敬辞。如："各位来宾，大家好！我叫张强，我是××电脑公司的销售经理。我代表本公司热烈欢迎大家光临我们的展览会，希望大家……。"

(5) 问答式。适用于应试、应聘和公务交往。问答式的自我介绍，应该是有问必答，问什么就答什么。如："先生，你好！请问您怎么称呼？（请问您贵姓？）""先生您好！我叫张强。"

再如：主考官问："请介绍一下你的基本情况。"应聘者："各位好！我叫李波，现年26岁，河北石家庄市人，汉族……"

3. 自我介绍的注意事项

(1) 注意时间：要抓住时机，在适当的场合进行自我介绍，对方有空闲，而且情绪较好，又有兴趣时，这样就不会打扰对方。自我介绍时还要简洁，尽可能地节省时间，以半分钟左

社交礼仪

右为佳。为了节省时间，作自我介绍时，还可利用名片、介绍信加以辅助。

（2）讲究态度：进行自我介绍，态度一定要自然、友善、亲切、随和。应落落大方，彬彬有礼。既不能委委懦懦，又不能虚张声势，轻浮夸张。语气要自然，语速要正常，语音要清晰。

（3）真实诚恳：进行自我介绍要实事求是，真实可信，不可自吹自擂，夸大其辞。

◆ 小互动

以幽默的方式为自己写一个自我介绍，100字左右。

二、他人介绍

他人介绍，又称第三者介绍，它是经第三者为彼此不相识的双方引见、介绍的一种介绍方式。

1. 介绍人

在社交场合，没有介绍人，两方人不认识，大眼瞪小眼，便会产生尴尬。谁当介绍人，不同场合不同情况是不一样的。一般由以下几种人担当：

（1）专业人士。比如你到公司企业机关去，专业人士指的是办公室主任、领导的秘书、前台接待、礼仪小姐、公关人员。他们的一项工作职责，就是迎来送往。

（2）对口人员。比如我找销售部李经理，李经理就有义务把我跟其他在场不认识的人作个介绍。如果我去找的人是你，你就有义务向有关人员作介绍。

（3）本单位地位、身份最高者。这是一种特殊情况。比如来了贵宾的话，一般是应该由东道主一方职务最高者出面做介绍，礼仪上把它叫做规格对等。

2. 介绍的时机

（1）在家中，接待彼此不相识的客人。

（2）在办公地点，接待彼此不相识的来访者。

（3）与家人外出，路遇家人不相识的同事或朋友。

（4）陪同亲友，前去拜会亲友不相识者。

（5）本人的接待对象遇见了其不相识的人士，而对方又跟自己打了招呼。

（6）陪同上司、长者、来宾时，遇见了其不相识者，而对方又跟自己打了招呼。

（7）打算推介某人加入某一交际圈。

（8）受到为他人作介绍的邀请。

3. 介绍的顺序

在为他人作介绍时，谁先谁后，是一个比较敏感的礼仪问题。根据规范，必须遵守"尊者优先了解情况"的规则。即在为他人介绍前，先要确定双方地位的尊卑，然后先介绍位卑者，后介绍位尊者。这样，可使位尊者先了解位卑者的情况。具体情况如下：

（1）介绍年长者与年幼者认识时，应先介绍年幼者，后介绍年长者。
（2）介绍长辈与晚辈认识时，应先介绍晚辈，后介绍长辈。
（3）介绍老师与学生认识时，应先介绍学生，后介绍老师。
（4）介绍女士与男士认识时，应先介绍男士，后介绍女士。
（5）介绍已婚者与未婚者认识时，应先介绍未婚者，后介绍已婚者。
（6）介绍同事、朋友与家人认识时，应先介绍家人，后介绍同事、朋友。
（7）介绍来宾与主人认识时，应先介绍主人，后介绍来宾。
（8）介绍社交场合的先至者与后来者认识时，应先介绍后来者，后介绍先至者。
（9）介绍上级与下级认识时，先介绍下级，后介绍上级。
（10）介绍职位、身份高者与职位、身份低者认识时，应先介绍职位、身份低者，后介绍职位、身份高者。

三、集体介绍

如果被介绍的双方，其中一方是个人，一方是集体时，应根据具体情况采取不同的办法。

1. 将一个人介绍给大家。这种方法主要适用于在重大的活动中对于身份高者、年长者和特邀嘉宾的介绍。
2. 将大家介绍给一个人。将大家介绍给一个人的基本顺序有两种：一是按照座次或队次介绍；二是按照身份的高低顺序进行介绍。千万不要随意介绍，以免使来者产生厚此薄彼的感觉，影响情绪。

◆ **小互动**

1. 作为介绍人，应该如何介绍下面情境中的人物？
（1）一位男士　　　　　　　一位女士
（2）一位长者　　　　　　　一位晚生
（3）一位领导　　　　　　　一位下属
（4）一位姐姐　　　　　　　一位同学
（5）一位来宾　　　　　　　一位同事
（6）一位未婚者　　　　　　一位已婚者
2. 新任市长汪鸿雁在教育局长杨国顺的陪同下，出席我校开学典礼，谁当介绍人最合适？
A、校长　　　B、副校长　　　C、校办主任　　　D、主持人

◆ **拓展与提高**

介绍礼节

介绍的时候无论被介绍的人或介绍别人的人都站起来是种礼节。
坐在椅子上的女性或者年长的妇人坐着被介绍也无妨。但是女性为主人的聚会时即使对

❈ 社交礼仪

方是男性，也不可不站起来。

同性之间的礼节一般都是握手，互相介绍时都要站起来。

介绍比自己高职位的人时无论男女都要站起来是原则。唯独患者和老年者除外。

◆ 实践训练

1. 天成公司董事长、经理和经理助理一行三人应邀到金石公司参加一个活动，在金石公司大门等待的是公司董事长、经理和礼宾工作人员。双方见面时，应分别由谁来介绍？介绍的顺序是怎样的？

由小组代表上台试演。

2. 假设你的好朋友来你家做客，请模拟演示一下：

（1）你要用他人介绍的方式介绍你的家人和一位朋友，先后顺序是什么？

（2）介绍的语言怎样表达？

（3）介绍时你的姿态如何？你的家人和你的朋友被介绍后应说些什么？

第三节　握手

◆ 案例引入

【案例3-5】

张先生与王小姐在公园相遇，由于好久没见，张先生大方、热情地向王小姐伸出手去，想与王小姐握手，谁知王小姐却不将手伸出来与之同握，甚至将手放进裤袋里。张先生只好尴尬地摸着自己的手。

【讨论】

如果你是张先生或者王小姐，你会怎么做呢？

握手礼起源于很久的古代。在"刀耕火种"的原始社会，人们用以防身和狩猎的主要武器就是棍棒和石头。传说当人们在路上遭遇陌生人时，如果双方都无恶意，就放下手中的东西，伸开双手让对方抚摸掌心，以示亲善。这种表示友好的习惯沿袭下来就成为今天的握手礼。

握手礼是在一切交际场合最常使用、适应范围最广泛的见面致意礼节，它表示致意、亲近、友好、寒暄、道别、祝贺、感谢、慰问等多种含意。从握手中，往往可以了解一个人的情绪和意向，还可以推断一个人的性格和感情。有时握手比语言更充满情感。

◆跟我学礼仪

一、握手礼行使的规则

行握手礼时有先后次序之分，握手的先后次序主要是为了尊重对方的需要。其次序主要根据握手人双方所处的社会地位、身份、性别和各种条件来确定。

1. 两人之间握手的次序是：上级在先，长辈在先，女士在先，主人在先。而下级、晚辈、男士、客人应先问候，见对方伸出手后，再伸手与他相握。在上级、长辈面前不可冒然先伸手。若两人之间身份、年龄、职务都相仿，则先伸手为礼貌。

2. 如男女初次见面，女方可以不与男方握手，互致点头礼即可；若接待来宾，不论男女，女主人都要主动伸手表示欢迎，男主人也可向女士先伸手表示欢迎。

3. 如一人与多人握手时，应是先上级、后下级，先长辈、后晚辈，先主人、后客人，先女士、后男士。

4. 若一方忽略了握手的先后次序，先伸出了手，对方应立即回握，以免发生尴尬。

二、握手礼行使的正确姿势

标准的握手方式是：握手时，两人相距约一步，上身稍前侧，伸出右手，四指并拢拇指张开，上下轻摇，一般二三秒为宜，握手时注视对方，微笑致意或简单地用言语致意、寒暄。

三、握手的时机

当被介绍与人相识时，应与对方握手致意，表示很愿意结识对方，为相识而高兴。

当朋友久别重逢或多日未见的同学相见时应热情握手，以示问候、关切、高兴。

当对方取得了好成绩、得到奖励或有其他喜事时，可以握手，表示热烈的祝贺。

受奖者在领取奖品时，要与颁奖者握手，以示感谢对自己的鼓励。

在接受对方馈赠的礼品时，要与之握手表示感谢。

当得到了别人的帮助后，应握手表示感谢。

在要拜托别人办事后，并准备告辞时，应以握手表示感谢和恳切企盼之情。

当参加完宴会告辞时，应与主人握手表示感谢主人的盛情款待。

在拜访友人、同事或上司之后告辞时，应握手表示再见之意。

到医院去看望病人时，应握手表示慰问。

参加友人或同事的家属追悼会，离别时应和主要亲属握手，表示劝慰并节哀之意。

> 握手，无言胜有言。有的人拒人千里，握着冷冰冰的手指，就像和凛冽的北风握手。有些人的手却充满阳光，握住你使你感到温暖。
>
> ——美国著名盲人女作家海伦·凯特

四、握手的注意事项

行握手礼时要注意力集中，不要左顾右盼，一边在握手，一边在跟其他人打招呼。

✱ 社交礼仪

握手一般总是站着相握，除年老体弱或残疾人以外，坐着握手是很失礼的。

单手相握时左手不能插口袋。

男士勿戴帽子、手套与他人相握，穿制服者可不脱帽，但应先行举手礼，再行握手礼。女士可戴装饰性帽子和装饰性手套行握手礼。

忌用左手同他人相握，除非右手有残疾。当自己右手脏时，应亮出手掌向对方示意声明，并表示歉意。

握手用力要均匀，对女性一般象征性握一下即可，但握姿要沉稳、热情和真诚。

握手时不要抢握，不要交叉相握，应待别人握完后再伸手相握。交叉相握在通常情况下是一种失礼的行为。有的国家视交叉握手为凶兆的象征，交叉成"十"，意为十字架，认为必定会招来不幸。

◆ 小互动

【案例3-6】

在一次接待某省考察团到访的任务中，小王因与考察团团长熟识，因而作为主要迎宾人员陪同部门领导前往机场迎接贵宾。当考察团团长率领其他工作人员到达后，小王面带微笑热情地走向前，先于部门领导与团长握手致意，表示欢迎。小王旁边的领导已经面露不悦之色。

【讨论】

请针对案例谈谈以上礼仪行为有何不妥之处。

◆ 拓展与提高

见面时的礼节

1. 鞠躬礼

鞠躬礼是一种人们用来表示对别人的恭敬而普遍使用的致意礼节。鞠躬礼既可以应用在庄严肃穆或喜庆欢乐的仪式中，也可以应用于一般的社交场合；既可应用于社会，也可应用于家庭。如下级向上级，学生向老师，晚辈向长辈行鞠躬礼表示敬意；上台演讲、演员谢幕等；另外各大商业大厦和饭店宾馆也应用鞠躬礼向宾客表示欢迎和敬意。

鞠躬礼的方式有：

一鞠躬礼：适用于社交场合、演讲、谢幕等。行礼时身体上部向前倾斜约15-20度，随即恢复原态，只做一次。

三鞠躬礼：又称最敬礼。行礼时身体上部向前下弯约90度，然后恢复原样，如此连续三次。

鞠躬礼的正确姿势：行礼者和受礼者互相注目，不得斜视和环视；行礼时不可戴帽子，如需脱帽，脱帽所用之手应与行礼之边相反，即向左边的人行礼时应用右手脱帽，向右边的人行礼时应用左手脱帽；行礼者在距受礼者两米左右进行；行礼时，以腰部为轴，头、肩、上身顺势向前倾约20度至90度，具体的前倾幅度还可视行礼者对受礼者的尊重程度而定；双手应在上身前倾时自然下垂放两侧，也可两手交叉相握放在体前，面带微笑，目光下垂，嘴里还可附带问候语，如"你好"、"早上好"等。施完礼后恢复立正姿势。通常，受礼者应以与行礼者的上身前倾幅度大致相同的鞠躬还礼，但是，上级或长者还礼时，可以欠身点头或在欠身点头的同时伸出右手握手答之，不必以鞠躬还礼。

鞠躬时应注意的问题：

1. 一般情况下，鞠躬要脱帽，戴帽子鞠躬是不礼貌的。

2. 鞠躬时，目光应该向下看，表示一种谦恭的态度。不可以一面鞠躬一面翻起眼看对方，这样做姿态既不雅观，也不礼貌。

3. 鞠躬礼毕起身时，双目还应该有礼貌地注视对方。如果视线转移到别处，即使行了鞠躬礼，也不会让人感到是诚心诚意。

4. 鞠躬时，嘴里不能吃东西或叼着香烟。

5. 上台领奖时，要先向颁奖者鞠躬，以示谢意，再接奖品。然后转身面向全体与会者鞠躬行礼，以示敬意。

2. 合十礼

合十礼又称合掌礼，即把两个手掌在胸前对合，掌尖和鼻尖基本平视，手掌向外倾斜，头略低。这种礼仪通行于南亚和东南亚信奉佛教的国家。在国际交往中，当对方用这种礼节致礼时，我们也应以合十礼还礼。

行合十礼时，由于双方关系不同，姿势也小有差异：

1. 佛教徒拜佛或拜高僧，以跪拜为至尊，并以合十的手掌尖举到眉尖汇合处为限。

2. 学生拜师长，要蹲式，合十的掌尖也应齐眉。

3. 政府各部门的公务人员拜长官，是站着行礼，合十的掌尖以举到口部为准。

4. 平等官级或是平民百姓相拜，同样是站着行礼，但其合十的掌尖只需举至胸部即可。

3. 拥抱礼

拥抱礼是流行于欧美的一种见面礼节。其他地区的一些国家，特别是现代的上层社会中，也仍有此礼。拥抱礼多行于官方或民间迎送宾朋或祝贺致谢等场合。有时是热情的拥抱，有时则纯属礼节性的。

行礼时，两人相对而立，各自右臂偏下，右手环抚于对方的左后肩，左手环抚对方的右后腰，按各自的方位，彼此将胸部各向左倾而紧紧相抱，头部相贴。然后头部及上身向右倾而相抱，接着，再次向左倾相拥后，礼毕。

4. 亲吻礼

西方现代的亲吻礼，在欧美许多国家广为盛行。男子对尊贵的女子可吻其手指或手背。在当代许多国家的迎宾场合，宾主往往以握手、拥抱、左右吻面或贴面的连动性礼节表示敬意。

◆ 实践训练

【情景模拟】

1. 雷克萨斯4S店张经理接待职业学校汽车系丁主任和学生代表来店参观。

情景模拟内容：雷克萨斯4S店张经理门前迎客→带领参观→送客。

2. 毕业多年后，你已经成为北汽福田公司的CEO，为了感谢母校对你的培养，特在大宅门商务会馆设宴款待汽车系李主任、谭主任和你的班主任付老师。

情景模拟内容：北汽福田公司CEO会馆门前迎接客人→请客人入座就餐（就餐过程简略）→送客。

第四节 名片

◆ 案例引入

【案例3-7】

在最近举行的产品展销会，客商云集，某广告公司的马经理想要拜访几位当地知名企业集团的李总经理、赵董事长、陈总经理（女士），他事先准备好了自己的名片，在展销会后的聚会上，马经理见到了这几位久仰的企业家。

【讨论】

马经理应该如何成功地分别与对方交换名片？在交换名片的时候要注意哪些礼节？

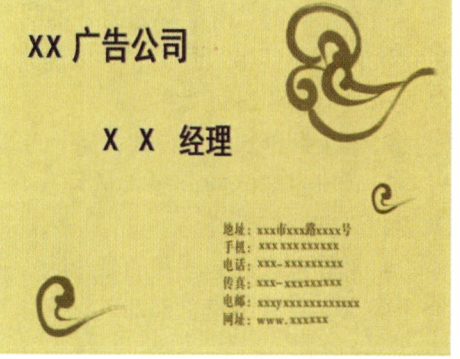

名片在现代社会生活中是必不可少的交际工具，它是一个人身份的象征，甚至是一个人的脸面，它是"交际的使者"，是一种自我的"介绍信"和"联络卡"。

◆ 跟我学礼仪

一、名片的分类

1. 本名式（社交名片）

在一般社交场合使用的名片，面对泛泛之交，不愿深交者，内容只有一个——本人的姓名。

2. 公务式名片

在政府、公司、学术交往中，办公事时使用的名片，需要提供较为丰富的资讯，包括三个内容。

（1）称谓：包括自己姓名、职务、学术性或技术性头衔；

（2）归属：包括单位名称、所在部门、企业标志、单位网址；

（3）联络方式：包括单位地址、办公电话、QQ号或群、电子信箱等。

二、名片的使用

1. 名片的携带与收藏

名片不仅要带，放在什么地方也是有讲究的，最好是装在名片夹里，一般放在上衣的内袋里边，女士放在手袋也可以。

2. 名片的索取

一般情况下，交换名片正规的顺序应该是地位低的首先把名片递给地位高的，地位高的有优先知情权。直接了当地索要名片往往会自寻尴尬，技巧是：

（1）交易法。所谓将欲取之必先予之，最简单的就是直接把名片递给对方，来而不往非礼也，一般情况下对方会回递。

（2）激将法。如遇到某人地位身份跟你不太一样，或对方是异性，出于防范之心或阶层落差之类，可能不给你名片，这种情况下用激将法。

（3）谦恭法。一般对象是学者、专家、名人用的方法。

（4）暗示法。面对比较熟的人就直接说，但面对不是很熟的人要委婉提示。

三、名片的接受原则

1. 要专心致志，不能三心二意。
2. 迎向对方，双手捧接。
3. 有来有回，要回敬对方。
4. 接到名片一定要看。

四、名片的出示和接受

向对方递送名片时，应面带微笑，稍欠身，注视对方，将名片正对着对方，用双手的拇指和食指分别持握名片上端的两角送给对方，如果是坐着的，应当起立或欠身递送，递送时可以说："我是××，这是我的名片，请笑纳。""我的名片，请你收下。""这是我的名片，请多关照。"之类的客气话。在递名片时，切忌目光游移或漫不经心。出示名片还应把握好时机。当

社交礼仪

初次相识，自我介绍或别人为你介绍时可出示名片；当双方谈得较融洽，表示愿意建立联系时就应出示名片；当双方告辞时，可顺手取出自己的名片递给对方，以示愿结识对方并希望能再次相见，这样可加深对方对你的印象。

接受他人递过来的名片时，应尽快起身或欠身，面带微笑，用双手的拇指和食指接住名片的下方两角，态度也要必恭必敬，使对方感到你对名片很感兴趣，接到名片时要认真地看一下，可以说："谢谢！"、"能得到您的名片，真是十分荣幸"等等。然后郑重地放入自己的口袋、名片夹或其他稳妥的地方。切忌接过对方的名片一眼不看就随手放在一边，也不要在手中随意玩弄，不要随便拎在手上，不要拿在手中搓来搓去，否则会伤害对方的自尊，影响彼此的交往。

五、使用名片禁忌

1. 残缺折皱的名片不使用。
2. 名片不宜涂改。
3. 在比较重要的场合不能提供两个以上的头衔，要简单。
4. 不要把名片当作传单随便散发。
5. 不要随意地将他人给你的名片塞在口袋里。
6. 不要随意拨弄他人的名片。
7. 在对方的名片上作一些简单的记录和提示，是帮助我们记忆的好办法。但是，不要在他人的名片上乱写一些有关名片主人特征的词，如"小个子"、"戴眼镜"等。

◆ 拓展与提高

递送名片顺序：

1. 由尊而卑；
2. 由近及远；
3. 如果是圆桌就从右侧开始，按顺时针方向前进；
4. 手拿名片的位置：

要用双手的大拇指和食指拿住名片上端的两个角，名片的正面朝向对方。

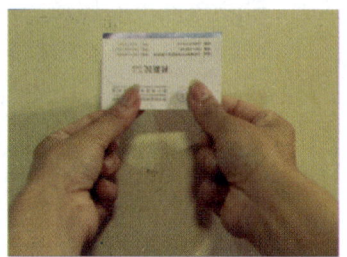

◆ 小互动

某公司业务部工作人员到一单位洽谈业务，与对方经理（秘书）见面做自我介绍的同时，递送上自己名片，以便开展自己的业务。

请同学们按照名片礼仪知识分角色演示上述情景。

第三章　交往礼仪

◆ **实践训练**

【案例3-8】
某公司王经理约见一个重要的客户。见面之后，客户就将名片递上。王经理看完后就将名片放到了桌子上，两人继续谈事。过了一会儿，服务人员将咖啡端上桌面，请两位经理慢用。王经理喝了一口，将咖啡杯子放在了名片上。
【讨论】
(1) 请分析王经理的失礼之处。
(2) 接到对方的名片后应如何放置？
(3) 为自己设计一张名片，展示一下。

第五节　交谈

◆ **案例引入**

【案例3-9】
张波是你们班新来的同学，酷爱音乐。只是来班上好几天了都不愿意和同学们交谈。如果你是张波班的班长，很想和张波交朋友，应该如何与他进行交流沟通？

交谈是两个以上的人所进行的对话，是人们彼此之间交流思想情感、传递信息、进行交际、开展工作、建立友谊、增进了解的最为重要的一种形式。没有交谈，人与人要进行真正的沟通几乎是不可能的。

◆ **跟我学礼仪**

一、交谈的原则

1. 与人保持适当的距离

说话通常是为了与别人沟通思想，要达到这一目的，首先当然必须注意说话的内容，其次也必须注意说话时声音的轻重，使对话者能够听明白。这样在说话时必须注意保持与对话者的距离。说话时与人保持适当距离也并非完全出于考虑对方能否听清自己的说话，另外还存在一个怎样才更合乎礼貌的问题。从礼仪上说，说话时与对方离得过远，会使对话者误认为你不愿向他表示友好和亲近，这显然是失礼的。然而如果在较近的距离和人交谈，稍有不慎就会把口沫溅在别人脸上，这是最令人讨厌的。有些人，因为有凑近和别人交谈的习惯，又明知别人

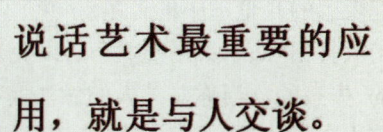

说话艺术最重要的应用，就是与人交谈。

——罗西·萨尔诺夫

顾忌被自己的口沫溅到,于是先知趣地用手掩住自己的口。这样做形同"交头接耳",样子难看也不够大方。因此从礼仪角度来讲一般保持一两个人的距离最为适合。这样做,既让对方感到有种亲切的气氛,同时又保持一定的"社交距离",在常人的主观感受上,这也是最舒服的。

2. 恰当地称呼他人

做到称呼得体要看场合,在办公室、会议室、谈判桌上等正式场合,要用正式的称谓;而在聚餐、晚会、活动等娱乐性的场合里,则可以随意一些。

3. 及时肯定对方

在谈话过程中,当双方的观点出现类似或基本一致的情况时,谈话者应迅速抓住时机,用溢美的言词,中肯地肯定这些共同点。赞同、肯定的语言在交谈中常常会产生异乎寻常的积极作用。当交谈一方适时中肯地确认另一方的观点之后,会使整个交谈气氛变得活跃、和谐起来,陌生的双方从众多差异中开始产生了一致感,进而十分微妙地将心理距离拉近。当对方赞同或肯定己方的意见和观点时,己方应以动作、语言进行反馈交流。这种有来有往的双向交流,易于双方谈话人员感情融洽,从而为达成一致协议奠定良好基础。

4. 态度和气、举止优雅

交谈时要自然,充满自信,并且不可忽略目光的作用。要用自己的目光表情达意,也可以通过他人的眼神了解其情绪和感觉。在说话时,说话人眼睛应该看着对方,表现出诚意、专注,这是对他人的尊重。目光注视的范围因场合的不同有所变化,有公务注视、社交注视和亲密注视之分。

在公务场合、社交场合,谈话时坐姿要端正。头懒散地靠在沙发背上、大腹便便地撇着腿坐着,以及类似的姿态都是不合适的(如右图)。谈话时可以用适当的手势加强语气,吸引对方注意力,帮助表达。谈话范围越小,手势的幅度就越小,频率不要过高,以免让人觉得心烦,影响注意力。注意控制手的小动作,在谈话中这些多余的动作都会影响到听者的注意力。不要用笔敲击桌子、笔记本,或像表演杂技一样把笔放在手指上不停地旋转、玩弄钥匙串、掏耳朵、剪指甲等等。

5. 注意语速、语调和音量

交谈中陈述意见要尽量做到平稳中速。在特定的场合下,可以通过改变语速来引起双方的注意,加强表达的效果。一般问题的阐述应使用正常的语调,保持能让对方清晰听见而不引起反感的高低适中的音量。办公室里还有其他人的时候,谈话双方一定要压低声音。楼道中与人打招呼、聊天不能大声,以免影响他人。在公务场合和公共场合,大喊大叫总是不合适的、失态的。当你对某人的做法实在不满意甚至感到气愤时,要先控制自己的情绪,不要高声大叫,以低沉的嗓音说出的话往往比大声叫喊更具震撼力。

二、交谈的内容

在交谈中,每个人都会有一种自我表现的欲望,希望较早地把自己的想法或者自己了解的事实告诉对方,因此很多人习惯把自己的思想、经历和感受作为交谈的主要内容,所以交谈中应注意选择可以谈论的内容和忌谈的内容。

1. 可以选择的内容

（1）目的性内容。目的性内容即交谈双方业已约定，或者其中某一方先期准备好的内容。求人帮助、征求意见、传递信息、讨论问题、研究工作一类的交谈，往往都属于内容既定的交谈。

（2）内涵性内容。内涵性内容即内容文明、优雅，格调高尚、脱俗的话题。文学、艺术、哲学、历史、地理、建筑等。适用于各类交谈，但要求面对知音，忌讳不懂装懂，或班门弄斧。

> 交谈由谈话者、听话者、主题等三个要素组成，要达到施加影响的目的，就必须关注此三要素。
>
> ——亚里士多德

（3）时尚性内容。时尚性内容即谈论起来令人轻松愉快、身心放松、饶有情趣、不觉劳累厌烦的话题。文艺演出、流行时装、美容美发、体育比赛、电影电视、休闲娱乐、旅游观光、名胜古迹、风土人情、名人轶事、烹饪小吃、天气状况等。适用于非正式交谈，允许各抒己见，任意发挥。

（4）时代性内容。时代性内容即以此时、此刻、此地正在流行的事物作为谈论的中心。适合于各种交谈，但变化较快，在把握上有一定难度。

（5）对象性内容。对象性内容指的交谈双方，尤其是交谈对象有研究、有兴趣、有可谈之处的主题。须知：话题选择之道，在于应以交谈对象为中心。与医生交谈，宜谈健身祛病；与学者交谈，宜谈治学之道；与作家交谈，宜谈文学创作等。适用于各种交谈，但忌讳以己之长对人之短，否则"话不投机半句多"。因为交谈是意在交流的谈话，所以不可只有一家之言，否则难以形成交流。

2. 交谈要注意的忌讳。

一般交谈时要坚持"六不问"原则。年龄、婚姻、住址、收入、经历、信仰，属于个人隐私的问题，在与人交谈中，不要好奇询问，也不要问及对方的残疾和需要保密的问题。在谈话内容上，一般不要涉及疾病、死亡、灾祸等不愉快的事情；不谈论荒诞离奇、耸人听闻、黄色淫秽的事情。与人交谈，还要注意亲疏有度，"交浅"不可"言深"，这也是一种交际艺术。

三、交谈的技巧

1. 打开话题

要想与交谈对方产生共鸣，必须找准话题，谈论别人感兴趣的事物，这是深刻了解人并与人愉快相处的交往方式。有了好话题，常常能使谈话开心融洽。可供人们交谈的话题俯拾皆是，如天文地理、社会经纬、电影电视、衣着服饰、健身健美、花鸟虫鱼等等，除此之外，一般人对关于他本身的话题更容易产生兴趣与共鸣。当然，要能做到交谈内容丰富，就得注意话题的积累。头脑里没有足够的新信息，没有自己的新观点、新见解，对社会、人生没有自己的认识，自然寒暄之后就"默默不得语"。因此，多关心时事，多留意报刊杂志，多思考问题，才会使谈话新鲜，富

有生气,充满诱惑力。

当然,把话说到他人的心坎上,是一种高超的语言交流技巧。要想打开交际的大门,就要学会对着对方心窝说话,让美好动听的语言走进对方的心田。据说每一个拜访过美国总统西奥多·罗斯福的人,都会对他渊博的知识感到惊讶。哥马利尔·布雷佛写道:"无论是一名牛仔或骑兵、纽约政客或外交官,罗斯福都知道该对他说什么话。"他是怎么办到的呢?很简单。每当有人来访的前一天晚上,罗斯福都翻读这位客人特别感兴趣的话题资料。

> 与人交谈时要"投其所好""避人所忌"。俗话说:"话不投机半句多、言逢知己千句少"。

同时要做到少说"我"多说"你"。古希腊哲学家苏格拉底说:"不要老是说'我想',而是多询问对方'你认为如何?'"亨利·福特也说:"无聊的人是'我'字的专卖者。"在生活中,关心自身是人之常情。你在社交时常喜欢谈自己的感觉,认为自己的事情是可以被人理解的。但你是否想过,当你大谈自己的时候,对方也想谈谈自己。在一次宴会上,有一位客人在4分钟之内提到了十几个"我"字,我的工作、我的老婆、我的儿子、我的爱好……听者恐怕早已不耐烦了吧。

打开话题具体方式有:

(1)中心开花法。选择众人关心的事件为题,围绕人们的注意中心,引出大家的议论,导致"语花"四溅,形成"中心开花"。

(2)即兴引入法。巧妙的借用彼时、彼地、彼人的某些材料为题,借此引发交谈。

(3)投石问路法。向河水中投块石子,探明水的深浅再前进,就能较有把握地过河。

(4)循趣入题法。问明对方的兴趣,循趣生活,能顺利地找到话题。

2. 要善于提问

交谈中不善提问,常使交谈失败。在谈话中,如果对方明显地反映出对你的话题参与不多,言语不多的时候,他可能对你的话题漠不关心,也可能是因为害羞或者是不感兴趣。此时,你要善于提问,尽量让他的热情高涨,这样才能让你们之间的气氛尽快变得融洽起来。具体方法有:

(1)由此及彼地问。先避开中心问题,从对方熟悉而愿意回答的问题入手,边问边分析对方反应,再巧妙地引出正题。

(2)因人而异地问。对性格直爽者,不妨开门见山;对脾气倔强者,要迂回曲折;对平辈或晚辈,要真诚坦率;对文化较低者,要问得通俗;对心有烦恼者,要体贴谅解,问得亲切。

(3)胸有成竹地问。较重要的交谈,要想好顺序,先问什么,后问什么,最后问什么,总体上要问清哪些事,心中要有谱,有个通盘考虑,力求发问的最佳效果。

(4)适可而止地问。问答是双边活动,必须使对方乐于回答。问话后要察颜观色,从对方表情中获得信息反馈。对方低头不语或答非所问,可能是表示他不感兴趣或不能回答,就要换个提法再问;对方面露难色或有疲劳厌倦感,就不能穷追不舍,应适时停止。一般不要冒昧地问宾客的工资收入、家庭财产、个人履历等问题。

(5)彬彬有礼地问。要恰当地使用表示尊重的敬语:"请教"、"请问"、"请指点"等,要恰当使用表示谦恭的谦语:"多谢你提醒"、"您的话使我顿开茅塞"、"给您添麻烦了"等。在对方答话离题太远时,还要用委婉语控制话题:"请允许我打断一下……""这些事你说得很有意思,今后我还想请教,不过我仍希望再谈谈开头提的问题……"自然地把话题引过来。问话时不要板起面孔。"笑容是你的财富",微笑着问话,会使人乐于回答。

3. 创造轻松愉快谈话气氛

轻松愉快的交谈则令人心神愉悦,乐而忘返,陈旧枯燥的谈吐使人兴趣索然,昏昏欲睡,创造令人兴奋的交谈氛围,除态度认真和话题选择恰当外,还有三种十分有效的手段:

(1)幽默感。幽默是智慧的闪现,是社会语言中高级的艺术,也是一个人的文化修养、道德、机智、心理、气质和语言驾驭能力等多方面素养的综合反映。幽默的力量和作用有时是超乎寻常的,需要注意的是,幽默的运用应适人、适时、适地,那种不看对象、不把握时机、不分场合的幽默,只能引人反感,自取羞辱。

(2)委婉含蓄。同样是劝导或批评人,有人把被劝者弄得暴跳如雷,结果是不欢而散,而有人则使被劝者心悦诚服,从谏如流,结果是皆大欢喜。其关键就是一字之差。委婉含蓄的语言表达艺术,在许多场合都有妙不可言的作用。

罗斯福任海军要职时,一位朋友问他关于建立军事基地的计划,这是个很让人为难的问题。当时,罗斯福环顾四周后低声说:"你能保密吗?"朋友赶紧说:"能。"罗斯福松了口气说:"那么,我也能。"

(3)善于倾听。交谈是互相交流,双方时常进行讲与听的角色互换。我们并不是单纯地向别人灌输自己的思想,我们还应该学会积极的倾听。倾听是一种艺术,也是一种技巧。倾听需要专心,每个人都可以通过耐心练习来发展这项能力。倾听是了解别人的重要途径,所以在交谈中必须善于倾听。

4. 特殊交谈——争辩的技巧

争辩,即通过言辞交锋以明辨是非。争辩的最大误区,就是视对方为"敌方",争论的结局就往往导致感情破裂,关系完结。那么,要使争论变成一种愉快、平和的思想交换,而不是争吵,既维护真理与正义又不伤感情与和气,甚至增进理解与友谊,只要采取正确的方式方法,进行积极的争辩,是可以做得到的。但要注意:

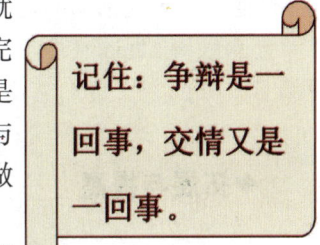

记住:争辩是一回事,交情又是一回事。

(1)设身处地。给对方的想法或做法以理解和同情,既在感情上与对方取得了统一,又同时无形中瓦解了他的部分斗志。

(2)口下留德。不做人身攻击,不恶语伤人,不嘲笑对方言谈错误,不揭对方隐私,否则,将给对方留下无可补救的伤痕,也给自己留下无可挽回的遗憾。

(3)口下留情。当对方败局已定时,不要逞口舌之利,将对方赶尽杀绝,应及时刹车,结束争辩,给对方一个台阶下,既维护了对方的自尊,又显示了自己的大度。

得理不得意。在对方败阵时,你的炫耀只会让对方更加无地自容,极易导致怨恨的产生,应及时地结束辩论,轻松自然地转变话题,或与对方握握手。

❋ 社交礼仪

◆ 小互动

美国前总统尼克松在当选总统后，英国一位批评过尼克松的杂志主编正巧被任命为驻美大使，两人相见不免尴尬，而尼克松一句幽默诙谐的话使紧张气氛烟消云散，他说："大家现在都可以轻松了，因为你是新大使，我是新政治家。"

1981年里根遇刺，全美震惊，全球关注。而里根在被推进手术室前开玩笑地对医生说："我希望你们是共和党人。"

【讨论】：针对以上案例讨论一下幽默在交谈中的作用。

四、交往界域

界域，即交往中相互距离的确定，它主要受到双方关系状况的决定、制约，同时也受到交往的内容、交往的环境以及不同文化、心理特征、性别差异等因素影响。美国西北大学人类学教授爱德华·霍尔博士在他的《人体近身学》中提出了广为人知的四个界域：亲密距离、个人距离、社交距离、公众距离。

亲密距离：距离在15厘米之内或15～46厘米之间，是人际交往的最小距离，适于亲朋、夫妻和恋人之间。

个人距离：其近段距离在0.46～0.76米之间，适合握手、相互交谈；其远段距离在0.76～1.2米之间，普遍适用于公开的社交场合，这段距离可以使别人自由进入这个交往空间交往。

社交距离：主要适合于礼节性或社交性的正式交往。其近段为1.2～2.1米之间，多用于商务洽谈、接见来访或同事交谈等。远段在2.1～3.6米之间，适合于同陌生人进行一般性交往，也适合领导同下属的正式谈话，高级官员的会谈及较重要的贸易谈判。

公众距离：近段在3.6～7.6米之间，远段则在7.6米以外，它适合于作报告、演讲等场合。

◆ 拓展与提高

交谈中的行为禁忌

忌手势过大、音量过高、距离过近；
忌唾沫飞溅、抓头皮、剔牙、挖鼻孔；
忌对着人打喷嚏、吐污物等；
忌不停地看手表、打哈欠、伸懒腰；
忌左顾右盼、摇头、低头、偏头等；
忌身体来回晃动、摇摆、肩耸项缩；
忌交头接耳、讥笑他人；
忌背对客人，大笑、狂笑；
忌不打招呼，旁听他人间的面谈；
忌中途退场，不表歉意。

◆ 实践训练

【案例3-9】

小王是刚刚工作的秘书，一次奉命接待一名公司的客户。客户来到公司，小王看见了，上来就说："陈先生，我们经理让你上去。"这位陈先生一听，心想：我又不是你的下属，凭什么让我上去就上去，哪有这样做生意的？一气之下就对小王说："你们要想做生意，自己来找我，我回宾馆了。"

【讨论】

如果当时秘书小王说了"请"字，就不会出现这样的场面了。讨论一下我们在与人见面交谈时应该要注意哪些礼仪行为？

◆ 综合实践训练

如果你是某职业学校的应届毕业生，在一次人才招聘会现场，不经意地听到旁边两个闲谈经理人的谈话。其中一个经理人的公司需要几名毕业生，而你所学的专业正好符合要求。面对如此情况，你很有兴趣，想加入他们的谈话。

【议一议】

(1) 你准备如何加入他们的谈话，讨论一下在称呼礼仪、介绍礼仪、握手礼仪、名片礼仪以及交谈礼仪方面的注意事项。

(2) 分角色模拟你同经理人展开对话的情景。

第四章　联络礼仪

联络礼仪，是指人们进行联络时所应遵守的基本行为规范。遵守联络礼仪，是维持良好的人际关系，并进而使其有所发展的重要前提。美国幽默作家乔希·比林斯（Josh·Billings）说过这样一句话："对于某些人你能获得的最伟大的胜利就是在礼仪上战胜他。"比林斯除了同现有的和潜在的客户沟通之外，还有其他建立人际关系的途径。大部分的人际关系可以建立在公司、职业或者行业内部。成功建立人际关系的秘诀是同遇到的每个感兴趣的人都保持联系。因此，掌握各种联络方式的基本礼仪就变得至关重要。

第一节　电话礼仪

◆案例引入

【案例4-1】
今天是于雪第一天正式到唐龙科技公司上班，职位是总经理秘书。由于总经理今天上午要在自己的办公室开个小型销售工作会议，所以总经理安排她帮助接打电话。在10点钟左右，有4个电话来找总经理，一个是上海的经销商打来的，一个是总经理太太打来的，一个是公司董事长从香港打来的，还有一个是投诉电话。
【讨论】
在10点左右，电话铃响了。响第几声的时候，于雪用左手拿起了电话，右手干什么？说些什么？

电话被公认为便利的通讯工具，在日常工作中，正确使用电话语言很关键，它直接影响着一个公司的声誉；在日常生活中，人们通过电话也能大致判断对方的人品和性格。因此，掌握基本的电话礼仪是非常必要的。

◆ 跟我学礼仪

一、打电话的基本礼仪

1. 欢快喜悦的心情

打电话时要保持良好的心情，这样即使对方看不到你，也能从欢快的语调中被你感染，给对方留下极佳的印象。由于面部表情会影响声音的变化，所以即使在电话中，也要抱着"与对方面对面"的心态去交谈。

2. 清晰明朗的声音

打电话过程中绝对不能吸烟、喝茶、吃零食，即使是懒散的姿势对方也能够"听"得出来。如果你打电话的时候，弯着腰躺在椅子上，对方听你的声音就是懒散的，无精打采的；若坐姿端正，所发出的声音也会亲切悦耳，充满活力。因此打电话时，尽可能注意自己的姿势。

3. 挂电话前的礼貌

要结束电话交谈时，一般应当由打电话的一方提出，然后彼此客气地道别，说一声"再见"，再挂电话，切忌自己讲完就挂断电话。

二、接电话的基本礼仪

接听电话不可太随意，讲究必要的礼仪和一定的技巧，避免横生误会。无论是打电话还是接电话，都应做到语调热情、大方自然、声音适中、表达清楚、简明扼要、文明礼貌。

1. 重要的第一声

当打电话给某单位，若接通，就能听到对方亲切、优美的招呼声，同时说："你好，这里是××公司"，且清晰、悦耳、吐字清脆，心里一定会很愉快，使双方对话顺利展开，对该单位产生了较好的印象。因此要记住，接电话时，应有"体现单位或个人形象"的意识。

2. 及时接电话

一般来说，在办公室里，电话铃响3遍之前就应接听，3遍后就应道歉："对不起，让您久等了。"如果受话人正在做一件要紧的事情不能及时接听，代接电话的人应妥为解释。如果既不及时接电话，又不道歉，甚至极不耐烦，就是极不礼貌的行为。

3. 确认对方

对方打来电话，一般会自己主动介绍。如果没有介绍或者你没有听清楚，就应该主动问："请问您是哪位？能为您做点什么？您找哪位？"但是，人们习惯的做法是，拿起电话听筒盘问一句："喂！哪位？"这让对方听来，陌生而疏远，缺少人情味。接到对方打来的电话，你拿起听筒应首先介绍："您好！我是某某某。"如果对方找的人就在你旁边，你应说："请稍等。"然后用手掩住话筒，轻声招呼你的同事接电话。如果对方找的人不在，你应该告诉对方，并且问："您需要留言吗？一定转告！"

4. 讲究艺术

接听电话时，应注意嘴和话筒保持4厘米左右的距离；要把耳朵贴近话筒，仔细倾听对方的讲话。最后，应让对方自己结束电话，然后轻轻把话筒放好。不可"啪——"的一下扔回原处,这极不礼貌。卡耐基曾经说过:您不可能有第二次机会来重建您的第一印象。

5. 调整心态

当你拿起电话听筒的时候,一定要面带笑容。不要以为笑容只能表现在脸上,它也会藏在声音里。亲切、温馨的声音会使对方马上对我们产生良好的印象。如果绷着脸,声音会变得冷冰冰。打、接电话的时候不能叼着香烟、嚼着口香糖;说话时,声音不宜过大或过小,吐词要清晰,确保对方能听明白。

6. 设置温馨铃声

目前个性化的铃声正迅速走俏。一些个性化铃声为生活增添了色彩,人们选择它无可非议。但是过于个性化的铃声应注意使用场合,尤其是在公共场合,尽量从礼仪的角度出发,把声音调整到合适大小,避免对其他人造成不便。

7. 认真清楚的记录

随时牢记"5W1H"技巧,所谓"5W1H"是指:① When,何时;② Who,何人;③ Where,何地;④ What,何事;⑤ Why,为什么;⑥ How,如何进行。在工作中这些资料都是十分重要的。电话记录既要简洁又要完备。

8. 了解来电话的目的

上班时间打来的电话几乎都与工作有关,工作期间的每个电话都十分重要,不可敷衍,即使对方要找的人不在,切忌只说"不在"就把电话挂了。接电话时要尽可能问清事由,避免误事。首先应了解对方来电的目的,如自己无法处理,也应认真记录下来,委婉地探求对方来电目的,可避免误事而且赢得对方的好感。

三、打电话注意事项

打电话时,需注意以下几点:

1. 选好时间

打电话时,如非重要事情,尽量避开受话人休息、用餐的时间,而且最好别在节假日打扰对方。

2. 掌握通话时间

打电话前,最好先想好要讲的内容,以便节约通话时间,不要现想现说,"煲电话粥",通常一次通话不应长于3分钟,即所谓的"3分钟原则"。

3. 态度友好

通话时不要大喊大叫,震耳欲聋。

4. 用语规范

通话之初,应先做自我介绍,不要让对方"猜一猜"。请受话人找人或代转时,应说"劳驾"或"麻烦您",不要认为这是理所应当的。

了解了接打电话礼仪,看一看下面的接听电话对比表:

错误的接听电话用语	正确的接听电话用语
你找谁?	请问您找谁?
有什么事?	请问您有什么事?

续表

你是谁？	请问您贵姓？
不知道。	抱歉，这事我不太了解。
我问过了，他不在！	我再帮您看一下，抱歉，他还没有回来，您方便留言吗？
没这个人。	对不起，我再查一下，您还有其他消息可以提示一下我吗？
你等一下，我要接个别的电话。	抱歉，请稍等。

◆ **小互动**

【案例4-2】
某某公司A女士打电话给天汇汽车用品公司的C先生洽谈事务，由B接电话：
B：天汇汽车用品公司，您好！请问您找哪位？
A：请问C在吗？
B：请问您是哪里？
A：我是某某公司。
B：麻烦您稍等，我帮您转接。
A：谢谢您！
B：A女士，很抱歉！C出去还没回来呢！请问您有什么事需要我转告他。
A：麻烦您帮我转告C，他需要的销售货价单已发送到他的邮箱中，请他回来看看有没有需要修改的地方。
B：好的，我会转告C您已经把销售货价单发过来了。
A：谢谢您！
B：不用客气！
A：再见！
【讨论】
结合所学知识，从这一则故事当中你学到了哪些接听电话的礼仪规范？

四、特殊电话处理技巧

1. 听不清对方的话语

当对方讲话听不清楚时，进行反问并不失礼，但必须方法得当。如果客气地问："对不起，刚才没有听清楚，请再说一遍好吗？"对方定会耐心地重复一遍，丝毫不会责怪。

2. 遇到自己不知道的事

有时候，对方在电话中谈到自己不知道的事，不要不置可否，要明确告知对方："关于××事呀！很抱歉，我不清楚，负责人才知道，请稍等，我让他来接电话。"

3. 接到客户的投诉电话

投诉的客户也许会牢骚满腹，甚至暴跳如雷，如果作为被投诉方缺少理智，像对方一样感情用事，以唇枪舌剑回击客户，不但于事无补，反而会使矛盾升级。正确的做法是：处之泰然，洗耳恭听，让客户诉说不满，并耐心等待客户心静气消。其间切勿说："但是"、"话虽如

> 社交礼仪

此,不过……"之类的话进行申辩,应一边肯定顾客反映的合理成分,一边认真琢磨对方发火的根由,找到正确的解决方法,用肺腑之言感动顾客,从而化干戈为玉帛,取得顾客谅解。如果自己不能解决时,应将索赔内容准确及时地告诉负责人,请他出面处理。

◆ 拓展与提高

电话基本服务用语

1. "您好":是"您"不是"你"。
2. "请放心"。
3. "我会尽快处理您的问题"。
4. "请您稍等"。
5. "十分抱歉"。
6. "给您添麻烦了"。
7. "我会尽快将您的意见进行反馈"。
8. "感谢您所提的宝贵意见"。
9. "这是我应该做的"。

电话绝对禁止用语

1. "这事不归我做"。
2. "我不懂"。
3. "你爱找谁找谁去"。
4. "这好像不关我的事"。
5. "我做不了"。
6. "我就这水平了,不行,你另请高明吧"。
7. "我这样服务已经很不错了,还想怎样"。
8. "这个很简单,你自己拆装一下就可以,我来教你"。
9. "这只能这样"。

手机使用礼仪

1. 使用手机不能影响他人(必要时关机,而且要当众关机,告诉对方"不好意思,我先把电话关了")。
2. 要注意安全,特殊场所不能使用(比如:驾驶时不能接听电话,飞机上关机,加油站、医院等不使用手机)。
3. 禁止用手机谈论涉及国家机密、行业机密的问题;不要随便借用他人的手机。
4. 要放置到位(正式场合,放在随身携带的手袋里)。

5. 个性化铃声应注意使用场合;铃声内容不能有不文明的内容;铃声不能给公众传导错误信息;铃声音量不能太大。

6. 禁止用手机偷拍。

◆ **实践训练**

1. 情景练习

依据下列情景,两位同学一组通过打电话完成订房任务。

国庆节期间,小 A 等四人要到北京自助游。他通过网络搜寻到了北京一家三星级酒店的电话,想打电话预定房间并了解用餐的具体情况和收费标准。请打预定电话。

2. 下面是接打电话基本礼仪测试题,请判断对错:

(1)铃声一响立即或者响过四五声再从容地接电话。

(2)如果不是本部门的电话,就没必要搭理,免得耽误正常的工作。

(3)如果是其他同事的业务电话,要立即大声喊他来接。

(4)手头工作实在太忙的时候,可以不接电话或是直接把电话线拔掉。

(5)如果两部电话同时响起来的时候,只能接一部,另一部不用管它了。

(6)快下班的时候,为了能更好地解答客户咨询,让客户改天再打电话来。

(7)接客户电话的时候,要注意严格控制时间长度,牢记"三分钟"原则。

(8)如果电话意外中断,即使知道对方是谁也不应该主动打过去,而是等对方打过来。

(9)接到打错的电话,不用理会,马上啪地挂掉,不能耽误工作时间。

(10)在和客户谈事的时候,如果手机响了,应该避开客户到其他地方接听。

第二节 书信礼仪

◆ **案例引入**

【案例 4-3】

《傅雷家书》节选

聪,亲爱的孩子:

多少天的不安,好几夜三四点醒来睡不着觉,到今日才告一段落。你的第八信和第七信相隔整整一个月零三天。我常对你妈说:"只要是孩子工作忙而没写信或者是信丢了,倒也罢了。我只怕他用功过度,身体不舒服,或是病倒了。"谢天谢地! 你果然是为了太忙而少写信。别笑我们,尤其别笑你爸爸这么容易着急。这不是我能够克制的。天性所在,有什么办法? 以后若是太忙,只要寥寥几行也可以,让我们知道你平安就好了。等到稍空时,再写长信,谈谈一切音乐和艺术的问题。

社交礼仪

你为了俄国钢琴家[指著名钢琴家Richter[李赫特]]兴奋得一晚睡不着觉;我们也常常为了一些特殊的事而睡不着觉。神经锐敏的血统,都是一样的;所以我常常劝你尽量节制。那钢琴家是和你同一种气质的,有些话只能加增你的偏向。比如说每次练琴都要让整个人的感情激动。我承认在某些romantic[罗曼蒂克]性格,这是无可避免的;但"无可避免"并不一定就是艺术方面的理想;相反,有时反而是一个大累!为了艺术的修养,在heart[感情]过多的人还需要尽量自制。中国哲学的理想,佛教的理想,都是要能控制感情,而不是让感情控制。假如你能掀动听众的感情,使他们如醉如狂,哭笑无常,而你自己屹如泰山,像调度千军万马的大将军一样不动声色,那才是你最大的成功,才是到了艺术与人生的最高境界。你该记得贝多芬的故事,有一回他弹完了琴,看到人都流着泪,他哈哈大笑道:"嘿!你们都是傻子。"艺术是火,艺术家是不哭的。这当然不能一蹴即成,尤其是你,但不能不把这境界作为你终生努力的目标。罗曼·罗兰心目中的大艺术家,也是这一派。关于这一点,在最近几信里我常与你提到;你认为怎样?

……

真正的艺术家,名副其实的艺术家,多半是在回想中和想象中过他的感情生活的。唯其能把感情生活升华才给人类留下这许多杰作。反复不已的、有始无终的、没有结果也不可能有结果的恋爱,只会使人变成唐·璜,使人变得轻薄,使人——至少——对爱情感觉麻痹,无形中流于玩世不恭;而你知道,玩世不恭的祸害,不说别的,先就使你的艺术颓废;假如每次都是真刀真枪,那么精力消耗太大,人寿几何,全部贡献给艺术还不够,怎容你如此浪费!歌德的《少年维特之烦恼》的故事,你总该记得吧。要是歌德没有这大智大勇,历史上也就没有歌德了。你把十五岁到现在的感情经历回想一遍,也会怅然若失了吧?也该从此换一副眼光,换一种态度,换一种心情来看待恋爱了吧?——总之,你无论在签订演出合同方面,在感情方面,在政治行动方面,主要避免"身不由主",这是你最大的弱点。——在此举国欢腾,庆祝十年建国十年建设十年成就的时节,我写这封信的心情尤其感触万端,非笔墨所能形容。孩子,珍重,各方面珍重,千万珍重,千万自爱!

一九六〇年十二月二日

【讨论】
从书信写法的要求上谈谈此封家书对你有何启示?

书信是人们相互交往、联系的一种形式,既要讲究修辞、文法,又要讲究文明礼节、礼貌。平常通信,如果能够熟练使用书信的格式、用语,自然显得高雅、生动、鲜明,给人一种美的享受。"烽火连三月,家书抵万金",千百年来,文人骚客们以如此经典的诗句,描述着家书在日常生活中的重要枢纽作用。世世代代,书信成了人们思想沟通、交流感情、传递信息的第一道驿路。虽然时过境迁,但书信作为一种传统的社会交往和联络方式,在现代社会中仍然发挥着不可替代的作用,其包含着丰富的礼仪内容,具有浓厚的民族文化色彩。

◆ 跟我学礼仪

一、书信构成

书信由笺文和封文两部分构成。笺文即写在信笺上的文字,也就是寄信人对收信人的招呼、问候、对话、祝颂等等。笺文是书信内容的主体,书信的繁简、俗雅及至其他方面的风格特征,几乎都由内容主体决定。封文即写在信封上的文字,也就是收信人的地址、姓名和寄信人的地址、姓名等等。封文是写给邮递人员的,它可以让邮递人员清楚地知道信从哪里来,寄往哪里去;万一投递找不到收信人,还能将信退给寄信人。完整的书信应该是笺文封文俱全,并且将笺文装入写好封文的信封内,然后将口封好付寄的。

二、书信格式

信文(笺文)一般由称谓、正文、敬语、落款及时间四部分组成。

1. 称谓

应在第一行顶格写,后加冒号,以示尊敬。称谓应尊循长幼有序、礼貌待人的原则,选择得体的称呼。怎样称呼,要根据写信人和收信人的关系而定,一般来说,当面怎样称呼,信上就怎样称呼。有时可以在称呼前面加"敬爱的"、"亲爱的"这样的词语。

2. 正文

正文是信函的主体。可根据对象和所述内容的不同,灵活地采用不同的文笔和风格。

```
例文:
敬爱的××(或亲爱的等):
    您好!
  (正文)......................................
  ..............................................
  ..............................................
    此致
敬礼!
                              (姓名)×××
                                年  月  日
```

(1)问候语。问候语要单独成行,另起一行空两格写问候语,以示礼貌。有"你好"、"您好"、"近好"、"节日好"等。

(2)先询问对方近况和谈与对方有关的情况,以表示对对方的重视和关切。

(3)回答对方的问题或谈自己的事情和打算。

(4)简短地写出自己的希望、意愿或再联系之事。

3. 敬语

写信人在书信结束时身对方表达祝愿、勉慰之情的短语。多用"此致、即颂、顺祝"等词紧接正文末尾。下一行顶格处,用"敬礼、钧安、安康"等词与前面呼应。

4. 落款及时间

在信文的最后,写上写信人的姓名和写信日期。署名应写在敬语后另起一行靠右位置。一般写给领导或不太熟悉的人,要署上全名以示庄重、严肃;如果写给亲朋好友,可只写名而不写姓;署名后面可酌情加启禀词,对长辈用"奉、拜上",对同辈用"谨启、上",对晚辈用"字、白、谕"等词。

三、信封

信封上应依次写上收信人的邮政编码、地址、姓名及寄信人的地址、姓名和邮政编码。收信人邮政编码要填写在信封左上方的方格内,收信人的地址要写得详细无误,字迹工整清晰。发给机关、团体或单位的信,要先写地址,再写单位名称。收信人的姓名应写在信封的中间,字体要略大一些。在姓名后空两字处写上"同志、先生、女士"等称呼,后加"收、启、鉴"等。此处应避免写称谓,如,不宜写"爷爷收"。寄信人

地址、姓名要写在信封下方靠右的地方,并尽量写得详细周全一些。最后填写好寄信人的邮政编码。

信封上的字不能用铅笔写,以防模糊不清;更不能用红笔写,因为这是不礼貌的行为。托人转交的信,在信封上要写"面交""烦交"等字样,在信封第三行的后半行上,写"×××托"或"×××拜托"就可以了。

四、书信写法要求

书信虽然是一种个人隐私性很强的应用文,写法上也比较灵活,但书信还是应该遵循一定的要求:

1. 必须合乎规范

书信写作规范突出地表现为两个方面,一是书写格式的规范,二是书信语言的礼仪规范,这两种规范都必须严格遵守,否则就会出乱子,闹笑话。要把握写信的5C原则:Consideration(体贴)、Conciseness(简洁)、Clarity(清晰)、Courtesy(礼貌)、Correctness(正确)。

2. 言之有物,通情达理

"信"字本身含有信任之义,这要求书信不论写给谁看,所述之事都要实在,所表之情都要率真,所讲之理都要通达。

五、发信(寄信)

写完信之后要发信。发信要注意以下问题:要遵守基本的邮政规则;信纸放在信封里折叠整齐;邮资要足;邮票要贴放到位(右上方,端正);信封要封好。

六、收信

收信也有一些注意事项:守法,不能无故扣押别人的信件;收到即复;认真阅读,别人托付的事情,能办就办,不能办也要及时回复;信件要认真妥善收藏;尊重发信人,对信中所谈的内容不要对公众散播;私人信件,未经对方允许,不得传阅、传播或公开发表。

随着社会的发展,人与社会的关系也在进行重新建构,除了传统意义上的书信外,短信、微信等新的书信形式也随着时代的发展而被广泛运用。

七、短信礼仪

短信:short message service,简称SMS,是用户通过手机或其他电信终端直接发送或接收的

文字或数字信息，用户每次能接收和发送短信的字符数，是160个英文或数字字符，或者70个中文字符。短信能准确无误地将信息送达，让人们尽享高科技带来的便利。但与此同时，一些不讲"礼仪"的短信也让人们遭遇了不少的烦恼。事实上，随着近些年短信的广泛使用，类似"滥发短信"、"不回短信"、"不分时间和场合发信息"等现象日益普遍，给人们的生活、工作造成了一定的影响。所以必须了解和掌握基本的"短信礼仪"。

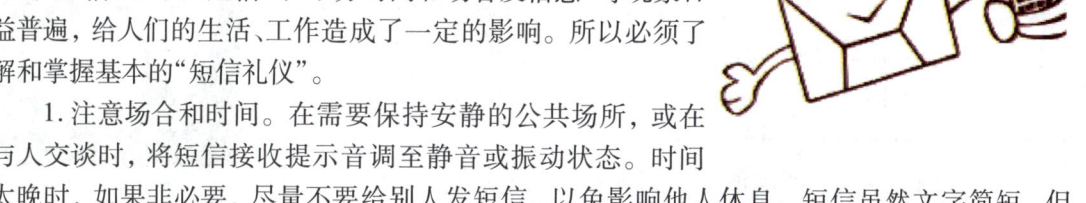

1. 注意场合和时间。在需要保持安静的公共场所，或在与人交谈时，将短信接收提示音调至静音或振动状态。时间太晚时，如果非必要，尽量不要给别人发短信，以免影响他人休息。短信虽然文字简短，但是内容要尽量丰富详细，不要就回复几个字，这样同样会被人误认为藐视对方。

2. 与人交谈时，尽量不要查看或编发短信。

3. 编发短信用字用语要规范准确、表意清晰。短信内容后最好留姓名，以使接收方知晓发送人。

4. 不编发违反法规或有不健康文字的短信，不随意转发不确定的消息。收到不良短信可建议或告诫发送者停止发送。收到违法信息应删除或视情况及时报警。

5. 发送短信一定要确认发送的号码，如果发错会造成不良后果。

6. 发短信者尽量保持在70字之内，如果需要回复，在结尾表明望尽快回复字样。

7. 收短信者如果是工作上的短信，无论重要与否，第一时间回复已收到。

8. 忌不断地说感谢的话，让人无可奈何。礼貌在于适度，多了反而让人反感。所以，感谢的话只说一次，否则，过犹不及。

9. 不要没完没了地发送短信，会让别人反感，短信祝福一来一往足矣，祝福的短信也不能多发。

10. 提醒对方的短信一定要委婉，如果措词不当，会让对方认为你不信任他（她）。要既让对方知道你是一片好心，又不能让对方反感，所以，短信的文字一定要酌量一番。提醒对方最好用短信。

11. 有些重要电话可以先用短信预约。当你发送了短信预约电话后对方并未及时回复，你可以过一会儿再试试，如果贸然打过去，会产生不好的效果。

◆ 小互动

【案例4-4】
　　一天早上七点多，刘先生的手机突然响起，来短信了。刘先生上夜班，同事朋友上午一般都不给他打电话。这会儿睡得正香的刘先生不愿意起来看短信。他的手机有未接提示，如果不阅读，每隔几分钟就会发出提示音，没办法，刘先生只得爬出热被窝。一看，刘先生真要气歪了，原来是京城一家洋超市发来的促销广告，可是刘先生很少去这家超市购物，也不知道超市是怎么得到的电话号码，就因为这一条短信，刘先生的美梦泡汤了。
　　【讨论】
　　这则故事违反了"短信礼仪"哪一条原则？你还知道哪些短信礼仪？

❋ 社交礼仪

八、微信礼仪

微信（WeChat）是腾讯公司于 2011 年初推出的一款快速发送文字和照片、支持多人语音对讲的手机聊天软件。用户可以通过手机或平板快速发送语音、视频、图片和文字。微信提供公众平台、朋友圈、消息推送等功能，用户可以通过"摇一摇"、"搜索号码"、"附近的人"、扫二维码方式添加好友和关注公众平台，同时微信将内容分享给好友以及将用户看到的精彩内容分享到微信朋友圈。目前，微信已经成为一种生活方式。微信礼仪也将提上日程。基本的微信礼仪有以下几点：

1. 力争内容原创。转发他人原创资料，应先点赞，后转发并写明转发出处。编写微信，给文字配图都要经过思考，图片更需要经过多步骤的编辑处理，因此，要写明转发出处，是对发信人的起码尊重。

2. 不要宣传违法、违规信息，要对传播内容负责，否则会给自己带来不必要的麻烦。

3. 及时回复，争取做到一分钟内回复，最起码也不能让信息隔夜，这是对别人起码的尊重。

4. 不要公群私聊，公共群就像一个主题茶馆，发起人开设了一个群，给大家一个聊天喝茶的地方，但是既然是主题茶馆，就要切合主题，不要无限跑题。

5. 提倡互粉互赞互评——三互精神，多鼓励和肯定别人，少说教和批评别人。

6. 使用微信应该注意场合和时间，切忌乱发信息，给他人造成困扰。

7. 尽量不要发大图和长的语音，即使您是有无线网络或者不在乎流量的土豪，也请照顾那些包月套餐内流量不多的朋友，这是美德。

8. 当你与家人、友人相聚时，尽量不要去关注手机微信，并且关闭微信的提示音，从而使你与家人、朋友有更多的时间进行交流和沟通。

9. 不要频繁刷朋友圈，最好每小时发一次，千万别像有些话唠，每分钟恨不得发一次，太过频繁，就是贫嘴和烦人，这需要克制。

10. 关注微信内容质量。仅仅关注数量来进行传播，就会演变成路边的小广告，引起反感。太频繁的信息更新，过犹不及，最后就被自动忽略了。

◆ 实践训练

根据所学书信知识，给自己的同学、或亲人、或朋友等，写一封信。

第三节　拜会礼仪

◆ **案例引入**

【案例4-5】
　　张勇是一位刚毕业分配到石化公司的新业务员,今天准备去拜访某公司的李经理。张勇没有预约就直接去了。到达李经理办公室时,刚好李经理正在接电话,就示意让他在沙发上坐下等。张勇便往沙发上一靠,一边吸烟,一边悠闲地环视着李经理的办公室。在等待的时间里不时地看表,不时地从沙发上站起来在办公室里走来走去。
【讨论】
　　张勇在这次拜访活动中有哪些失礼的行为?

　　古人云:有朋自远方来,不亦乐乎。对作为客人的你,无论是事先预约好的或是临时拜访,都应该懂得拜访的基本礼节,不然会让你的好意拜访变成日后你与被拜访者之间的交流障碍。

◆ **跟我学礼仪**

一、拜会

　　拜会,又称拜见或者拜访,是一种常见的交际形式。就其性质目的而言,分为礼节性拜会、事务性拜会和私人性拜访。通过拜访,人们可以交流信息、统一意见、发展友情。在拜会中,来访的一方为客,或称宾;被访接待的一方称主,又叫主人。对于宾主双方而言,在拜会中都必须依照相应的礼仪规范行事。

　　1.提前预约、遵守时间
　　一般情况下,"突然袭击"式的造访,会让主人感到不便而心生反感。因而,拜会之前应当采用打电话、写信或者捎口信等方式预约。预约的主要内容包括拜会时间、地点、人数及身份、目的。约定时间、地点应随对方之便,自己可以用友好、请求的口气提出,请对方敲定或同意。在时间选择上,要避开对方不方便的时间。如工作忙碌的时间、凌晨深夜、午休时间及用餐时间等。节假日期间造访,应选择节假日前夕。拜会一经约定,即应按时赴约。遇到特殊情况改约,必须提前通知对方并表示歉意。如果因为事情紧急无法

礼仪专家提醒您
不做冒失之客
不做邋遢之客
不做粗俗之客
不做难辞之客
不做失礼之客

预约而做了不速之客,则应及时说明原委,并表达歉意,请求谅解。

2. 衣饰整洁、大方得体

整洁得体的穿戴反映着对被访者的尊重。因此在出门拜会之前,应根据拜会的对象、目的,适当修饰自己的衣饰、容颜,即便是好朋友,也不要蓬头垢面、衣衫不整地去拜访。

3. 为客有方、掌握分寸

(1)言谈客气、简明。进门以后、见面之初,应作必要的寒暄。比如:"您的客厅布置得真别致!""两年不见,您老还是这么精神!"一两句话,即可拉近双方距离。但在寒暄之后,即应切入主题、说明来意。语言要客气、简练、明白,不可山南海北、不着边际,也不可涉及主人不愿谈或者不便谈的话题。如果当着别人的面不方便说,可以说"我想和您单独谈谈"或者"我们再约时间谈"。如果有事求人,主人乐意帮助要表示感谢;主人有困难也不要勉强,更不能表示不满。

(2)举止大方、稳重。既不要随随便便,也不必扭扭捏捏。进屋后,如果携带礼物,应及时向主人奉上;对室内的人,无论认识与否都要主动打招呼,不可漏掉一人;就座于主人指定的位置,但不要先于主人落座;主人端上茶来,要站起来双手迎接,并说谢谢;在主人让烟或征得主人同意后,方可吸烟;要注意室内清洁,不可乱弹烟灰、乱扔果皮;不能东张西望、随意参观,更不能随便翻动抽屉或橱柜。

> **入室后的"四除去"**
>
> 涉外拜访时,进主人门后,应当脱下外套、摘下帽子、墨镜、手套。男士任何时候在室内不得戴帽子、手套。而允许妇女在室内穿戴纱手套、纱面罩、帽子。

4. 察言观色、适时告辞

(1)如果双方事先没有约定会见时间长短,一般以 1 个小时为宜。初次拜会,则不宜超过半小时。

(2)当你观察到下列情形,应该及时告辞:要谈的事情已经谈完;话不投机,或者你说话时主人反应冷淡甚至不愿搭理;主人虽显认真,但是反复看表;主人不再给你的杯子续水;主人当着你的面训斥孩子;主人吩咐自己的家人干这干那;主人双肘抬起,双手支于椅子扶手上。

(3)告辞的最佳时机,是在拜访任务完成少许寒暄之后。

(4)遇到主人另外的客人来访,你也应当起身告辞了。此时告辞的最佳时机,是等来客落座之后。

(5)道别时,要向在座的其他客人致意。出门后,要向主人致谢,并请主人留步,不可听任主人相送甚远。

◆ 小互动

【案例4-6】

台湾"经营之神"王永庆的拜访之道

在米店工作一年后,王永庆在父亲的帮助下,自己在嘉义县城开了一家很小的米店。但是米店的经营在开张之初显得很不顺利,因为城里的居民都喜欢在自己熟识的米店里买米。针对这样一种情况,只有16岁的王永庆主动一家家拜访附近的居民,一户一户地说动人家试用他的米。在这个过程中王永庆注意自己的仪容仪表、言谈举止,用良好的形象以及诚恳的态度去打动被访者。在拜访的过程中,王永庆还注意收集人家的用米情况和库存量,一旦估算到顾客的米快用完时,王永庆就主动把米送到顾客家中,并主动把缸里的陈米掏出来,把新米放在陈米的下面。经过这样一种细致入微的商务拜访和贴心服务,王永庆的米店经营情况得到了改善,营业额远远超过了同行。

——唐付强:《王永庆:一个时代的符号》

【讨论】

王永庆的拜访之道有什么值得学习的地方?

二、待客

1. 细心准备

(1)整洁衣着。客人到来之前,要对自身仪容进行必要的修整、打扮。

(2)布置环境。清理卫生,调整修饰室内物品摆设,创造良好的待客环境,既能体现出对客人的尊重,也能展现完善的个人形象。

(3)准备用品。比如茶叶、开水、水果、饮料、香烟等物品。也可以视客人所需,准备一些报刊、杂志、玩具等。

(4)安排食宿。接待远道而来的客人,要考虑其食宿问题。若已经为客人准备了膳食,应当在会面之初即向客人表明留饭之意。

2. 热情待客

(1)兴致盎然。会见客人时,要调控好自己的情绪,始终如一地精神饱满、满腔热情。即便情况特殊,也不要一脸疲倦,更不要以冷面对人。与客人交谈过程中,要充当称职的主持人和热心听众的双重角色:作为主持人,主人要为双方寻找共同的话题,避免交谈出现冷场。当交谈不甚融洽,要适时转移话题,避免尴尬。作为听众,主人需要在客人讲话时全神贯注、洗耳聆听,并且表示兴趣浓厚。

(2)全心全意。客人到达以后,应当以客人为中心,以待客为工作重心,时时处处为客人着想。切不可读书看报、与家人或打电话聊天、甚至闭目养神。

3. 以礼迎送

(1)迎候。熟客来访,应立即起身,相迎室外;

迎候重要宾客和初次来访者，可以亲自或者派人前去；迎候外地来客，可于其抵达本地的车站、机场、港口，或是下榻之处恭候，并提前通知对方。

(2)致意。一般来讲，握手、问候、表示欢迎是主人必不可少的“迎宾三步曲”。假如客人到达时，恰逢有其他人在场，主人应为其相互介绍。

(3)让座。进行完“迎宾三步曲”后，主人应尽快请客人落座，不要把客人拦在门口说个没完。

(4)均等。面对众多来访者，在握手、问候、让座、献茶时，可以依照惯例“依次而行”，女士优先，尊者居前。但在态度和行动上，要一视同仁，平等对待，不可有意分亲疏、论贵贱、分性别，厚此薄彼。

(5)送别。客人提出告辞后，主人应适当挽留。客人起身后，主人方可起身。送本地客人，送别地点应为楼下、大门口，至少应为室外。送外地客人，送别地点可以是车站、机场、港口或其下榻之处。告别时应与之握手并道“再见”。客人离去时，应向其挥手致意。客人离开后，主人方可离开。

◆小互动

【案例 4－7】

周恩来总理的一次训话

这是发生在 20 世纪 50 年代的事情。一天，中国足球队与印度尼西亚足球队在北京先农坛体育场比赛。那天下午刚好赶上柬埔寨的西哈努克亲王离开北京，周总理等领导人都去西郊机场送行。当时，许多送行人员急于回去观看足球比赛，结果西哈努克亲王刚上飞机，舱门还没有关上，送行的高级干部们就呼啦啦地向机场门口走去。按外交礼仪，必须等飞机起飞离去，送行人员方可离开。周总理见状，马上让人告诉机场门口人员，谁都不能离开，都回来！

待飞机绕机场上空一周飞走后，周恩来十分严肃地向在场的高级干部们问道：“你们学过步兵条例没有？步兵条例哪一条规定，总理没有走，你们就可以走了？你们当领导的能这样？”

接着，周恩来又联系到外交礼节，说：“客人还没有走，机场上就已经没人了，人家会怎样想？”

这次训话，足有 15 分钟，说得在场的高级干部们都羞愧地低下了头。

——《党史纵览》2002 年 04 期

【讨论】

分析周总理为什么发火？工作人员违反了什么送客礼仪规范？

◆拓展与提高

拜访的礼规

1. 初次见面的礼规

(1)第一次拜访概括性夸赞。

(2)善于及时发现在上次拜访后的细小变化。

(3)若女主人接待,一定要给予适当的赞美。
(4)赞美一定要尽量具体。

2.私人拜访中的礼规

(1)要守时守约,若特殊情况不能前去,一定要提前通知对方,表示歉意。
(2)讲究敲门的艺术:食指弯曲,指关节敲门,力度适中,间隔有序敲三下,等待回音。
(3)进门后,将随身带来的外套、雨具等放到主人指定的地点,不要随处乱放。
(4)主人没有提出就座不能随便坐下。主人让座之后一定要表示谢意,不能有不文明的行为。
(5)跟主人谈话,语言要客气。注意掌握时间。
(6)道别:起身告辞,要向主人表示"打扰"之意。"请留步"、"再见"!不要起身后一去不回头,让主人觉得很失望。

◆实践训练

假设你是某集团的业务员,要拜访销售公司的经理,推销本公司产品。
请自由组合分组,依据上述情景,自选主题,进行一次模拟拜访活动。

第四节 接待礼仪

◆案例引入

【案例4-8】
一位客人入住某饭店,想让前台将他的房价打个折扣。服务员说:"这不是我说调就能调的,这是饭店的规定。"客人说:"我出差常到你们这里住,这次是来旅游的(当时是旺季),你们优惠一点(平季),不信你可以查一查。"服务员说:"那你应该知道我们房价的调整政策,现在一律不许打折,就这种房价都还供不应求呢。出来旅游花点钱没什么呀。你要嫌弃房价高,那你到别的饭店去看看吧,小饭店的房价会便宜一点。"说完便忙着去接待别的客人去了。客人非常生气,马上转身走到大堂经理处去投诉了。
【讨论】
故事中服务员的做法有哪些不妥?

接待是我们在工作和生活中经常遇到的社交活动,接待礼仪运用得是否恰如其分直接影响到人际关系的和谐和事情的成败。因此,必须掌握相关的接待礼仪知识。

◆跟我学礼仪

一、接待类型

1.以接待对象为标准划分
(1)公务接待。是为完成上下级之间、平行机关之间的公务活动而进行的接待。
(2)商务接待。是针对一定的商务目的而进行的接待活动。

(3)上访接待。是指政府部门对上访群众的接待。
(4)朋友接待。是指朋友之间为增进友谊、加强联系而进行的接待。
2.以接待场所为标准划分
(1)室内接待。是指机关团体的工作人员在自己的办公室、接待室对各种来访者的接待。
(2)室外接待。是指对来访者到达时的迎接、逗留期间的陪访及送行时的接待。

二、接待原则

虽然接待的类型不同，但是其讲究的礼仪、遵循的原则应大致相同。无论是单位还是个人在接待来访者时，都希望客人能乘兴而来，满意而归。为达到这一目的，在接待过程中一定要遵循平等、热情、礼貌、友善的原则。现代社交礼仪接待中的3S原则内容如下：

1S:Standing 站立，起身迎接客人，不管客人的年龄和辈分怎样，对方刚刚到达时，需要站起来欢迎一下对方；

2S:See 目中有人，聚精会神，正视客人，让客人感觉自己受到重视，感觉到主人在倾听他的发言；

3S:Smile 面带微笑，微笑是世界上最好的沟通方式，没有人会介意别人善待自己，当然，如果客人讲到什么悲惨的事件，就要配合面部表情，不能一味的微笑了，以免被误认为嘲笑或冷漠。

三、接待程序

1.了解情况

主要了解来访对象、来访人数、男女比例、职务级别、客人的日程安排、到达日期、所乘车次等。

2.食宿安排

在客人尚未抵达前就安排好食宿，根据客人的民族习俗、身份及要求等，本着交通便利、吃住方便的原则，制定具体安排计划。要注意食宿环境的整洁、安静，房间设备是否齐备，服务质量是否满意等。

3.迎接客人

事先根据来宾的身份、地位、规格及本单位的具体情况制定接待规格，一般客人可由业务部门或办公室人员去车站(机场、码头等)迎接，重要客人应安排有关领导前往迎接。迎接时应率先向来宾握手致意，表示欢迎。

4.安顿客人

客人抵达后，应先安置其休息。如果是本地来宾，可在单位会议室或接待室稍作休息，并提供茶水等；若是远道而来的客人，应先把客人引进事先安排的客房休息。

5.协调日程

客人食宿安排就绪后，对一般客人可由接待人员出面协调活动日程。对重要客人，应由领导出面进一步了解客人的意图和要求，共同协商活动的具体日程。最后根据确定的活动内容、方式等印发活动日程，并分发至每一个客人手中。接待人员向来宾告别前，应把就餐地点、时间告诉客人，并留下彼此的联系方式，以便随时联系。

6.组织活动

按照日程安排精心做好各项工作和活动，对客人提出的意见要及时向领导反馈，客人提出的要求要尽可能满足。

7. 安排返程

了解客人返程时间后，要及早预定机票、车船票，安排送行人员和车辆。到达车站（机场、码头）后，要妥善安排好客人的等候休息，等客人登车（机、船）后方可离开。

◆ 小互动

【案例4-9】

一次，王军接待上海金山区财政局会议代表团。他看到一位老先生拿着房卡走向安全楼梯，很纳闷，为什么他不乘坐电梯呢？于是马上赶过去询问。这才了解到，原来这位老先生患有心脏病，不能乘坐电梯，但是他的房间在11楼，只好步行。得知这一情况，王军马上为这位客人重新安排到低楼层的房间入住。该客人十分感谢，并写来了表扬信。

【讨论】

王军的做法有哪些值得你学习的地方？

四、接待中礼宾次序

礼宾次序指在同一时间或同一地点接待来自不同国家、不同地区、不同团体、不同单位、不同部门、不同身份的多方来宾时，接待方应依照一定的惯例或约定俗成的方式，对其尊卑、先后的顺序或位次进行的具体排列。

常见的礼宾次序有两大类：一类是旨在明确区分参与者的职位高低、长幼等方面的关系，目的是给地位高者、长者以尊重和礼遇，表现主人的谦谦风度。另一类是不区分主次，所有参与者在权利地位上一律平等。具体应按哪一类排定次序，应根据具体情况酌定。

1. 关系不对等，排列有规则

（1）关于会议主席台（合影）座次的安排

主席台必须排座次、放名签，以便对号入座，避免上台之后互相谦让。主席台座次排列一般规则：居中为上，以左为上。在政务礼仪中，我国的习惯是以左为上，国际惯例是以右为上。在主次位置排列上，我国大多数沿用国际惯例，但在主席台座次和照相时一般按中国习惯排序。

主席台座次排列，领导为单数时，主要领导居中，2号领导在1号领导左手位置，3号领导在1号领导右手位置，其他依次排列；领导为偶数时，1、2号领导同时居中，2号领导依然在1号领导左手位置，3号领导依然在1号领导右手位置，其他依次排列。

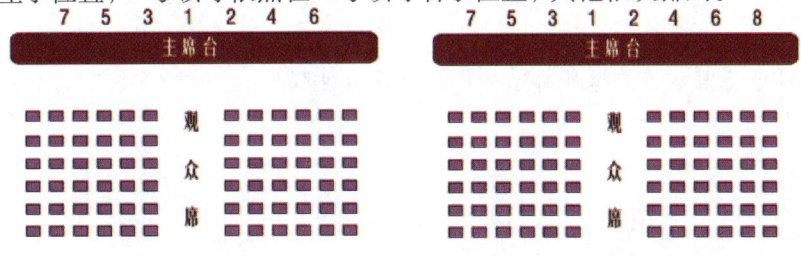

主席台座次领导为单数时　　　主席台座次领导为双数时

社交礼仪

(2) 关于乘车的座次安排

①小轿车：一般规则——右座高于左座，后座高于前座。如果由主人亲自驾驶，以驾驶座右侧为首位，后排右侧次之，左侧再次之，而后排中间座为末席；小轿车的座位，如有司机驾驶时，以后排右侧为首位，左侧次之，中间座位再次之，前坐右侧为末席；主人夫妇驾车时，则主人夫妇坐前座，客人夫妇坐后座，男士要服务于自己的夫人，宜开车门让其夫人先上车，然后自己再上车。

②吉普车：吉普车大都为4座车。不管由谁驾驶，吉普车上座位顺序均依次是：副驾驶座、后排右座、后排左座。上车时，后排位低者先上车，前排尊者后上。下车时前排客人先下，后排客人再下车。

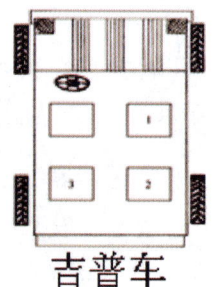
吉普车

③旅行车（多排座轿车）：座次规则：前排为尊、以右为尊。即以司机座后第一排为尊，后排依次为小。其座位的尊卑，依每排右侧往左侧递减。

2．关系若对等，排列有方法

(1) 按汉字的笔顺排列

国内的礼仪活动，参与者的姓名或所在单位名称是汉字的，可以采用这种方法，以示各方的关系平等。按个人姓名或组织名称的第一个字的笔划多少，依次按由少到多的次序排列。当两者第一字的笔划数相等时，按第一笔的笔顺点、横、竖、撇、捺、弯勾的先后关系排列。当第一笔笔顺相同时，可依第二笔，以此类推。当两者的第一个字完全相同时，则根据第二字进行排列，以此类推。

(2) 按字母顺序排列

在涉外活动中，则一般应将参加者的组织或个人按英文字母顺序排列。具体方法如下：先按第一个字母进行排列。当第一个字母相同时，则依第二个字母的先后顺序排列，以此类推。

(3) 按回执或抵达的时间先后进行排列

多见于对运动队、参展团等团体的排序。按组织寄来的回执的日期先后排列或按各团体抵达活动地点的时间先后排列。

◆ 小互动

【案例4-10】
假如你是办公室主任，现在安排召开一个联席会议，由市委副书记、人大副主任、副市长、政协副主席、市纪委副书记参加，你应该如何排列座次。如果开会期间市委书记来了，请你在主席台上安排市委书记的位置，你认为应该怎样排是最好的？

【讨论】
请作图排一下座次，并根据所学知识谈一谈接待程序。

第四章 联络礼仪

◆ 拓展与提高

十种令人不悦的接待表现

1. 当访客到来时，假装没看见继续忙于自己的工作；
2. 一副爱理不理甚至厌烦的应对态度；
3. 以貌取人，依客人外表而改变态度；
4. 言谈措词语调过快，缺乏耐心；
5. 身体背对着访客，只有脸向着访客；
6. 未停止与同事聊天或嬉闹的动作；
7. 看报纸杂志，无精打采打哈欠；
8. 继续电话聊天；
9. 双手抱胸迎宾；
10. 长时间打量访客。

◆ 实践训练

上海某科技有限公司召开了一次全国客户联络会，公司的江总经理带着秘书荀小姐亲自驾车到浦东机场迎接来自香港某集团的周总经理。为了表示对周总的尊敬，江总把周总请到后排座，并让荀小姐在后排作陪。周总到宾馆入住后，对荀小姐说，明天上午八点开会，我会打车到现场，就不麻烦你们江总亲自来接了。

根据所学知识分析周总为什么会这样说？江总在座次安排上有什么不妥吗？

第五节　馈赠礼仪

◆ 案例引入

【案例4-11】
2005年4月29日，连战访问北京大学，获得一份特殊的礼物：母亲赵兰坤女士在76年前毕业于燕京大学的学籍档案和相片，其中包括在宗教系就读的档案、高中推荐信、入学登记表、成绩单等，大多是她亲笔写的字。在这份特殊的礼物面前，一贯严谨的连战先生也难掩内心的激动。他高举起母亲年轻时候的照片，然后放在面前细细端详，眼里泛着晶莹的泪光。这一刻，他满脸都是幸福的微笑。

【讨论】
请问这份礼物送得成功吗？为什么？

❋ 社交礼仪

馈赠是人们在交往过程中通过赠送给交往对象礼物，来表达对对方的尊重、敬意、友谊、纪念、祝贺、感谢、慰问或哀悼等情感与意愿的一种交际行为。人们相互馈赠礼物，是人类社会生活中不可缺少的交往内容。中国人一向崇尚礼尚往来。《礼记·曲礼上》说："礼尚往来，往而不来，非礼也，来而不往，亦非礼也。"馈赠作为一种非语言的重要交际方式，是以物的形式出现，以物表情，礼载于物，起到寄情言意的"无声胜有声"的作用。

◆ 跟我学礼仪

一、馈赠要素

虽然人际关系不能靠物质手段来维系，但是一件适宜的礼品作为情感的象征和媒介，可以在联络感情、密切关系、增进友谊上发挥巨大的作用。在馈赠礼品上同样应遵循一定的礼仪。首先要考虑到馈赠的六要素即 5W＋1H（Who 送给谁、Why 为什么送、What 送什么、When 何时送、Where 什么场合送、How 如何送）。在赠送时必须分析馈赠对象的年龄、性别、职位、身份、性格和喜好等因素。赠送前，要了解因何事送礼，以便选择合适的礼品取得良好的效果。不同的目的，选择的礼品是不一样的。选择好时机，在合适的场合，可以赠送物品，也可以送上祝福。

馈赠

赠送的方式可以亲自赠送也可以托人赠送，如果路途遥远也可邮寄运送，但最好是亲自赠送。

二、馈赠目的

一般来说送礼品应该有明确的目的性，大多根据不同的馈赠目的选择礼品。送礼的目的多种多样，如以交际为目的，以酬谢为目的，以公关为目的，以沟通感情、巩固和维系人际关系为目的等等。馈赠的目的不同，送礼的方式、选择的礼品、遵循的礼节都有所不同。

1. 以交际为目的的馈赠

这是一种为达到交际目的而进行的馈赠。

2. 以巩固和维系人际关系为目的的馈赠

即人们常说的"人情礼"。这类馈赠呈现多样性和复杂性。

3. 以酬谢为目的的馈赠

这类馈赠是为答谢他人的帮助而进行的。

4. 以公关为目的的馈赠

多发生在政务活动中，为提高自身形象而进行的馈赠。

三、馈赠礼仪

赠送需要遵循一定的礼仪和技巧，否则事倍功半。赠送时要选择合适的礼品，注意礼品的包装，时机的选择，赠礼的场合，另外赠礼时的态度、动作和言语表达也十分重要。

1. 选择礼品

礼品的选择，要针对不同的受礼对象区别对待。一般说来：对家贫者，以实惠为佳；对富裕者,以精巧为佳;对恋人、爱人、情人,以纪念性为佳;对朋友,以趣味性为佳;对老人,以实用为佳;对孩子,以启智新颖为佳;对外宾,以特色为佳。

2. 礼品包装

精美的包装不仅使礼品的外观更具艺术性和高雅的情调,并显现出赠礼人的文化和艺术品位,而且还可以使礼品产生和保持一种神秘感,既有利于交往,又能引起受礼人的兴趣和探究心理及好奇心理,从而令双方愉快。但是包装时要注意包装的材料、容器、图案造型、商标、文字、色彩的选择和使用,应符合政策法规和习俗惯例,不要违反受赠方的宗教、民族禁忌。另外还要注意色彩:如日本忌绿色,喜红色;美国人喜欢鲜明的色彩,忌紫色;伊斯兰教徒讨厌死亡象征的黄色,喜欢绿色等。

3. 时机选择

选择最佳时机,如:结婚、生子、乔迁、晋升、受挫、生病住院、表示祈福或感谢。选择具体时间,一般说来,应在相见或道别时赠礼。控制好送礼的时限,一般以简短为宜,说明意图及礼品解释即可。注意时间忌讳,不必每逢良机必送,使礼多成灾。如对方刚做完手术上未痊愈时不必送礼。

4. 赠礼场合

一般来说,在大庭广众之下,可以送大方、得体的书籍、鲜花一类的礼物。与衣食住行有关的生活用品不宜在公开场合相赠,否则会产生受贿的嫌疑。当众只给一群人中的某一个人赠礼是不合适的。给关系密切的人送礼也不宜在公开场合进行。

5. 赠礼的态度、动作和言语表达

只有那种平和友善的态度,和落落大方的动作并伴有礼节性的语言表达,才是令赠受礼双方所能共同接受的。

◆ **小互动**

【案例4-14】
小王的同事小李刚刚生下小宝宝,小王从家里找出自己三年前生孩子时朋友送的宝宝衣服礼盒,既没检查也没包装就送到小李家去了,送给小李时还说是她才买的。小李及其家人看着又脏又破的礼盒,顿时阴沉下了脸。
【讨论】
运用所学馈赠礼仪知识分析小李及其家人为什么顿时阴沉下了脸?

四、受赠礼仪

馈赠和接受馈赠是联系在一起的。受赠如果不讲礼节,会伤害赠送者的感情,也会影响自身形象。接受馈赠要注意以下几个问题:

1. 慎重受赠

收受礼品要遵守有关规定。机关工作人员在交往中,不得收受可能影响公正执行公务的礼品馈赠,因各种原因未能拒收的礼品,必须登记上交。

2. 收受有礼

接受礼物时,要双手相接,然后与赠送者握手致谢。

社交礼仪

3. 拒收有方

要学会拒收礼物。拒收礼品可采用以下三种常用方法：婉言相告法、直言缘由法和事后退还法。

4. 依礼还礼

礼尚往来，是人之常情。最佳的还礼选择有三：一是和对方赠送自己的相同的机会；二是在对方或其家人的某个喜庆活动时；三是在此后登门拜访时。

◆ 小互动

【案例4-15】

为表示友好，甲家用小碗给乙家送了一碗饺子；为了还礼，没过几天，乙家用中碗给甲家送了一碗饺子；来而不往非礼也。于是，甲家过几天给乙家用大碗送了一碗饺子；乙家一看急了，不能失礼呀，于是用盛汤的瓷盆给甲家送了一盆饺子；甲家……

【讨论】

如果你遇到这种情况，你会怎么办？

◆ 拓展与提高

（一）赠送礼品的十七条戒律

1. 了解别人的品位。要知道送礼不是使自己高兴，而是要让别人开心。任何实验别人口味的物品都不可作为送礼之选。

2. 不可包含动机。应当尽量避免一些有影射性和含义的礼物。

3. 始终还是新的好。因为没有人会喜欢收到二手货。

4. 勿购"有用"的礼物。这个建议特别是相对那些只懂得买家庭用品给自己喜爱的女人的男士们。实用的礼物不但没有想像力，更没有心思。应该记住你是送礼物给一个人，而不是给这个家庭。

5. 无论你的礼物是3元还是300元，都首先要撕掉价签。送一份明码标价的礼物，好像在提醒对方，我的这份礼可是花了多少多少钱。你在期待回赠吗？还是想做一笔等价交换、物有所值的生意？一般认为礼物上贴着价签，是不礼貌的。对想表达心意的你来说，也是不聪明的。

6. 精心挑选包装。礼品不同于自用，好的内容重要，好的形式更添彩。送礼原则是尽可能地选漂亮包装。

7. 相对来说，送女性礼物总是简单的，女人生活中的小零碎儿多，都是你送礼的好选择。女性天性的女儿性、妻性、母性，都可以在送礼中大加迎合。

8. 尽管如此，送女性服装仍属于不智之举。不要说色彩和款式真是千人千好，难以揣摩，关键的障碍是尺码——瘦了固然麻烦，肥了也惹她不快：难道我就有这么胖吗？

9. 把握好送礼时机。送礼可以有许多机会。我们每年只能给一个人送上一次生日礼物，但是没有什么能阻止我们在别的时间送上"非生日"礼品，长期以来，非生日礼物一直承担着增进感情、抚慰受伤心灵及修复破碎友谊的重任。

10. 喜欢你送出的礼物。如果说连你自己都不喜欢某种礼物，便不应该让别人收到这种礼物。

11. 搞搞新意思。如果要送礼给一个对什么也不感兴趣的人或什么也不缺的人，那真是最麻烦的事情。不妨动点脑筋，请他(她)去看一场极具吸引力的表演。

12. 根据受礼人的职业，选购较为实际的礼物。

13. 衡量合理价钱。这份礼物是因太便宜而失礼，其实礼物的价值应以你与收礼者的关系而衡量，以避免令双方尴尬。

14. 个性化的礼物。自制的礼物是世上独一无二的，它会表达你的心思。

15. 据说领带和腰带是不宜送给男性的，除非你和他有亲密关系。因为这些东西有要拴住对方的意思。依此类推，送女性项链好像也不太合适，更不用说戒指了。

16. 送礼要在实用和不实用之间，掌握好度。对高人雅士，一卷书可能比什么都强，但雅人是越来越少。不过礼品到底是礼品，不宜实用过头。

17. 避免送鲜货(海鲜除外)。即使是给热爱烹调的主妇送礼，也以不送鸡鸭鱼肉菜蔬为上。保鲜上的困难不说，它拿来就做、进口就吃的特性会让它作为礼物的意思大大蜕化。顺便说一句，送营养品、食品、化妆品应注意保质期，否则会很尴尬。

(二)礼品"八"不送原则

第一，不送现金、信用卡和有价证券；

第二，不送价格过高的奢侈品；

第三，不送不合时尚、不利健康之物；

第四，不送易使异性产生误解之物；

第五，不送触犯受赠对象个人禁忌之物；

第六，不送涉及国家机密之物；

第七，不送其他有违国家法律、法规之物；

第八，不送不道德的物品。

◆ 实践训练

模拟训练，分组演示完成下列活动。

1. 王萍与张红是好朋友。最近张红乔迁新居了，王萍准备挑选一份礼物给张红以贺乔迁之喜。

2. 魏明在住院期间得到了医院、护士的精心照料。出院时魏明想送一份礼品给医院的医护人员以示感谢。

社交礼仪

第六节　送花礼仪

◆ 案例引入

【案例 4-16】
一位女士，在伦敦留学，曾在一家公司打工。女老板对她很好，在很短地时间内便给她加了几次薪。一日，老板生病住院，这位女士打算去医院看望病人，于是她在花店买了一束红玫瑰花，在半路上，她突然觉得这束花的色彩有点儿单调，而且看上去俗气，就又去买了十几枝黄玫瑰，并且与原来的玫瑰花插在了一起，自己感到很满意，走进了病房。结果，老板见到她的时候，先是高兴，转而不悦。
【讨论】
女老板为什么会不悦？

当我们用花为媒来传递友谊时，必须要了解交往对象的风俗习惯和花的不同寓意。千姿百态的花朵述说着千言万语，要学会正确运用"花卉语"，避免出现尴尬局面甚至更为严重的后果。由于民族风俗不同，送花亦有忌讳，不可生搬硬套。因此，送花时应根据对方的情况选择不同种类的花卉。

◆ 跟我学礼仪

一、了解花卉语

鲜花，是一种高雅的礼品，通过赠花可以表达微妙的感情和心愿。送花是一门学问，更是一门艺术。要把握花艺的真谛，首先要了解花语花意，才能使花卉展明月之精华，汇天地之灵逸，有自在自得之美。经过长期演化，人们赋予各种花卉一定的寓意，用以传递感情，抒发胸臆，以下是常见花卉的寓意：

常见花卉的寓意表

花卉名称	寓意	花卉名称	寓意	花卉名称	寓意
红玫瑰	爱情	百合	圣洁、幸福	荷花	纯洁
康乃馨	健康长寿	勿忘我	永志不忘我	菊花	长寿高洁
红掌	大展宏图	金鱼草	繁荣昌盛	丁香花	谦逊
万年青	友谊	兰花	优雅	剑兰	步步高升
松柏	坚强	橄榄枝	和平	梅花	刚毅不屈
竹子	正直	红茶花	质朴、美德	牵牛花	爱情

二、送花的时机和场合

鲜花因品种、类型、颜色和数量的不同,被人们赋予了不同的寓意,以此来表达不同的情感。送花应注意把握最佳时机,选择合适的场合。比如恭贺结婚、祝贺生产、乔迁庆典、庆祝生辰、慰问探视、节日问候等场合都必须认真考虑。

1. 热恋中的男女一般送玫瑰花、百合花,这些花美丽、雅洁、芳香,是爱情的信物和象征。

2. 男女之间表示爱意的花,最好选用红色的玫瑰、百合、郁金香、扶郎花等。

3. 祝贺结婚除用玫瑰、百合、郁金香,香雪兰、扶郎花外,还可添加菊花(国内作喜花看待)、剑兰、大丽、风信子、舞女兰、石斛兰、嘉特兰、大花慧兰等。

4. 新娘子在披纱时所用的捧花,除了有玫瑰、百合、郁金香、香雪兰、扶郎花、菊花、剑兰、大丽、风信子、舞女兰、石斛兰、嘉特兰、大花慧兰等外,适当加入两枝满天星将更加华丽脱俗。

5. 节日期间看望亲朋,宜送吉祥草,象征"幸福吉祥"。

6. 夫妻之间可互赠合欢花,合欢花的叶长,两两相对,晚上合抱在一起,象征着"夫妻永远恩爱"。

7. 朋友远行,宜送芍药,因为芍药不仅花朵鲜艳,且含有难舍难分之意。

8. 爱情受挫折的人宜送秋海棠,因为秋海棠又名相思红,寓意苦恋,以示安慰。

9. 给病人送花有很多禁忌,探望病人时不要送整盆的花,以免病人误会为久病成根,香味很浓的花对手术病人不利,易引起咳嗽,颜色太浓艳的花,会刺激病人的神经,激发烦躁情绪,山茶花容易落蕾,被认为不吉利,看望病人宜送兰花、水仙、马蹄莲等,或选用病人平时喜欢的品种,有利病人怡情养性,早日康复。

10. 拜访德高望重的老者,宜送兰花,因为兰花品质高洁,又有"花中君子"之美称。

11. 新店开张,公司开业,宜送月季、紫薇等,这类花花期长,花朵繁茂,寓意"兴旺发达,财源茂盛"。

12. 祝贺友人的生日,属喜庆的花都可相赠,但对于长辈就应选用万寿菊、龟背竹、百合花、万年青、报春花等具有延年益寿含意的花草为好,如能赠送国兰或松柏、银杏、古榕等盆景则更能表达尊崇的心意。

13. 情人节送红玫瑰、郁金香。母亲节送康乃馨、百合花。父亲节赠送红莲花、石斛兰。

14. 圣诞节送一品红、南洋杉。教师节赠送剑兰、菊花。春节则可送些新颖别致的小盆花,例如报春花、富贵菊、仙客来、荷包花、紫罗兰、花毛茛、报岁兰等。

15. 婴儿出生满月最好送给各种鲜艳的时花和香花。

16. 祝贺乔迁则以巴西铁、鹅掌叶、绿萝柱、彩叶芋等观叶植物或盆景为宜。

17. 新店、公司开业则宜送繁花集锦的花篮或花牌,以祝贺生意兴隆,财源广进。

❋ 社交礼仪

◆ 小互动

【案例4-17】
家住新都市的刘先生已经50多岁了，但也喜欢偶尔玩玩小浪漫。4月6日是他和爱人结婚24周年的纪念日，寻思着给老婆一个惊喜。晚上10点多，刘先生忙完工作上的应酬，想着买束花送给爱人，可跑了几家花店都关门了，只有一家花店开门。

由于平日里并不懂得送花也有讲究，刘先生自己选了几样花凑成一束，来不及包装就赶紧拿着回家了。"老婆，结婚纪念日快乐，送把花给你。别看没有包装，但肯定是在花店买的，不是路边摘的。"正等着爱人夸自己懂浪漫有情调，没想到爱人却生气了："这一大束花没包装也算了，怎么还送人黄菊花？哪有人送活人这个花的？"

【讨论】
根据所学知识，分析刘先生的爱人为什么会生气？

三、送花的形式

送花的形式有本人亲送、亲友转送、雇人代送等多种形式，但是最好是本人亲送，可以根据对象、场合等不同情况，分别赠送花束、花篮、盆花、插花、饰花、花环、花圈等。送花以鲜花为佳，干花、纸花则不宜，更不可送枯萎之花。

1. 束花

又称花束。它是以新鲜的数枝切花捆扎成束，精心修剪或包装而成的一种鲜花组合。在送花的具体形式中，它是适用面最广、应用最多的一种。

2. 篮花

又称花篮。它是以形状各异的精编草篮或竹篮，按一定的要求，盛放一定数量花大色艳的新鲜切花。与赠送束花相比较，赠送花篮显得更隆重、更高档。最适合在开业、演出、祝寿等场合送出。

3. 盆花

盆花即栽种在专门的花盆里，主要用作观赏的花草。送人的盆花，可以是自养的心爱之物，也可以是特意买来的珍稀品种。送盆花的最佳时机，有登门拜访、祝贺乔迁以及至交互访等。赠送的对象，最好是老年人、爱花人等。

4. 插花

插花是指采用一定的技巧，将各种供观赏的鲜花在精心修剪之后，经过认真搭配，然后插放在花瓶、花篮、花插之中。将插花置放于室内案头，可使花香弥漫，花色宜人，春色满眼。插花主要适用于"孤芳自赏"、装饰居室、布置客厅、会议室，同时也可以赠与亲朋好友。

5. 饰花

在日常生活里，往往可以用单枝鲜花进行装饰，这就是所谓的饰花。按其装饰的部位不同，最常见的饰花有襟花、头花等。襟花可适用于各类社交场合，而头花则仅限于非正式场合使用。除亲朋好友外，饰花一般不宜送人。但是襟花在某些庆典仪式中，则可以统一发放。

6. 花环

花环所指的是用新鲜的切花编扎而成的环状物，可以手持，也可以佩戴于脖颈、头顶或手腕上。它多用于自我装饰、表演舞蹈、迎送贵宾，有时亦可以之赠人，受赠对象通常是贵宾或好友。

7. 花圈

花圈是用鲜花扎成的固定的圆状祭奠物，它仅能用在悼念、缅怀逝者的场合，例如参加追悼会、扫墓、谒陵等。

四、送花的禁忌

送花有三大禁忌，忌不解花语（鲜花品种禁忌、鲜花色彩禁忌、鲜花数目禁忌），忌不顾场合，忌不懂习俗。

世界不同国家对花有不同的喜爱和厌恶。世界各国人民都有自己偏爱的花卉，但也有忌讳的花卉。

忌白色花：在欧洲，除生日之外，一般忌用白色鲜花作为赠礼。

忌黑色花：欧洲人多忌黑色，认为黑色是丧礼之色。

忌紫色花：送巴西人花时不要送紫色花，因为巴西人习惯以紫色花为丧礼之花。

忌黄色花：许多欧洲人忌讳黄色花。如法国人往往忌送黄色花。法国传统习俗认为黄色花象征不忠诚。英国人送花时忌送黄玫瑰。英国传统习俗认为，黄玫瑰象征亲友分离。

忌菊花：在欧洲许多国家，比如意大利、西班牙、德国、法国、比利时等国，人们忌用菊花为礼。传统习俗认为：菊花是墓地之花，象征着悲哀和痛苦。许多拉丁美洲人，将菊花视为"妖花"，他们忌用菊花装饰房间，忌以菊花为礼。日本人也忌用菊花做室内装饰，认为菊花是不吉祥的。

忌百合花：在中国，百合花象征着百年好合，但英国、加拿大、印度等国却认为百合花代表"死亡"，因此不能送百合花给这些国家的人。

忌红玫瑰：一些国家，比如德国、瑞士，忌送红玫瑰给已婚（或已有男友）的女士。因为红玫瑰代表爱情，会使女士的丈夫（或男友）产生误会。

忌莲花：日本人讨厌莲花，认为莲花是人死后在阴间用的花。

忌郁金香：德国人视郁金香为"无情之花"，送郁金香给他们就表示绝交。

忌双数：俄罗斯、波兰、罗马尼亚等国家忌讳双数，认为双数花不吉祥，送花时必须送单数，即使一枝也可。不过，如果是过生日则可以送双数。

◆ 小互动

【案例4-18】
波兰公司的老总请方经理到家里做客，方经理在花店买了一束红玫瑰，正好36朵。没想到，波兰老总的夫人一点也不高兴。"难道波兰人没有好运的概念？"方经理有些糊涂了。
【讨论】
根据所学知识，分析波兰老总的夫人为什么会不高兴？同时思考送花应考虑哪些因素？

社交礼仪

◆ 拓展与提高

鲜花寓意

红玫瑰：热情真爱
黄玫瑰：珍重祝福或歉意
紫玫瑰：浪漫真情和珍贵独特
白玫瑰：纯洁天真
黑玫瑰：温柔真心
橘红玫瑰：友情和青春美丽
蓝玫瑰：敦厚善良
绿玫瑰：纯真简朴、青春长驻
郁金香：爱的告白、真挚情感
红郁金香：正式求爱的心声
紫郁金香：永不磨灭的爱情、最爱
白郁金香：纯洁的友谊
黄郁金香：高贵、珍重、道歉
粉郁金香：美人、热爱

康乃馨：伟大、神圣、慈祥、温馨的母爱
红康乃馨：热烈的爱、祝母亲健康长寿
粉康乃馨：祝母亲永远美丽、年青
黄康乃馨：对母亲的感谢之恩
白康乃馨：真情、纯洁

百合：百年合好、事业顺利、祝福
白百合：纯情、纯洁

火百合：热烈的爱
黄百合：高贵、荣誉、胜利
香水百合：富贵、婚礼的祝福
红掌：大展宏图、鸿运当头、心心相印
白掌：一帆风顺
天堂鸟：热恋中的情侣、潇洒的多情公子
牡丹：富贵吉祥、繁荣昌盛
蝴蝶兰：我爱你

菊花：清静、高洁、长寿、永恒
翠菊：追慕、远虑
勿忘我：永恒的爱、浓情厚意
鸢尾：好消息的使者、想念你
马蹄莲：博爱、圣洁、虔诚
非洲菊：神秘、兴奋、有毅力
水仙：高雅、清逸、芬芳脱俗
仙客来：天真无邪、迎宾
凤仙子：喜悦、爱意、浓情蜜意
石竹：奔放、幻想
石斛兰：慈爱、祝福、喜悦
满天星：关心、纯洁
杜鹃：艳美华丽、生意兴隆

玫瑰花语

1朵 情有独钟，你是唯一
2朵 二人世界
3朵 我爱你
4朵 山盟海誓，四季平安
5朵 无怨无悔
6朵 愿你一切顺利
7朵 无尽的祝福，马到成功
8朵 深深歉意，请你原谅，兴旺发达，恭喜发财
9朵 希望天长地久，希望永远拥有

33朵 深情呼唤"我爱你"，三生三世永相随
36朵 浪漫心情全因你
44朵 至死不渝
50朵 这是无悔的爱
56朵 至爱
57朵 吾爱吾妻
66朵 情场如意
77朵 求婚
88朵 我将用心弥补一切的错
99朵 天长地久，长相厮守

10 朵 全心投入，十全十美
11 朵 一心一意，我只属于你
12 朵 心心相印
13 朵 你是我暗恋中的人
17 朵 好聚好散
19 朵 一生永久
20 朵 永远爱你，此情不渝
22 朵 两情相悦，你浓我浓

100 朵 执子之手，与子偕老
101 朵 你是我唯一的爱
108 朵 嫁给我吧！
123 朵 爱情自由
144 朵 爱你日日月月生生世世
365 朵 天天想你，天天爱你
999 朵 天长地久，爱无止境
1000 朵 忠诚的爱，直到永远，至死不渝

中国市花大赏

北京市——月季、菊花
上海市——玉兰
天津市——月季
重庆市——山茶
香港特别行政区——紫荆花
澳门特别行政区——荷花
哈尔滨市——丁香
沈阳市——玫瑰
石家庄市——月季
杭州市——桂花
南昌市——金边瑞香
南京市——梅花
长沙市——杜鹃花
拉萨市——玫瑰
西安市——石榴
广州市——木棉

郑州市——月季
兰州市——玫瑰
乌鲁木齐市——玫瑰
南宁市——朱槿
台北市——杜鹃
济南市——荷花
长春市——君子兰
太原市——菊花
福州市——茉莉
合肥市——桂花、石榴
成都市——木芙蓉
武汉市——梅花
贵阳市——兰花
银川市——玫瑰
昆明市——云南山茶

各国国花大赏

中国国花——牡丹
智利国花——百合花
英国国花——玫瑰（月季）
意大利国花——雏菊
新西兰国花——桫椤、银蕨
新加坡国花——卓锦·万代兰
西班牙国花——石榴
坦桑尼亚国花——丁香花
泰国国花——睡莲
孟加拉国花——睡莲
埃及国花——睡莲

阿拉伯联合酋长国:孔雀草、百日草
阿根廷:象牙红
奥地利:火绒草
阿扎尼亚:卜若地
比利时:杜鹃花、月季、虞美人
不丹:绿绒蒿
玻利维亚:坎涂花
保加利亚:突厥蔷薇
缅甸:龙船花
哥伦比亚:三向卡特兰
哥斯达黎加:卡特兰

❋ 社交礼仪

日本国花——樱花
墨西哥国花——仙人掌
美国国花——山楂花玫瑰
肯尼亚国花——肯山兰
荷兰国花——郁金香
土耳其国花——郁金香
韩国国花——木槿花
俄罗斯国花——向日葵
德国国花——矢车菊
澳大利亚国花——金合欢
巴西国花——热带兰、毛蟹爪兰
阿富汗:郁金香
阿尔及利亚:鸢尾、澳洲夹竹桃
伊朗:突厥蔷薇、钟花郁金香
爱尔兰:白车轴草
以色列:银莲花
柬埔寨:睡莲
拉托维亚:牛眼菊
立陶宛:芸香
圭亚那:睡莲
利比亚:石榴
老挝:鸡蛋花
卢森堡:月季
朝鲜:迎红杜鹃
马达加斯加:旅人蕉
马来西亚:扶桑
马耳他:矢车菊
摩洛哥:月季、香石竹

古巴:姜花
丹麦:木春菊
厄瓜多尔:丽卡斯特兰
埃塞俄比亚:马蹄莲
斐济:扶桑
芬兰:铃兰
希腊:香堇
洪都拉斯:香石竹
列支敦士登:橙花珠芽百合
匈牙利:郁金香
印度:荷花
印度尼西亚:毛茉莉
伊拉克:月季
尼加拉瓜:姜花
尼泊尔:树杜鹃
摩纳哥:香石竹
巴基斯坦:素馨
秘鲁:向日葵、坎涂花
菲律宾:毛茉莉
波兰:三色堇
葡萄牙:熏衣草
罗马尼亚:狗蔷薇
瑞士:火绒草
南非:葡匐卜若地
瑞典:铃兰
危地马拉:丽卡斯特兰
津巴布韦:嘉兰

◆ 实践训练

收集不同的花卉图,进行欣赏和辨认,并说明代表的寓意,然后分组进行竞赛,看哪个组能够胜出。

◆ 综合实践训练

情景模拟训练:

小赵出国多年,最近打算带新婚妻子一起回国,看望父母,并到班主任老师家拜望。

请根据上述情景,规划一下小赵回家和拜望老师的计划方案,并分组模拟一下回家和拜望老师的情景。依据所学,评一评是否符合礼仪规范。

第五章 公共礼仪

公共礼仪，就是人们置身于公共场合时，所应遵守的礼仪规范。一个人在公共场合的言行举止，显示出一个人的文明知礼程度，反映出他的基本素养。因此，注重公共场合的礼仪就更为重要。

第一节 行进

◆ 案例引入

【案例5-1】

前段时间微博上有一条消息被网友们疯狂转发：中国式过马路，凑够一撮人就可以走了，和红绿灯无关。这个调侃引得网友共鸣，继而转发过万。近日，北京市交管部门对行人闯红灯的处罚正式执行，行人闯红灯罚款10元，非机动车闯红灯罚款20元，均为当场处罚；杭州首推文明行路指数，乱闯红灯者将被曝光；南京交管部门对"中国式过马路"动真格，闯红灯、横穿马路要罚款20元。一天下来，全市有81名行人被处罚，其中27人被通报单位；深圳市五届人大常委会"呛声"中国式过马路。深圳交通安全方面最重要的两部法规对行人闯红灯做了新规范：深圳行人闯红灯罚款100元；宁夏《道路交通安全条例》颁布，行人乱穿马路严重者可拘留。此轮在全国多地发起的闯红灯狙击战，能否遏制"随大溜"闯红灯的怪现象？罚款这种方式，能够化解这种社会惯性心理吗？

【讨论】

"红灯停绿灯行"这个口诀，我们从小就耳熟能详，面对行人乱闯红灯的现状，你是怎样看待的呢？请讨论下列问题：

(1)"中国式过马路"现象产生的原因有哪些？

(2)旁人闯红灯，跟还是不跟？在生活中，您是怎么做的呢？

(3)结合实际生活，提出您认为对"中国式过马路"更合理的处理方式。

(4)您认为在公共场合，我们需要怎样行进才能合乎礼仪呢？

❋ 社交礼仪

◆ 跟我学礼仪

行进，又称步行，它指的是人们举步行走。行进亦自尊自爱，以礼待人。行进之时，不但有普遍同行的礼仪守则，而且不同的行进条件还有各自不同的具体要求。

一、基本原则

行进中应遵守的基本要求主要包括以下方面：

1. 始终自律

在行进时要严格约束个人行为。不吃零食，不吸香烟，不乱扔废物，不随地吐痰，不过分亲密，不尾随围观，不毁坏公物，不窥视私宅，不违反交通规则。

2. 相互体谅

主要表现在：热情问候，答复问路，帮助老幼，扶正斗邪，彼此谦让。

3. 保持距离

当两人相距在0.5米之内时，即为私人距离，又称亲密距离，仅适用于家人、至交之间。当两人相距在0.5～1.5米之间时，即为社交距离，又称常规距离。当两人相距在1.5～3米之间时，即为礼仪距离，主要表示敬重。当两人相距在3米开外时，即为公众距离。

◆ 小互动

孔子有一句名言，叫做"出门如见大宾"。

说一说：您对这句话的理解。

二、具体要求

1. 在道路上行进

（1）遵守法规，各行其道。步行要走人行道，横穿马路要走人行横道（斑马线），自觉遵守红灯停、绿灯行的规定，并让出专用盲道。

（2）步态端正，举止文明。走路姿势要规范，符合要求。走路时，目光一般正视前方，或自然顾盼，不要低着头，亦不要东张西望。多人行走时，不勾肩搭背、并排横行、互相打闹，以免影响他人通行。

（3）行走讲究位置。横行时，2人行走，右为尊左为卑；3人行走，中为尊，右次之，左最次之。竖行时，若随行则尊者在前；若引领，则卑在前尊在后，卑者在尊者左前方侧身。迎客走在前，送客走在后，客过要让路，同行时不抢道。

（4）路遇朋友，热情有度。走路遇到熟人，要主动打招呼、问候，但不必高声大喊，以免惊扰他人。若要停下谈话，应站到路边，或边走边谈，不要站在路中央与人交谈，以免影响他人通行。

（5）问路有礼，乐于助人。问路态度要诚恳，语言文明，问完要致谢；如遇人问路，要热情帮助，不能置之不理，若不知道，要向对方说明。

(6)相互礼让,与人方便。行人间要礼让。不小心碰撞了别人要主动道歉,别人碰了自己要宽容,路遇突发性事件不围观、起哄。

◆ 小互动

1. 请您判断,下图中"运动"是否符合礼仪规范。
2. "人不识礼仪,寸步难移。"说一说您对这句话的理解。

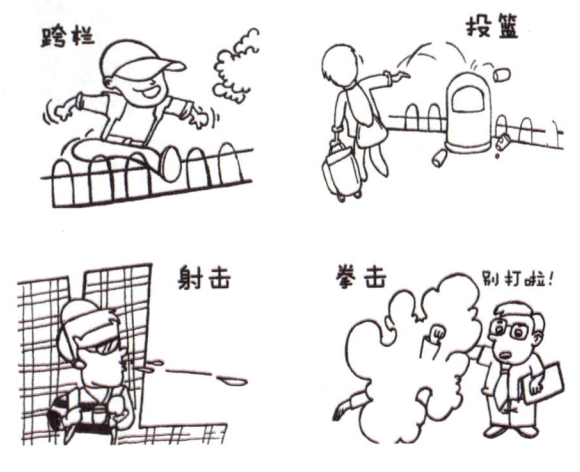

2. 上下楼梯的礼仪

(1)上下楼梯步伐要轻,注意姿态、速度,不能拥挤、奔跑。

(2)上下楼梯,靠右单行,不应多人并排行走。这是国际通行的惯例。

(3)乘坐滚梯要遵循靠右站立的原则,左侧留给急行的人。

(4)引导受尊重的人,比如老人、女士、客户等上楼梯,请对方走在前面,下楼梯自己走在前面,这样可以保证对方的安全。

(5)上下楼梯,尽量少交谈,更不应站在楼梯上或转角处深谈。

(6)上下楼梯,保持与前后人员的距离,以防碰撞。

(7)若携带较多物品上下楼梯应等楼梯上人较少时再走,以免相互影响。

图 5-2　上下楼梯引导图

社交礼仪

3. 进出电梯的礼仪

（1）注意电梯内卫生。电梯内是严禁吸烟的，同时乘坐电梯时携带刺激性气味的物品或者吃东西、喝饮料也是不雅的行为。

（2）注意安全。轻按按钮，不随意扒门，更不能在电梯内乱蹦乱跳；不要大声喧哗；不要超载运行；遇到故障及时拨打救援电话；遇火警不能使用电梯。

（3）出入顺序。与陌生人同乘电梯，要依次进出，不要抢行。与熟人同乘电梯，当有人值守的时候，应后进后出；当无人值守时，应当先进后出，并及时按住控制按钮，以便于控制好电梯。

（4）电梯内的站位。电梯内的空间因为比较狭窄，因此站位很重要。当与陌生人同乘电梯时，或者电梯内人数很多时，所有人都要依次"面门而立"；当引领一两位客人同乘电梯，而电梯内又无其他人时，应让对方站在里侧面向门站立，自己则站在电梯控制面板处，侧身与对方呈45度角站立。

（5）请勿在电梯内整理仪容。现在的电梯很多内侧装饰了带镜面的材料，但是，这些"镜面"不是用来整理仪容的。尤其是电梯内有他人同乘，你不应该兀自面对"镜子"修饰自己的面容或着装；即便电梯内只有你一个人也不要这样，殊不知多数电梯内安装了摄像头，你的一举一动可能已经传到了别人的"眼"里。整理仪容是很私密的举动，应该放在洗手间进行。

◆ 小互动

1. 请你结合所学知识，讨论下列问题。
（1）电梯能同时按上行键和下行键吗？
（2）电梯里是可以抽烟的吗？
（3）电梯有没有载重量和承载人数限制呢？
（4）和客人共乘电梯时，我们应注意哪些事项呢？

2. 思考一下，下列情况应当如何说？
（1）请客人乘电梯时说——　　　　（2）询问陌生人所到楼层时说——
（3）得到别人帮助时说——　　　　（4）不小心打扰到别人时说——
（5）使得别人等候时间过长时说——　　（6）引领客人出电梯时说——

4. 出入房间

（1）进他人的办公室要先轻声敲门，得到允许后，方可进去。如果他人正在接待客人或接打电话，不要多作停留。进门与出门时应及时随手关门。

（2）在引导客人进入房间时，应打开门后把住门把手，站在门旁，对客人说"请进"。

（3）注意开关。出入皆应以手轻推、轻拉、轻关房门，不可以肘、脚、臀等部位推门。

(4)注意面向。进门时,如房内有人,则应始终面向对方,切勿反身关门,背对对方。出门时,如房内有人,则在行至房门、关门过程中,应尽量面向房内之人,勿以背示之。

(5)必要时应主动为对方开门关门。若出入房间时恰逢他人与自己方向相反出入,则应对其礼让。

图5-3　由房间外引导进入房间图　　　图5-4　由房间内引导进入房间图

◆ **小互动**

公司客户要到总经理办公室洽谈业务,由公司职员小李引领到总经理办公室。
请2名学员为一组,模拟这一过程,学员之间给予点评。

◆ **拓展与提高**

《弟子规》中对于行进礼仪也有所介绍,请您自行阅读下面的文字:

"冠必正　纽必结　袜与履　俱紧切"

出门帽子要戴端正,穿衣服要把纽扣扣好,袜子和鞋子都要穿得贴切,鞋带要系紧,这样全身仪容才整齐。脱下来的帽子和衣服应当放置在固定的位置,不要随手乱丢乱放,以免弄皱弄脏。

"路遇长　疾趋揖　长无言　退恭立"

走路时遇见长辈,要赶紧走上前去行礼问候,如果长辈没和我们说话时,就先退在一旁恭恭敬敬的站着,让长辈先走过去。如果自己是骑马,遇到长辈就应该下马,如果乘坐车辆就应该下车,让长辈先过去,等待大约离我们百步的距离以后,自己才上马或上车。

◆ **实践训练**

【案例5-2】

踩踏事件

2006年11月18日江西某中学。

20时30分左右,该中学初一年级学生在上完晚自习下楼时,因拥挤造成人员伤亡。

直接原因:许多学生从教室里一拥而出顺楼梯下楼。冲在前面的一名学生在二楼与一楼中间的转弯平台时,不慎摔倒。共有6死39伤。

社交礼仪

2007年8月28日云南某小学。

早上8点50分,该小学在操场参加学校"行为习惯教育"的学生,解散休息后集体上厕所发生踩踏。直接原因:很多学生跑去上厕所。由于进出厕所的学生拥挤,一名学生突然跌倒,后面的小学生站立不住也连连摔倒。

【讨论】

(1) 产生踩踏事故的原因是什么?

(2) 结合所学知识,请回答怎样避免这些事故的产生呢?

第二节　交通

◆ 案例引入

【案例5-3】

视频大片《搜索》,讲述一位都市白领,在公交车上没给一位大爷让座,遭乘客轮番攻击,被拍下视频传上网后,网友们纷纷"人肉"辱骂。

同样一幕场景,在杭州真实上演。K192公交车上,一对夫妻站在一个有座位的小伙子旁边,妻子抱着孩子,小伙看了几眼,没让座。突然,丈夫大骂:"看什么看。"连扇了小伙5个耳光,小伙被打得鼻血横流,镜框也被打飞,断成几截。

无独有偶,长春和济南又分别发生类似的年轻人未让座而遭人掌掴的事件。这些事件经媒体报道后,引发广泛关注与讨论。

公交车上不让座,在过去至多是遭人鄙视和冷眼,一般不会受到公开指责。然而,如今这个态势有些改变了,如果不让座,或会被掌掴甚至挨拳脚,让人突感让座对象的理直气壮。其实从大众舆论来看,人们并不支持和声援那些因未获让座而动手打人者。客观地讲,打人者也未必认为自己的行为正确,事后或许也会后悔和反省。那么,为什么一些人在现场底气十足自以为得理呢?这些事件给社会和公众带来哪些警示,您是怎样看待这类事件呢?

【讨论】

(1) 在现实生活中,您有没有给他人让座呢?

(2) 您认为年轻人就应该无条件让座吗?

(3) 您认为让座是一种道德美德还是一种法律义务呢?

◆ 跟我学礼仪

一、乘公共汽车

1. 排队候车,先下后上

车到站时应依次排队,对妇女、儿童、老年人及病残者要照顾谦让。

2. 自觉买票和出示车月票(刷卡)

不可逃票，更不可投假币。

3. 尊老爱幼，主动礼让

乘车时不应无故抢占座位，更不得将随身携带的物品放到座位上替别人占座。遇年迈、患病、残疾、怀孕、幼童及怀抱婴儿的乘客，要主动招呼让座。当他人为自己让座时，应立即道谢。乘客间稍有碰撞、踩踏，要相互体谅。

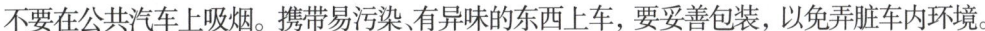

4. 保持车厢卫生

乘坐公交车辆时，不能随地吐痰和乱扔杂物，不要在公共汽车上吸烟。携带易污染、有异味的东西上车，要妥善包装，以免弄脏车内环境。

5. 举止文雅、端庄

车厢里座位间的间距都很狭小，不要把脚顶在前排椅背上，或把脚伸到前排座位底下，坐在靠通道的位子上，脚不可伸得太长，或翘得太高，以免影响他人通行或弄脏别人的衣裤。此外，还应注意举止端庄得体，不宜有过于亲昵的举动。

◆ 小互动

请您判断在乘车时下图中的行为是否正确。您还知道有哪些不良行为吗？请举例并说一说改变这些不良行为现象的办法。

二、乘火车

1. 有序候车

候车厅等候时，要爱护候车室的公共设施，不要大声喧哗，携带的物品要放在座位下方或前部，不抢占座位或多占座位，不要躺在座位上休息。保持候车室内的卫生，不要随地吐痰，不要乱扔果皮纸屑。

乘坐火车，均应预先购票，持票上车。万一来不及买票，应上车时预先声明，并尽快补票。如果需要进站接送亲友，需要购买站台票。

2. 排队上车

检票时要自觉排队，不要拥挤、插队。进入站台后，要站在安全线后面等候。等火车停稳后，方可在指定车厢排队上车。

上车时，不要拥挤、插队，不应从车窗上车。要讲文明，有次序地进入车厢，并按要求放好行李，行李应放在行李架上，不应放在过道上或小桌上。

> 火车上的座位的尊卑顺序是：靠窗为上，靠边为下；面向前方为上，背对前方为下。

3. 车上就坐须知

在火车上要对号入座。无号上车时，要礼貌地征询他人，获得允许后就坐。

4. 休息时需要注意的礼节

在座席车上休息，要注意姿态得体、衣着文明、看管好自己的随身物品、管好孩子。不要东倒西歪，卧倒于座席上或过道上。不要靠在他人身上，或把脚跷到对面的座席上。

5. 用餐须知

在餐车用餐，应节省时间。用餐后，尽快离开，以方便更多的人用餐。餐后的垃圾应装在垃圾袋里面。

6. 车上交际礼仪

在火车上避免不了与他人交际，可与邻座轻声交谈。要注意交谈适度，避免谈论涉及敏感、隐私的话题，更要避免喋喋不休、高谈阔论。

7. 下车须知

下车时，要提前做好准备，避免手忙脚乱，忘记物品。应自觉排队等候，不要拥挤。出站要主动出示车票，以便查验。

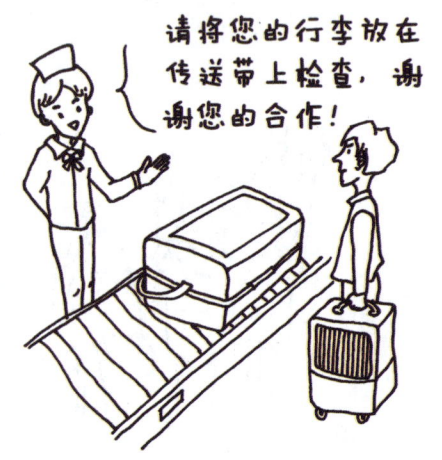

◆ 小互动

您乘坐火车时碰到过不文明的现象吗？请举例说明。怎样做才是文明乘车呢？

三、乘飞机

1. 乘机手续

无论是乘坐国内航班或国际航班，都必须办理乘机手续。这些手续较为繁琐，但为了保证乘客旅行安全，却是必不可少的，乘客要予以谅解，耐心等候，主动配合。同时，为了不耽误登机，应提前到达机场，如果你乘坐国际航班还应留出更多充裕的时间，以便接受检查。

> 要尊重乘务员，空中小姐大多面容姣好，不要长时间地盯视或评头评足。

2. 乘机礼仪

在飞行中，如果需要服务，可按头顶上的呼唤按钮或向乘务员招手示意，不要起身大声叫喊，接受服务后要礼貌地致谢。

为了保证飞行安全，乘客应在乘务员的指点下，按规定系好安全带。在乘机过程中，对乘务员的指点、服务应给予积极配合。

> 登机后要关闭手机。因为手机使用时会产生干扰电波，这类信号可能会影响到飞机上灵敏的电脑及导航系统，打乱飞行系统的正常工作。

3. 顾及他人

在登机后应该按照顺序入座，不要拥挤。在乘机中还要关照左右前后的乘客，不要只顾自己方便，给他人带来不便。

4. 不要乱动各种开关、设备。

四、乘动车高铁

1. 必须携带好居民身份证等有效身份证件，保管好高铁实名制车票，不要随意丢弃。

2. 动车组和高铁通常停靠在专门的站台上，旅客到达站台后，在车站工作人员的引导下，按照车厢号在车门位置排队等候，先下后上。

3. 按规定携带行李。动车组列车乘客的携带品长、宽、高相加不超过130厘米，超过规定物品应办理托运。

4. 列车运行中，不要搬动、触碰各种安全按钮、开关。

5. 列车发生故障或列车晚点时，应听从乘务人员安排，不要慌乱、更不要擅自开启车门或车窗。

> 动车组全列禁烟，旅客在旅行途中请不要吸烟。否则会受到重罚。

五、乘地铁

1. 等候地铁时，请站在安全线内，不要急于张望而越线。
2. 上下地铁时，应该做到先下后上。
3. 上车后不要手扶车门或挤靠车门。
4. 在地铁车厢内保持安静。
5. 主动给老人、病人、残疾人、孕妇和抱小孩的妇女让座。
6. 非遇紧急情况，不能随便使用地铁内的紧急停车手柄及报警器，以免引起混乱。
7. 文明乘车。购票和进闸时，排队通行。候车时，按地面标识排队，先下后上。不要依靠扶杆，或在吊环拉手上悬挂随身物品。就座时，不要把脚伸向过道，避免给其他站立的乘客造成不便。不要在地铁站及车厢内饮食，避免食物异味影响他人。不要携带家禽、宠物、有严重异味物品进站乘车等。

◆ 小互动

请您判断，在乘地铁时下列行为是否正确。

行为	正确	错误
张贴广告		
酗酒后乘车		
衣着不整乘车		
列车上大声喧哗		
使用耳机观看电子产品		
将行李放在车门，堵塞车门		
放纵小孩在站厅、站台大小便		
携带自行车、穿溜冰鞋进行乘车		
携带宠物进站，携带易燃易爆物品进站		
候车过程中倚靠站台屏蔽门，不排队候车		

六、乘出租车

1. 路边招停，以不影响公共交通为宜。乘坐出租车，一般应在出租车停靠站点叫车。其他情况叫车时，应在既不影响交通又安全的地方。

2. 同女士、长者、上司或嘉宾打车时，应当照顾其先上车。一般情况下，乘客应当坐在后排，座次依据上下车是否方便、坐者是否舒适；多人乘车时，由付费或带路的一方坐前面。上下车、开关门

时要前后观察,以防伤及他人。

3. 保持车内卫生。不在车内吸烟,不往车外吐痰、扔杂物,不在车上脱鞋、脱袜、换衣服,湿雨伞和雨衣不要放在乘客座椅上,不要用脚蹬踩座位,更不要将手或腿、脚伸出车窗外。不要将垃圾、废弃物留在车上。

4. 在出租车行驶过程中,乘车人之间可适当交谈,但不宜过多与司机交谈,以免司机分神。话题一般不要谈及车祸、劫车、凶杀、死亡等使人晦气的事。

5. 按计价器付钱,不提无理要求。对出租车司机要谦和有礼,下车时,对司机说声"谢谢、再见",会让司机感到温暖愉快。

七、自驾车

1. 文明驾驶,相互礼让

在路上驾驶,要遵守一定的交通秩序,同时还要讲究一定的公德,做到文明驾驶,相互礼让,避让行人。

2. 遵守交通标志标线

交通标志标线和交通指示灯,是指示车辆和行人各行其道、顺序行驶的基本标志,是保障道路安全和畅通的基本条件。所有道路参与者都应该遵守相关规定。

3. 合理使用灯光和笛声

尽量不适用喇叭,尤其是在夜深人静的时候,会影响他人休息。天暗时,要开示宽灯;天黑时,要开大灯;对面来车要关闭远光灯;转弯、停车、启动要打转向灯;雾天要开启雾灯;车辆发生故障要使用双闪指示灯;特殊车辆还有必要的警灯等等。

4. 按规定停车

停车时,应注意其他车辆是否方便进出,不要占用两个停车位。

5. 保持车内及环境卫生

作为一名文明驾车者,既要保持车内整洁,又要自觉维护道路清洁,不向车外乱扔果皮纸屑,更不能从车上向外吐痰,有损驾车人形象。

◆ **小互动**

对于车辆来说,车灯就好比人的眼睛一样重要,正常的开启或关闭关乎到车主能否安全驾驶车辆到达目的地。您知道小汽车的灯光有哪些吗?怎样正确使用这些灯光呢?请您和您的朋友讨论一下。

◆ **拓展与提高**

火车上禁止携带哪些物品您知道吗

小李是一位美甲店老板,这两天来合肥购物,就寻思着囤点指甲油带回老家。可没想

社交礼仪

到，还没上火车，就在安检口被拦下来了。

"过安检的时候，我们就发现她带了不少的瓶瓶罐罐，一看，全是指甲油。"民警称。

"带点指甲油怎么了？这也不行？"小李很疑惑。

民警做着解释："关于可携带的物品，有着严格的规定，其中，指甲油、去光剂、染发剂等，不能超过20毫升。"

经过计算，小李携带的指甲油总量达到了1.1升，超过限定数量的50倍！

"我真不知道还有这种数量限制，要不肯定不带那么多了。"小李很郁闷。无奈，她只能将多出的指甲油交给朋友带了回去。"我知道了，以后不会再犯这种错误了。"小李说完，急匆匆地赶火车去了。

从合肥铁路公安处，记者得知，其实像小李这样，过量携带物品上火车的现象，还真不少。

11月22日，合肥铁路民警在安检时，发现一位女乘客竟然携带了300只打火机准备乘车。一问才知道，敢情这位女乘客是酒店的一位工作人员，平日里收集酒店里面的打火机，这不，准备带回家慢慢用！"对于打火机，我们有明确的规定，乘火车，最多只能携带5个气体打火机，如果过量，一旦发生燃烧爆炸，后果不堪设想。"民警称。

"在平时的检查过程中，我们的民警会经常发现乘客多带比如发胶、打火机、火柴等物品，其实这些都是很危险的。"合肥铁路公安处的一位工作人员告诉记者。

记者在合肥火车站，随机采访了一些乘客，对于严禁携带上车的物品，他们大多能回答出如"易燃易爆品"、"危险品"、"弹药"等。但对于有哪些是可以限量携带的物品，基本上没有人知道。

火车上禁止携带哪些物品您知道吗？

凡是危险品（雷管、炸药、鞭炮、汽油、煤油、电石、液化气体等爆炸、易燃、自燃物品和杀伤性剧毒物品），国家限制运输物品、妨碍公共卫生的物品、动物以及损坏或污染车辆的物品（如：鸡、鸭、鹅、狗、猪、猴、猫、蛇），都不能带入车内。但在保证安全和卫生的条件下，可携带下列物品：

1. 安全火柴20小盒，气体打火机5个。

2. 不超过20毫升的指甲油、去光剂、染发剂。不超过100毫升的酒精、香水、冷烫液。不超过300毫升的家用卫生杀虫剂、空气清新剂。

3. 军人、民兵、公安人员和猎人随身佩带的枪支、子弹和手榴弹。

4. 初生雏20只。

◆ **实践训练**

1. 您还知道其他交通文明礼仪吗？请以班级为单位，开展一次以"文明交通"为主题的知识竞赛。

2. 请自制宣传语、宣传标识，在公交车、出租车、营运客车和公务车驾驶人中开展"做文明有礼的驾驶人"倡议活动。

第三节　购物

◆ 案例引入

【案例5-4】

买巧克力

"喂！在哪里买巧克力？"一个小伙子冲着柜台嚷着。

"在那边，这个柜台的后边。"一个年轻的女售货员应声回答。

"给我称巧克力，快点！"小伙子对着售货员大声说。

"对不起！现在没有货了。"另一个售货员耐心和蔼地说。

"哎！没有货你告诉我干什么？"那个小伙子冲着售货员瞪着眼睛说。

"先生，我告诉您，是为了让您知道买巧克力的地方，以后有货了，欢迎您再来买。您今天来得不巧，巧克力刚刚卖完，实在是对不起！"显然，售货员并没有理会小伙子那刺耳的声音，仍用平静、柔和的语调回答。

小伙子有点不好意思了，红着脸支支吾吾、抱歉地说："真对不起，我平时说话不注意讲文明，请原谅！"

【讨论】

(1)如果您去超市买巧克力，不知道巧克力放在什么位置，您会怎样去询问售货员？

(2)如果您是被问的售货员，您会怎样回答他呢？故事中的售货员是怎样做的呢？

(3)了解了巧克力的摆放位置后，接下来您会怎么做？

(4)在日常生活中，购物时您都是怎样做的呢？

◆ 跟我学礼仪

一、商场购物的基本礼仪

1. 不以"上帝"自居

"顾客就是上帝"是商家奉行的服务原则。尽管如此，顾客本身不要真拿自己当"上帝"来看待。尊重他人的劳动，不用命令式的口吻说话，态度和蔼的顾客能赢得更好的服务。

2. 对售货员的称呼要得体

在商场、购物中心呼唤营业员时，态度要谦和，先说一声"您好"，而不应用"喂、喂"来称呼对方。可以称呼年轻的女营业员为"小姐"或"姑娘"，男营业员一般称"您"，也可以根据年龄适当称呼。也可统一称呼"服务生"或"营业员"。少年儿童对青年以上的营业员可以称阿姨、叔叔，对年龄大的营业员可称师傅。当营业员正忙于接待别的顾客时，要耐心等待一下，不要急不可待地高声叫喊，指手画脚或手敲柜台。

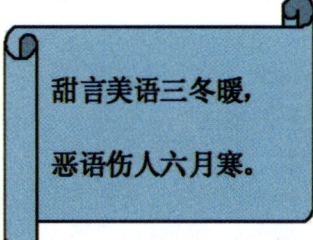

甜言美语三冬暖，

恶语伤人六月寒。

3.在招呼售货员前先仔细查看

买东西，先看准样式、颜色、质量、价格等，合适了再请营业员拿来，看不清拿不准的可以先问一下。如果不合适，或者只是想看看，则不必要求营业员寸步不离地服务了。在挑选商品时，不要过分挑剔，时间过久会影响营业员为别人服务。对易污、易损商品要轻拿轻放，万一污损了，就应当买下来，或者赔偿。挑选后不满意时，可以请营业员把商品取回，要说一声"劳驾了"，挑选多次时，可以说一声"对不起！给你添麻烦了"。

4.试衣要讲文明

如果需要试衣服，一定要尽量减少占用试衣间的时间。准备进入试衣间前要先敲敲门，试探一下里边是否有人。在试衣间内换衣服时，要先把试穿的衣服挂在衣钩上或放在椅子上，不要扔到地上，以免弄脏衣服。女士试穿衣服时注意不要将化妆品沾到新衣服上，试穿前宜用纸巾将口红、眼影等擦掉。此外，在挑选一些颜色较浅的衣服时，要事先检查一下自己的手是否干净。

> 试衣时请注意您的口红
> 离开时请拿好您的物品

5.购物时要注意宽容谅解

购物过程中，如果与营业员发生矛盾，要相互谅解、宽容。营业员发生差错时，应耐心指出，善意提醒，不可得理不让人。对态度不好的营业员，最好早一点离开，必要时，应当耐心、冷静地讲道理、说情况，实在不行的，可以向其领导反映，请求帮助解决。不可在这种场合高声争执、吵闹。营业员交货、找钱等发生差错时，要善意提醒，说明情况，如果仍有差异，应向其领导反映。如果需要调换商品，应当斟酌情况，能换则换，不应当换的则不可强求。买过商品离开时，不要忘记向为你提供服务的营业员道一声"谢谢"。

6.私人物品保管好

在商场购物时，除了保管好自己的私人物品外，如果带着小孩，应该看管好，不要让他在公共场所大声喧哗或者到处奔跑。此外，不可带宠物逛商店。

> 购物千万莫拥挤，
> 先来后到记心里。

7.付款排队不插队

节假日商场购物人员较多，顾客在收银台前要自觉排队，不要插队。如果遇到熟人，尽可能不帮其代买物品，因为这样会让排在后面的顾客觉得不公平。如遇到老弱病残者或者有急事的顾客，应发扬互助精神，主动让他们先买、先付。如果自己确有急事需要先买，应向营业员和排在前面的人说明理由，必须在征得他们的同意后，方可提前付款。

请正确使用手推车！

二、超市购物的基本礼仪

1. 进超市购物，要按规定存包。如无必要，不要携带其他商品进入。

2. 购物时，若对已选购的商品觉得不需要或者感到不满意，应主动将其放回原货架区，不能随意放置。贵重商品应轻拿轻放。

3. 超市内的商品不能随意品尝、试用。
4. 付账时要自觉排队。
5. 对售货员的热情服务要表示感谢。
6. 所有商品都要付账，不能"顺手牵羊"，不占小便宜。
7. 讲究公共卫生。
8. 新鲜的瓜果蔬菜要轻拿轻放，不要用力捏。
9. 禁止吸烟。为了您和他人的健康，请勿吸烟。
10. 禁止携带宠物。

◆ 小互动

请您判断下列行为是否正确。

行为	正确	错误
结账时插队		
散装食品随意尝		
水果货架前边挑边尝		
不用夹子直接用手抓面包		
选好的商品不想要随处扔		
饼干、方便面等易碎食品当玩具捏		
客人将塑料袋套在手上，以免手上细菌沾到熟食上		

三、网络购物的基本礼仪

1. 选择卖家

在网络购物时，应选择大型的、知名的、信誉、口碑良好、有消费者保障计划的卖家。不要一味只注意卖家拥有几颗星钻、几个皇冠，还应该重点考虑评价的质量，看看这个卖家有无中评、差评，这种情况是什么原因造成的，在弄清信用评价之后，也要大体浏览一下对该店铺评价信用的具体内容，卖家的人品、售后服务质量。

2. 谨慎挑选商品

搜索商品的时候加入正品或者行货等关键字眼，减少挑到假货的机率。不要只选便宜货，正所谓"一分钱、一分

社交礼仪

货"。如果是电子类产品记得挑选全国联保，不要选店铺三包，全国联保在当地就可以修了。仔细浏览商品详细说明及售后服务，尽量挑选实物拍摄的商品，可以参考商品的累积评价。在适宜的时间与店铺商家及时沟通，仔细询问商品每一个细节。交谈时使用文明语言。

3. 索要发票

向店铺索要相关发票等购物凭证，以维护自身合法权益。

4. 检查货物

请先拆封检查后签单。当拆封发现商品有破损或者与实物不符时，及时进行存证，避免不必要的纠纷。

5. 签收商品

商品签收后，别急于在网上确认收货，多用几天来确定商品有无质量问题；发现有问题及时在网上点击[申请退款]，再联系卖家处理。系统默认确定收货时间为七天。付款后结合实际情况给予评价。

6. 正确处理纠纷

一旦产生了纠纷，消费者应及时和店家沟通，不要恶语相向，必要时应积极地拿起法律利器来帮助自己维权。

7. 及时与店家沟通

拍产品前、打款后、运输途中、收到货前，最好和卖家保持密切联系，有问题及时询问。

8. 省钱小窍门

在网上购物，有很多方法可以帮助您省钱。比如和店家讨价还价、减免运费、索要赠品、使用淘金币、优惠券、好评返现、团购等。

四、观光购物的基本礼仪

1. 以观光为主，若看到喜欢或合适的物品，请速决定是否购买，以免影响旅游时间。如果不买最好不要搭价，以免引起不必要的误会。

2. 不要随意拆开包装，不要随意品尝食品，有些商品未经允许最好不要触摸。对易碎品轻拿轻放。

3. 适量购买，购物还需理性。

4. 在国外旅游期间，购物要以自己的爱好需要、体现所在国特色新意、富有纪念和收藏价值、在国内不易买到、小型轻便和能否方便进出海关为原则。

5. 国外购物时，在免税店购物后，需出示护照并请收款员打印收据和免税单，以备出境时交海关检查。

◆ 小互动

网络购物你学会了吗？请你从网络上购买自己喜欢的商品。

第五章　公共礼仪

◆ 拓展与提高

文明购物顺口溜

挑选物品要文明，不撕商标不剥壳，
不拆袋来不偷吃，水果食品不乱捏。
选好物品放进篮，不要物品归原处，
随意乱丢惹人厌，摆放整齐有秩序。
排队等候来结账，不插队来不喧哗。
结完账后勿忘物，篮子车子放原位。
购物环境需你我，共同营造来创设。

◆ 实践训练

1.超市购物大搜索。
（1）您在超市购物的时候，看到过哪些不文明的现象呢？
（2）针对这些不文明的现象，我们在超市购物的时候究竟应该注意些什么？请以小组为单位讨论一下，并记录大家讨论的结果。

2.请您以小组为单位举办"文明使者大行动"活动，走进商场，宣传文明，劝阻不文明购物行为，通过这次活动，让更多的人告别不文明行为，做一个文明人。

3.请自行撰写一份文明购物倡议书，利用超市广播循环播出，提示顾客文明购物。

第四节　观光

◆ 案例引入

【案例5-5】

最近"梁××"很火，因为他在故宫的一口大铜缸上刻下了"梁××到此一游"几个大字。"牛五爷"也很火，他在西安城墙上刻字深达半厘米。有好事者在北京城内巡了巡，发现，哇，不得了！颐和园的镇水铜牛满身"刺青"，天坛回音壁成了签名墙，长城成了示爱板……还有，厦门的植物，黄山的石壁，小雁塔的塔顶……

在风景区刻字这事儿，没有人比中国人更有悠久传统了。虽然现在这被列为所谓的国人十大旅游陋习之一，但从古到今，"名人"刻字不但可以不受批评，反而给景点增了身价，添了风雅，其中最出名的应该是大师兄悟空了。还有人说，你看外国人在什么柏林墙上乱写乱划就叫涂鸦艺术，就成了历史文物，我们为啥不行？

乱刻字不文明，破坏文物更非法。那么，朋友们又咋看呢？

社交礼仪

【案例5-6】

照相机噼啪乱闪,熊猫阿宝给吓得在墙角缩成一团;大人教小孩乱逗动物,害得长臂猿兴奋过度,拼命冲撞笼子,差点胳膊脱臼;小情侣爱心泛滥乱投食物,小长颈鹿给撑坏了……连日来,香江野生动物世界里的动物们被"热情过度"的游人搞得心烦意乱,健康堪虞。

来自澳大利亚的树熊(考拉),向来是市民们共同的宠物。尽管树熊国宾馆到处都有"不要用闪光灯拍照"和"请勿拍打玻璃"等提示,但国庆这几天,考拉们还是被闪光灯晃花了眼,还有不少游客为了"争宠",经常情不自禁地拍打玻璃,最终把考拉宝宝吓得躲进叶丛里不肯露脸。

这些天里,用喂食动作吸引动物冲撞笼子,用击打方式驱赶接近自家小孩的小动物……游客们种种无知而不人道的行为,让饲养员们又着急又无奈。据动物专家介绍,突然闪烁的强光和游人拍打玻璃窗引起的震动等,会使习惯静居的小动物受惊,轻则身体变色、拒绝吃食,重则死亡。

【讨论】

(1)您在旅游途中,见到过"到此一游"的字眼吗?

(2)案例5-6中,游客对待小动物的方式对吗?

(2)这两组案例反映了什么问题呢?

(3)是什么原因导致了游客屡犯不文明错误?请谈谈您的见解。

◆跟我学礼仪

一、国内旅游观光礼仪

1. 爱护旅游景点的一砖一瓦、一草一木

山川名胜和历史古迹是不可再生的宝贵自然资源和文化遗产,应倍加珍惜。不可攀折花木,不得随意涂写刻画,不要触摸珍贵的文物展品,不能戏弄旅游点的动物,在山林中还应注意防火。不要随地吐痰、乱扔烟头。不要采折花卉、践踏草地。不要在树木、建筑物上乱刻、乱画。不用树木为承重载体做各种运动,在照相时不要拉扯树木的花朵。

> 很多文物会在强光下褪色,所以拍照时请正确使用闪光灯。

2. 维护环境整洁

游客在旅游观光时,都有维护环境整洁的责任与义务,在需要静谧观赏的地方,不要随意大声喧哗、嬉笑打闹,在外野餐之后,一定要将垃圾收拾干净,集中丢弃在垃圾箱或垃圾点,不可信手丢弃,更不要随地便溺。不污染景点内的水资源,尽量保持水域的环境卫生。

> 万水千山总是情,
> 文明旅游传美名。

3. 善待动物,尊重生命

遵守公园的规章制度,不乱喂动物、恐吓动物。游人在快乐游园的同时,多从动物本身的角度出发,给予合适的关心和爱护。

4. 以礼相待，主动谦让

旅游途中，如走在狭窄的曲径、小桥、山洞时，要主动给老弱妇孺让道，不争先抢行。如果不小心冒犯了他人，应及时致歉，不要与之发生纠纷；如果你是随团队旅游，一定要听从导游的安排，应征得导游同意方可离队；在自由浏览时不可玩得忘乎所以而误过归队时间，让全队人为你担心、等待。

> 同人交谈，多说"请"、"谢谢"，懂礼貌的人到哪都是"万人迷"

5. 遵守公共秩序

不要独自前往禁行之处"探险"。遇到购票或观看某景点的人较多时，要自觉排队，不要前拥后挤，制造混乱。

6. 注意个人形象，不伤风化

游山玩水时服饰可舒适自然，运动装、休闲装皆可，但不要赤身露体，有碍观瞻；不要围观、尾随陌生人；年轻情侣、新婚夫妇结伴游玩，自然是亲密无间，但在大庭广众之下，过于亲昵的举动都是有失礼节的。所到之处要入乡随俗，尊重当地的风俗习惯和一些宗教戒规，否则可能会因小事而酿成大错。

> 座位有限情无限，有序排队莫抢先。

7. 乘游览车的礼仪

要提前10分钟上车，不要迟到，以免让他人等候、耽误行程；年轻的游客尽量坐到车厢后面，把前几排座位让给老人和妇女儿童；观光车的第一排座一般都是留给领队导游的，游客尽量不要坐；车上的卫生间是供乘客特急需要时使用的，一般不要使用。

二、国外旅游观光礼仪

1. 了解、适应国外礼俗禁忌。一是国际通行的礼俗、禁忌。其次，要理解尊重目的地国家的宗教信仰、风俗禁忌。尤其是信奉伊斯兰教的国家生活禁忌较多，一定要了解清楚，并尽快适应。

2. 到国（境）外旅游，穿着得体很重要。衣服要平整干净，适合气候环境。女士在国（境）外旅游期间，尽量不要穿戴奢侈的服饰、首饰。

3. 爱护旅游景点的建筑设施、文物古迹和花草树木，不要随意触摸、涂写刻画、随意攀折。

4. 要有团队精神。按导游引导的线路参观旅游，遵守时间，不私自离开团队。

5. 要注意环境卫生。将废弃物丢进垃圾桶。

6. 在景区拍照时，要主动谦让，不要争抢。参观博物馆、教堂、艺术殿堂时，要将背包放在指定地点，遵守场馆规定。

◆ 小互动

有句网络流行语：从踏出国门的那一刻起，您的名字就叫"中国人"。

说一说：走出国门后，您如何展现中国形象？

社交礼仪

三、沙滩旅游观光礼仪

1. 正确着装。既然来到沙滩,就应当融入其中,穿上泳装或沙滩装,不要穿着太正式。
2. 不要大声喧哗,控制手机音量,照顾他人。
3. 尊重他人,收敛眼神,不随意拍照。拍照要征得别人的同意。
4. 在沙滩上禁止饮食、喝酒、抽烟。
5. 爱护环境卫生。用完之后将沙滩椅上的杂物以及细沙清理干净。
6. 参加沙滩运动时要注意不要争先恐后,也不要太看重比分,友谊第一,比赛第二。注意远离人群,以免误伤他人。

◆ 小互动

部分国家的特色旅游商品

亚洲

日本——和服、时装、手袋、磁性项链　　韩国——人参、皮衣、玩具、化妆品
菲律宾——银器、首饰、木刻、芒果干　　泰国——鳄鱼肉、海味、椰子糖、牛肉干
新加坡——肉干、驱风油　　　　　　　　马来西亚——风筝、榴莲膏
印度——宝石、地毯

欧洲

英国——陶器、绒布料　　　　　　　　　荷兰——风车、钻石、木鞋
瑞士——钟表、军刀、巧克力、玩具　　　法国——香水、化妆品、酒类、时装
意大利——时装、皮衣、皮鞋、丝绸　　　德国——啤酒杯、相机配件、木刻
奥地利——水晶、皮革制品

美洲

古巴——雪茄烟、朗姆酒、咖啡、蔗糖　　巴西——咖啡、宝石、马黛茶、卡沙萨酒

【讨论】
您还知道哪些国家的特色商品?请举例说一说。

◆ 拓展与提高

国外一些国家的风俗禁忌

法国

在博物馆和教堂不要用带有闪光灯的相机拍照。女士优先的礼仪起源于法国,旅行中要注意为女性让道、开门、让座,上下车让女性先行。巴黎女子很少穿牛仔裤,大多数巴黎女郎的上班裤装都是宽松有致的,她们排斥紧绷在腿上的裤子,认为破坏秀腿那纯洁细腻的美。

德国

在德国用餐,不要用吃鱼的刀叉来吃肉。如果同时要饮用啤酒和葡萄酒,宜先饮啤酒,

后饮葡萄酒。在自助餐的发明国里吃自助，尤其注意不要在食盘中堆积过多的食物。德国人守纪律，讲整洁；守时间，喜清静；待人诚恳，注重礼仪。

英国

英国人最忌讳别人谈论男人的工资和女人的年龄，就连他家的家具值多少钱也不该问的，这些都是他个人生活的秘密，决不允许别人过问。在英国，请千万记住不能像国内一样，问人家"你去哪儿"，"吃饭了吗"等问题，他们讨厌别人过问他们的个人生活。并且英国人，凡事都须循规蹈矩，他们的汽车行使方向和欧洲其他国家正好相反。在英国旅游，切记不要当众打喷嚏，翘二郎腿；不要从梯子下面走过，或在屋子里撑伞。在谈话时，不要以皇室的家事作为笑料。

俄罗斯

在俄罗斯，被视为光明象征的向日葵最受人们喜爱，它被称为太阳花，并被定为国花，拜访俄罗斯人时，送给女士的鲜花宜为单数。在数目方面，俄罗斯人最偏爱7，认为它是成功、美满的预兆。对于13与星期五，他们则十分忌讳。

日本

在日本消费时一般不能还价，特别是在百货店里，以标出的价格购买东西是一种被普遍接受的规矩，如果顾客非要坚持还价，可能会遭到冷遇。不过，日本消费中是没有付小费的习惯的，因为在账单中已经包括了所有的服务费用，所以顾客就不必再多此一举了。

韩国

韩国人用双手接礼物，但不会当着客人的面打开。不宜送外国香烟给韩国友人。酒是送韩国男人最好的礼品，但不能送酒给妇女，除非你说清楚这酒是送给她丈夫的。在赠送韩国人礼品时应注意，韩国男性多喜欢名牌纺织品、领带、打火机、电动剃须刀等。女性喜欢化妆品、提包、手套、围巾类物品和厨房里用的调料。孩子则喜欢食品。如果送钱，应放在信封内。

吃饭时不要随便发出声响，更不许交谈。进入家庭住宅或韩式饭店应脱鞋。在大街上吃东西、在人面前擤鼻涕，都被认为是粗鲁的行为。

◆ 小互动

1. 引起游客不文明旅游行为的原因是多方面的，请您自己调查一下并总结原因。
2. 请您自行收集一些游客不文明的照片，并探讨一下，他们各违犯了哪些礼仪规范。

社交礼仪

第五节　宾馆

◆ 案例引入

【案例5-7】

酒店早餐偷拿蛋糕鸡蛋　那些不文明游客让人脸红

2013年07月11日　武汉晚报

吃自助餐不仅浪费还偷拿鸡蛋，在外旅游一言不合就动手。昨天，几位导游向记者讲述了那些带团时遭遇的让人脸红场景。

某旅行社导游李女士介绍，去年9月她带一个23人团队去昆明，入住的是当地一家三星级酒店。第二天早餐吃自助餐，游客们在餐台见什么拿什么，每个人面前食物都堆成小山。但很多东西游客只咬一口，就扔到了一边。像馒头、花卷之类的，在餐桌上丢得到处都是。鸡蛋和蛋糕比较受欢迎，游客也是拿了一大堆。本来餐厅规定食物不能带走，4名女性游客还是用餐巾纸把鸡蛋和蛋糕包起来，准备偷偷塞到包里，被服务员捉了现行。当服务员说"对不起，请不要把食物带走"时，带团的李女士都觉得脸红。

【讨论】

(1)您在外出住宿时碰到过不文明的现象吗？

(2)在宾馆住宿时，我们需要注意哪些礼仪呢？

◆ 跟我学礼仪

宾馆，又叫酒店，它是指规模较大、设备较好、档次较高的旅馆。从广义上说，它属于公共场所；从狭义上说，它是私人居所。

宾馆礼仪，指客人在宾馆的活动空间的具体要求和行为规范。

一、预约的礼仪

1.外出旅行要提前预定酒店。尤其是在旅游旺季。预定饭店的方式可以采用电话、网络、信函、电传等方式，其中电话预约是最常用到的。

2.预约时，要告知您入住和停留的时间、入住的人数、房间的类型、申请住房人的姓名和到达饭店的大概时间。

3.预约后如果有变动，要及时通知酒店，并告知变动情况。如果比预定时间晚到达，一定要及时与酒店联系，以免预约被取消。如果自己因故需要退房，要电话通知对方并说明缘由。对酒店的有关规定也应予以理解。

二、登记入住的礼仪

1. 前台登记

入住酒店要出示身份证或其他证件,例如结婚证或护照等。一般都需要交押金。如果前面有正在登记的顾客,那你应该静静地按顺序等候,与其他客人保持一定的距离。

2. 遵守规章

入住宾馆以后,一定要首先了解这些事关个人利益的规章制度,并认真、自觉地加以遵守。比如说在宾馆客房内做饭、聚赌是被严禁的,这一点就要严格遵守。

3. 爱护设备

对宾馆所提供的各种设备都要倍加爱护,不要故意损坏。若无意之中损坏了,要主动声明,并进行赔偿。

> 不要穿着睡衣睡裤在走廊里走动或者串门。

4. 注意安全

进出房间要随手关门,并将房间锁好。有人敲门,要问明对方身份,不要轻易开门。在每间宾馆正门背后,通常都张贴着宾馆内部构造示意图,要抽出时间对此加以了解,并熟记应急通道的具体位置,以供发生紧急情况时为逃生所用。万一在住宿期间遭遇突发事件,一定要服从宾馆工作人员的安排,不要东躲西藏、乱冲乱撞。

5. 财物的存放

在一般情况之下,不应将贵重物品、现金、有价证券存放于客房之内。许多宾馆为住宿的客人免费存放保管物品,可以利用这项服务,不要因为怕麻烦而造成财物损失。如果发现个人物品丢失或被盗,应尽快通知宾馆,请对方协助查找。

> 房间里的保险箱要设定密码,否则是不保险的。

6. 保持整洁

维持房间整洁,东西尽量摆放得整齐有序。不要到处乱扔果皮、纸屑,应将废弃物扔进纸篓。使用浴室后要注意浴室卫生。

需要购物、邮寄信件、购买演出票时,可请总服务台代为预约。需要预订出租车、机票、船票、车票时,也可以请其代为办理。

三、离店的礼仪

1. 检查好随身物品。

离开酒店前,请检查好自己的物品,不要有遗漏。

2. 酒店的毛巾、睡衣一般是不能带走的。

3. 及时结账。结账时,对有偿使用的物品付费,如果弄坏了酒店的物品,要勇于承担责任加以赔付。

4. 对酒店的服务表示感谢并道别。如有更好的建议,可与酒店友好沟通。

❋ 社交礼仪

◆ 小互动

下列图标您在宾馆里见到过吗？您知道它们各自代表什么含义吗？

◆ 拓展与提高

世界上唯一一个七星级宾馆您知道吗

　　酒店的等级标准是以星级划分的，分为一星级到五星级 5 个标准，五星级为最高（中华人民共和国星级酒店评定标准）。星级越高，表示旅游饭店的档次越高。

　　全世界最豪华的酒店当数阿拉伯联合酋长国境内迪拜的帆船（BurjAl – Arab）酒店，翻译成汉语又称"阿拉伯塔"，又叫做"阿拉伯之星"。它是世界上唯一一家七星级酒店，位于中东地区阿拉伯联合酋长国迪拜酋长国的迪拜市。

　　该酒店是目前世界上最高的帆船型酒店。其外层是双层玻璃纤维屏幕设计，在阳光下呈耀眼白色，晚上则呈彩虹色彩。酒店内的设施也一样令它可以成为当今世界的先进建筑。全部 202 间套房都配备有精密的多媒体系统，可提供自由电影选择、互联网、网上购物及信息服务。住客可以在 42 英寸的宽银幕等离子电视上，选择 42 个卫星频道，享受全立体声音响。酒店的豪华服务还包括：可提供私人服务员、私人专用电梯、旋转睡床和私人戏院。且每位顾客都有厨师、司机、管家、副管家、服务员等七个人为其服务。据说客人到了机场后，就有一队奔驰 S600 来接，或者搭乘宾馆提供的直升飞机经市区上空到达宾馆上面那个圆的停机坪。

　　迪拜是阿拉伯联合酋长国的第二大城市。20 世纪 90 年代以后，大力发展旅游业。由于拥有高素质的环境以及丰富多彩的文化（83% 的人口是外国人），知名企业家 al – maktoum 投资兴建了美轮美奂的 BurjAl – Arab 酒店，由英国设计师汤姆·赖特 Tom Wright 设计。建立在海滨的一个人工岛上，是一个帆船形的塔状建筑，一共有 56 层，321 米高，它正对着 jumeirah beach 酒店(被认为是世界上最棒的酒店),客房面积从 170 平方米到 780 平方米不等,最低房价也要 900 美元,最高的总统套房则要 18000 美元。实际上这是淡季的最低价,按这个价格往往是订不到房的。

◆ **实践训练**

请以小组为单位,模仿入住宾馆的过程。小组间进行点评。

第六章 应酬礼仪

应酬是每一个人都离不开的学问。学习应酬礼仪，目的是学会妥善地处理人际关系，增进人与人之间的尊重、理解与信任，为个人的生存与发展营造出良好的人际关系。

人际关系，主要分为四种。即亲缘关系、地缘关系、业缘关系和友缘关系。应酬礼仪，就是对处理上述四种人际关系所作的具体规范。

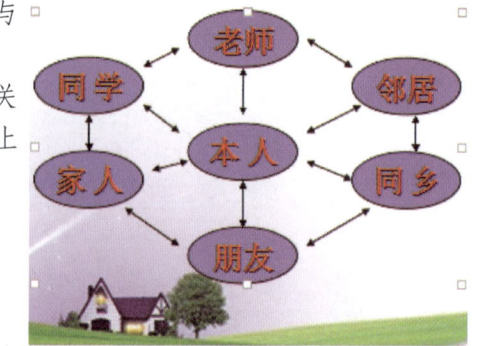

第一节 亲 缘

◆案例引入

【案例6-1】

当代孝子捐肝救母——彭斯

"谁言寸草心，报得三春晖？"这是一个被追问了千年的问题。22岁的广州赴美留学生彭斯，听闻母亲慢性重型肝炎晚期需进行肝移植手术，马上放下学业，从美国回到广州，毅然捐出自己60%的肝脏移植给母亲，挽回了母亲的生命。

【讨论】

结合当代孝子捐肝救母的故事，你认为在现实生活中人们应怎样对待亲缘关系？

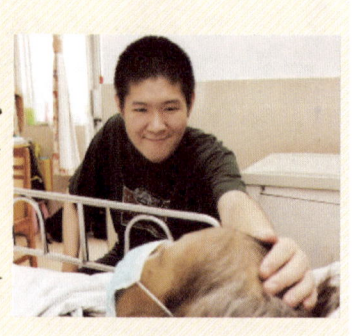

亲缘关系是人类生活中的一种最基本的人际关系，离开了亲缘关系，人类就会变成无源

之水，无本之木，难以存在。

所谓的亲缘关系具体讲是与自己或家庭具有血统、婚姻联系的人相互之间的一种关系。具有亲缘关系的人，彼此之间往往会相互称对方为亲属、亲戚或亲眷。

亲属又分为源于血统关系的血亲和源于婚姻关系的姻亲。亲属之间的亲情和亲近之感，对彼此来说都是一种天然的纽带，将其密切的联系在一起。

◆跟我学礼仪

在处理亲缘关系时，着重需要从三方面着手，即要孝敬长辈、厚待同辈和爱护晚辈三者并重。

一、孝敬长辈

在亲缘关系中，如何处理自己与长辈之间的关系，对每个人来说都是一种考验，任何一个有道德、有良知的人在处理自己与长辈的相互关系时，都应将孝敬长辈作为其立足点。

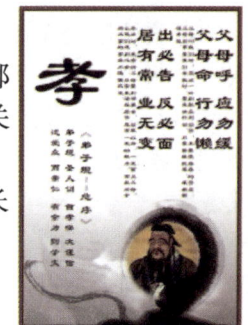

孝敬长辈，通常具有两个方面的含义，一方面，要求晚辈要敬重长辈；另一方面，也同时要求晚辈要孝顺长辈，孝敬长辈。

◆小互动

【案例6-2】

陈斌强——孝更绝伦足可矜

【2013感动中国】陈斌强9岁时父亲车祸去世，妈妈独自抚养三个孩子长大。2007年，妈妈得了老年痴呆症，丧失了日常生活能力。为了能每天亲自照顾母亲，他每天用一根布条把母亲绑在自己身上，骑着电动车行驶30公里去学校上班。一连五年，风雨无阻带着妈妈上班。

颁奖辞

小时候，这根布带就是母爱，妈妈用它背着你。长大了，这布带是儿子的深情，你用它背着妈妈。有一天，妈妈的记忆走远了，但爱不会，它在儿女的臂膀上一代代传承。

感动中国推选委员杜玉波这样评价陈斌强：陈斌强自身的朴实行为给他的学生，也给整个社会上了极为生动的一课。他是一个真正有师德的好老师。

推选委员吴孟超说：陈斌强付出的孝心，不仅抚慰母亲，也抚慰每一位中国人的心，这种中华民族朴素而真挚的人性之美可以作为社会的良药。

【讨论】

说一说我们如何孝敬长辈？合唱歌曲《常回家看看》。

1.敬重长辈

晚辈对长辈，应当以敬重为先。晚辈对长辈的敬重，必须认真做到言行一致、表里如一。具体而言应体现在下列几个方面：

社交礼仪

(1) 毕恭毕敬。对待长辈，必须尊重有加，处处以礼相待。在任何情况下，都不允许自己的言行失敬于长辈。应当强调指出，不论当面还是背后，在提及长辈时要使用尊称。不允许随意同长辈打闹开玩笑。与长辈打交道时，一定要讲礼貌，时刻按规范行事。

(2) 虚心求教。长辈所拥有的丰富人生阅历，是一笔宝贵的财富。作为晚辈，一定要利用一切机会，虚心向长辈求教，以开阔视野，增长见识。

(3) 听从管教。对于长辈的批评，晚辈应认真接受、洗耳恭听。无论从哪一方面，长辈对晚辈的管教，都是其爱心的表现。即便管教有所偏差，也不允许因此否定其善意。当长辈管教自己时，一是要虚心；二是要表示感激；三是尽可能要落实到行动上。不允许当场顶撞长辈，无理狡辩，或弃之不顾。即使是表面上显得不耐烦，也是失礼的表现。

2. 孝顺长辈

孝顺长辈，是中华民族为世人称道的传统美德。作为炎黄子孙，理当将其继承发扬光大。晚辈对长辈的孝顺，不但体现在物质上，而且也应该注意精神上的体贴。

(1) 奉养长辈。对于长辈的"滴水之恩"，晚辈应当以"涌泉相报"。遗弃长辈或对其置之不理，是天理所不容的。奉养长辈，减轻长辈负担，帮助长辈，照顾长辈，是晚辈义不容辞的义务。

(2) 体贴长辈。上了年纪的长辈，脑力、体力都不同程度的衰退，甚至百病缠身，更需要晚辈从精神上加以体贴，切莫对其不闻不问。

◆ 小互动

【讨论】

从这幅漫画中你认为他是孝顺父母吗？结合生活中的案例你认为应该怎么做？

二、厚待同辈

对自己同辈亲戚，在交往中一定要多加厚待。厚待同辈，不仅要有真心，而且要讲究方式方法。

◆ 小互动

【案例6-3】

手足相残　韩国郑氏家族

郑周永打造的韩国庞大家族企业现代集团，因次子郑梦九与钦定接班人郑梦宪之间的纷争，最终被迫三分天下。而郑周永死后两年，接管现代集团的郑梦宪因涉嫌政治献金接受调查时，面对同胞兄弟的冷淡漠视和外界压力，终以跳楼自杀永久结束了这场同根相煎的悲剧。

【讨论】

现代郑氏家族案例说明了怎样处理同辈之间的关系？怎样理解"家和万事兴"的含义？

1. 加强团结

"团结就是力量"，对同辈及其亲属也是如此，自家人更是如此。与同辈搞好团结，一是讲究宽厚，要做到待人宽容，为人厚道。二是彼此谦让，多做退让，分清你我。

2. 彼此照顾

"情同手足"形容同辈之间的相互关系，是"发乎情，止乎礼"的。平辈之间的照料要落实于互爱、互助的行动之上。互爱，对同辈亲属的爱护应无条件的，不图回报，对于来自同辈的爱护必须领情，不要将对方的爱护，尤其是出于爱护目的的批评指责，视为一种负担。至于互助，与同辈之间要倾注全力，在生活、工作和思想上相互帮助。另外在互助时还必须建立在合理、合法的基础上。

三、爱护晚辈

对待后生晚辈，长辈要负有培养和管教的责任。任何借口与推卸都是一种失职。长辈对晚辈的教育，既是为了人类继往开来，不断进步，也是为了爱护晚辈，对晚辈的提携与帮助。

1. 细心培养

培养晚辈，是长辈义不容辞的责任。晚辈的健康成长，有赖于长辈的栽培。而晚辈的成才，又是长辈的殷切希望。

◆ 小互动

你知道"十年树木，百年树人"的意思吗？

社交礼仪

由此可知，培养一个人谈何容易？同样长辈对晚辈的培养，应当从大处着想，从小事做起。

（1）言传。对于长辈应当诲人不倦，但要注意语言交流。通过彼此之间的交流，并对其指点、帮助。这就是对晚辈言传的含义。第一，言传要有耐心。不论自己多忙，都要创造条件与晚辈多交流。第二，言传要具有真心。与晚辈交流，要求务实、力戒虚伪。不要对晚辈言而无信。此外，与晚辈交流要重在关心帮助，而且要细致、耐心、经常化。

（2）身教。对晚辈的身教，是指长辈在晚辈面前以身作则，身体力行，有意识地发挥示范作用。长辈对晚辈的培养，主要是传、帮、带。即传授知识、帮助指点、带领进步。在此过程中，长辈自身所作所为，犹如一面镜子，不但可以端正自己，也可以示范于晚辈。每一位做长辈的，对于自己在晚辈面前的示范作用，都不应该忽视。

2. 严格管教

◆ 小互动

【案例6-4】
每位父母都疼孩子，然而一名美国富翁托马斯却因过分溺爱女儿，让其坐在直升机副驾驶的位置，结果她调皮踢坏驾驶系统导致飞机坠毁惨剧。近日，美国国家运输安全委员会发布了美国亿万富翁托马斯一家死于直升机坠毁一事的真相。

托马斯是美国服务集团创始人，是名亿万富翁。2010年2月14日，他和妻子、5岁女儿、小舅子乘坐由一名飞行员驾驶的直升机，从亚利桑那州返回凤凰城豪宅途中坠机，机上5人全遇难。事后警方取走了黑匣子，因黑匣子破损严重，近日才被完全修复并读出数据。

黑匣子里的录音显示，托马斯的女儿登机后非要坐副驾驶位置，托马斯只得将她抱到自己腿上坐着。但女儿并未安静下来。录音中托马斯好几次提醒女儿不要调皮。托马斯最后一句话是在女儿踢了飞机操作系统后狠狠批评她，随后就听到飞行员大喊"糟糕，操作系统失灵"，"飞机要坠毁了"，之后就再也没了声音。

【讨论】
1. 根据上面的美国亿万富翁托马斯的实例，对"子不教，父子过"你有什么看法？
2. 说一说，议一议：长辈对晚辈怎样严格管教？

溺爱晚辈或放纵晚辈，是长辈之大忌。其最大的恶果，是使晚辈失去了约束而放任自流，因此长辈对晚辈要负起管教之责。"子不教，父子过"，就是这个道理。

（1）对晚辈负责。对于晚辈，长辈要全面负责。它包括生活上要扶持，学习上要督促，工作上要指点。对晚辈不负责任的长辈，绝对是不称职的。长辈对晚辈负责，首先必须对其处处严格要求。发现晚辈的过失与不足，要及时指正，以便于防微杜渐。对于晚辈，切忌娇生惯养，百依百顺。在条件许可的情况下，要支持晚辈经受困难的考验，自己动手，自立自强，不要处处对其包办代替。

"骄纵是害，严厉是爱。"真正关心爱护晚辈的长辈，在管教自己的晚辈时，要予以支持和谅解。不要出面加以干涉，或是纵容晚辈与之对抗。

（2）多理解晚辈。对晚辈严格管教的同时，要注意摆事实，讲道理，坚持以理服人。不要动辄摆长辈的架子，随口训人、骂人，更不能体罚晚辈。要重视相互理解，不了解晚辈的所思所想，不让晚辈了解自己的一片善意，长辈对晚辈的管教容易让晚辈产生逆反心理。另外在人格上是平等的，要站在与对方完全平等的位置上公平讨论问题。最后还要懂得尊重晚辈，要让对方说话，并鼓励对方申诉己见。不要打骂对方、羞辱对方。

◆ 拓展与提高

（一）长辈和晚辈的称呼，你知道吗？

1. 爷爷的兄弟：随着爷爷称呼。一般按排行（根据你爷爷的年龄），大的可以称大爷爷、二爷爷。

爷爷的兄弟孩子：男的称为伯父、叔父，女的称姑姑。

爷爷的姐妹：称姑奶奶；爷爷姐妹的孩子：男的称表伯、表叔，女的称表姑。还可以按年龄分序。

2. 奶奶的兄弟：舅爷爷；奶奶的兄弟的孩子：表伯、表叔、表姑。奶奶的姐妹：姨奶奶。奶奶姐妹的孩子：表伯、表叔、表姑。

3. 爸爸的兄弟：比你父亲大的称为伯父，比你父亲小的叔父，爸爸兄弟的孩子：哥哥、姐姐。爸爸的姐妹：姑姑。姑姑的孩子：表哥、表弟、表姐、表妹。

4. 妈妈的兄弟：舅舅。舅舅的孩子：表哥、表弟、表姐、表妹。

妈妈的姐妹：姨妈。姨妈的孩子：表哥、表弟、表姐、表妹。

（二）下面关于孝敬长辈的典故，你能说出它们相关的成语吗？

杨香，晋朝人。十四岁时随父亲到田间割稻，忽然跑来一只猛虎，把父亲扑倒叼走，杨香手无寸铁，为救父亲，全然不顾自己的安危，急忙跳上前，用尽全身气力扼住猛虎的咽喉。猛虎终于放下父亲跑掉。——扼虎救父

黄庭坚，北宋分宁（今江西修水）人，著名诗人、书法家。虽身居高位，侍奉母亲却竭尽孝诚，每天晚上，都亲自为母亲洗涤溺器（便桶），没有一天忘记儿子应尽的职责。——涤亲溺器

仲由，字子路、季路，春秋时期鲁国人，孔子的弟子，性格直率勇敢，十分孝顺。早年家中贫穷，自己常常采野菜做饭食，却从百里之外负米回家侍奉双亲。——百里负米

闵损，孔子的弟子，生母死后父亲娶后妻，又生了两个儿子。继母经常虐待他，冬天只给他穿用芦花做的"棉衣"。父亲知闵损受到虐待后要休逐后妻。闵损跪求父亲饶恕继母，说："留下母亲只是我一个人受冷，休了母亲三个孩子都要挨冻。"父亲十分感动，就依了他。继母听说，悔恨知错，从此对待他如亲子。——芦衣顺母

◆ 实践训练

调查你身边的典型亲缘关系，写一份亲缘活动方案。

※ 社交礼仪

第二节 友缘

◆ 案例引入

【案例6-5】

马克思与恩格斯的伟大友谊

志同道合是友谊的坚实基础,1844年,马克思在巴黎期间,恩格斯拜访了他。两人在一起生活,倾心交谈,对一切重大问题的看法完全一致。这次会见为他们终生的战斗友谊和伟大合作奠定了基础。他们在政治风浪中团结战斗,在科学研究中相互切磋,在人生坎坷的道路上彼此激励,共同奋战了40个春秋。他们各自都为自己有志同道合的战友而自豪。恩格斯说:"马克思是和我相交40年的最好的、最亲密的朋友,他给我的教益是无法用语言表达的。"马克思说:"我们之间存在的友谊是何等的珍贵!"恩格斯为了使马克思有可能从事革命活动和理论研究,心甘情愿作出牺牲,从事自己最不愿干的"该死的生意",把挣来的钱负担马克思一家的生活。他们建立起了伟大的友谊,共同创造了伟大的马克思主义。正如列宁所说,的"古老的传说中有各种各样非常动人的友谊故事,后来的欧洲无产阶级可以说,它的科学时由两位学者和战友创造的。他们的关系超过了古人关于人类友谊的一切最动人的传说。"

【讨论】

看过"马克思与恩格斯的伟大友谊"的故事之后,你怎样理解友缘之间的关系?

在社会关系中,朋友是自主性较大、亲密性较强的一种关系。友缘关系是人与人彼此之间通过相互交往而产生的深厚友谊,为了保持良好的友缘关系,人们需要经常地保持联系,在与朋友交往过程中,要通过必要的礼仪规范,来维护和强化朋友间的友谊。现实生活中,一个人假如没有朋友,那么他的人际关系至少是不完整的。

在社会交往过程中,既要维护朋友友谊,也要不失礼节,这样做,不仅是尊重朋友,也是尊重自己。必须谨记:尊重朋友,永远都是做人的一种基本准则。当然在交往过程中,需要注意的问题往往会存在一定的差异。结交朋友时,应当遵守基本的礼仪规范。

◆ 跟我学礼仪

一、择友条件

朋友之间相互影响很大,故此结交朋友时应有所选择,"择其善者而从之"。古人在谈到朋友之间的相互影响时,曾经讲过:"近火烤人"、"气习相染,师不如友"。由此可见,滥交朋友绝非上策。在一般情况下,选择朋友应优先考虑下述几项条件。

1. 志同道合

"道不同,不相为谋。"说的是志不同、道不合的人,是很难和睦相处的。在选择朋友时,一定要把双方拥有共同的志趣、共同的政见列为首要条件。因为"唯有同心人,可与论金铁",若双方见解不同,"话不投机半句多",往往是难有牢不可破的友谊。

2. 品德高尚

选择朋友时,勿忘"近朱者赤、近墨者黑"。孔子曾说:"勿友不如己者。"与品德高尚的人交朋友,最大的好处是可以以对方为榜样,通过耳濡目染、取长补短来获得进步,并提高自己的道德修养。

3. 知心敢言

交友贵在知心,而且真正的朋友之间理当有话实说,知无不言,言无不尽,而不是心腹相隔、说话察言观色、报喜不报忧。鲁迅先生曾经深有感触地说:"人生得一知己足也,斯世当以同怀世视之。"

4. 忠诚可贵

朋友相交,贵在真诚。患难与共,风雨同舟,共渡难关,坚定不移,忠诚可靠。这一条也是验证一个人是否真正够朋友的重要标准。

◆ **小互动**

观察你身边的朋友,是否有交友不慎的案例,请分析?

二、坦诚相交

与别人一旦结交为友,即应坦诚相待,热情交往。对自己而言,要成为一名名副其实的朋友,在与朋友彼此相处的过程中,就应当妥善处理以下几方面的问题。

1. 互尊互助

对待朋友,首先是要尊重对方,体谅对方。"不责任所不及,不强人所难。"与此同时,还应当相互关心,相互爱护,相互帮助。别林斯基曾指出:"真正的朋友,不是把友谊挂在口头上,他们不是互相要求一点什么,而是彼此要为对方去做一点什么。"

对于朋友的尊重,要体现在与之相交的整个过程之中。而对于朋友的帮助,则应当主动热情。具体来说,在自己力所能及的范围之内,对朋友的帮助应当体现在工作、生活、学习等各个方面。

2. 彼此监督

真正的朋友,不仅要相互关爱,而且还要彼此监督。相对来说,做到后一点要难得多。尽管如此,还是要提倡对朋友直言不讳、敢于规劝、勇于督促,友谊要服从于真理。因为就一个人的成长而言,离开了批评监督,就难保不犯错误。朋友之间唯有"如切如磋,如琢如磨",才能共同提高。当然对朋友的批评监督,并非要求越俎代庖,过多地干涉对方的个人自由,还是应当讲究方式方法。

3. 患难与共

"路遥知马力,日久见人心。"结交朋友的目的,不应当是为了与对方同欢乐,而是应当能够

社交礼仪

与对方同风雨，共患难。所谓共患难是指一个人遇到困难或遭到不幸，就需要友谊的支持。

4. 交流信息

对于亲密无间的朋友而言，相互之间经常交流信息，则更是其彼此之间所应尽的一项义务。朋友之间交流信息，应当是有助于友人生活顺利，事业成功，不应该是家长里短、传播小道消息。

5. 与君同乐

对于自己得益于友人而取得成功，应该请对方与自己一道分享。

◆ **小互动**

美国哈佛大学人际学教授约翰·杜威曾说："人类本质中最殷切的需求是渴望被肯定。"即使你是一个很慷慨的人，天天请朋友吃饭，但总抱着骄傲自大的心态，估计你的朋友数量不会很多。

【讨论】用前面学到的知识，谈一谈自己对这句话的认识。

三、维持联系

朋友相交，贵在坚持。与别人做一天的朋友容易，做一生的朋友则有一定的难度。交朋友要想持之以恒，重要的一点，就是彼此之间需要保持联系。

一般而言，下面几种方法对维持朋友之间的联系有以下帮助。

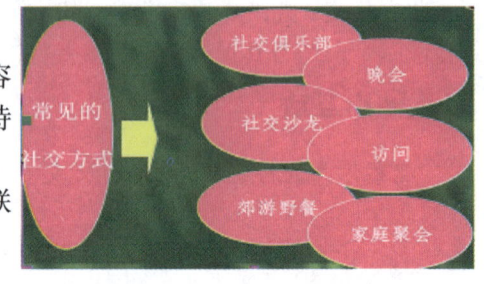

1. 相互走访

有条件的话，好朋友之间需要经常走动。朋友之间的走访，不一定非要有明确的目的性，见面、聊天都会对友谊大有促进。

2. 定期聚会

朋友之间，尤其是多名朋友之间，可以相互约定，利用节假日定期聚会。例如举办沙龙、一同郊游等等。

3. 善用媒介

在较长时间内难同朋友谋面的话，维持与对方联系的最好方式，就是根据具体需要，酌情利用各种媒介。例如上网QQ聊天、发短信、电子邮件、微信等等。

4. 托人致意

有些时候，还可以采用委托他人传递信息的方式。例如，转达问候、代传口信、转赠礼品等等。

◆ **拓展与提高**

1. 与朋友相处的礼仪：

（1）以尊重为前提。只有尊重他人才能赢得他人的尊重。尊重他人是一种高尚的美德，是个人内在修养的外在表现。尊重他人是一个人的政治思想修养好的表现，是顺利开展工作、建立良好社交关系的基石。

(2)用谦虚的态度接受赞美。谦虚是一种美德,是进取和成功的必要前提。

(3)有来有往。指对等行动,即你虚心请教他,他也会虚心请教你。

(4)讲究信誉。就是诚实信用原则,即要求当事人应讲信用,恪守诺言,诚实不欺。

2. 拒绝朋友的技巧:

(1)委婉地拒绝。在朋友求你办事的要求不符合原则时,要用幽默含蓄的话去回绝他,不要疑神疑鬼,大加批评,使两人的友谊之花凋谢。

(2)转换话题,说服朋友。在朋友有难时,我们是要帮助的,但不能意气用事.要用正当的手段来帮他解决问题,使他走出难关,而不违反自己的办事原则。

◆ 小互动

歌颂友情的名言,你还知道哪些?
1. 海内存知己,天涯若比邻 。——(唐)王勃
2. 布衣之交不可忘。——(唐)李延寿
3. 君有奇才我不贫。——(清)郑板桥
4. 万两黄金容易得,知心一个也难求 。——(清)曹雪芹
5. 换我心,为你心,始知相忆深。——(宋)顾夏

◆ 实践训练

【讨论】
通过礼仪的学习,谈一谈在你将来朋友的交往中应该怎么做?

第三节 地缘

◆ 案例引入

【案例6-7】
孟子小时候很贪玩,模仿性很强。他家原来住在坟地附近,他常常玩筑坟或学别人哭拜的游戏。母亲认为这样不好,就把家搬到集市附近,孟子又模仿别人做生意和杀猪的游戏。孟母认为这个环境也不好,就把家搬到学堂旁边。孟子就跟着学生们学习礼节和知识。孟母认为这才是孩子应该学习的,心里很高兴,就不再搬家了。这就是历史上著名的"孟母三迁"的故事。

【讨论】
"孟母三迁择居"之所以传为佳话,流传至今,就是因为蕴含着一定的育人哲理。说一说您对地缘的认识。

❋ 社交礼仪

【案例6-8】

六尺巷的故事

清康熙年间,张英在朝廷当文华殿大学士、礼部尚书。老家桐城的老宅与吴家为邻,两家府邸之间有个空地,供双方来往交通使用。后来邻居吴家建房,要占用这个通道,张家不同意,双方将官司打到县衙门。县官考虑纠纷双方都是官位显赫、名门望族,不敢轻易了断。

在这期间,张家人写了一封信,给在北京当大官的张英,要求张英出面,干涉此事。张英收到信件后,认为应该谦让邻里,给家里回信中写了四句话:

千里来书只为墙,
让他三尺又何妨?
万里长城今犹在,
不见当年秦始皇。

家人阅罢,明白其中意思,主动让出三尺空地。吴家见状,深受感动,也主动让出三尺房基地,这样就形成了一个6尺的巷。

【讨论】

说一说:怎样建立和谐的地缘关系?

在正常情况下,人们的活动与交往常常会受到地理条件、空间的限制,带有明显的地理特征。所谓地缘,也称地缘关系,主要是指邻里关系和同乡关系。地缘对一个人是相当重要的,尤其是人成长的早期。一个比较好的、积极向上的地缘,给人影响是巨大的。"孟母三迁"的典故就是很好的例证。因此掌握好地缘关系的礼仪,有利于建立自己良好的社交形象和人际关系网络。

◆ 跟我学礼仪

地缘关系是指人们因为地理条件而交往建立的相互联系。与其他关系相比,地缘关系的特点有两个:一是因其活动的地理条件、空间范围相同,所以有可能经常见面,而且不得不进行种种接触;二是具有地缘关系的人由于日常接触的机会甚多,因而彼此容易产生亲近感和依赖感。因此人们的地缘关系具体表现在邻里关系和同乡关系。可以说,每个人都难以回避这两种地缘关系。

一、邻里关系

在日常生活里,每个人都必须择地而居,因此与自己周围的居民形成一定的关系。邻里,又称邻居,它就是对这种关系的一种表述。严格的说,所谓邻里指的是住处相互接近,或处于同一区域之内的人家。

从社交礼仪方面来讲,处理邻里关系的三原则,主要包括相互了解、相互体谅、相互关心三个方面。

1. 相互了解

人们常说:"远亲不如近邻,近邻不如对门。"由此可见,由于邻里之间接触密切,来往甚多,处理好邻里关系是极其重要的。若是以邻为壑,拒绝与邻里发生联系,则是极为失当的。与邻里建立良好的关系,相互了解是前提,只有相互了解,才能相互交融,知根知底。但是与邻里之间相互了解,通常需注意以下问题:

(1)要主动接近邻居。只有主动、友善地接近邻里,才不会与世隔绝,才能相互了解。但是接近对方的方式,要因人而异,见面时主动问候,在对方干家务时援之以手,闲暇之时与对方聊聊家常,邀请对方做客等等,都是可取之处。

(2)要掌握基本情况。跟邻里打交道,有必要略知对方基本情况。只有掌握了对方的基本情况,才能更好的与之和睦相处。掌握邻里情况,一定要注意方式、讲究自愿,并提倡有来有往。想了解对方,就要对方先了解自己。碰上对方不愿意提及的事,则绝对不能"打破沙锅(纹)问到底"。在任何时候,都绝对不宜打探对方的隐私。

(3)要严守口风。关系密切的邻里,往往会倾诉衷肠,相互告知对方的隐私。对于邻里的信任,要严守口风,切勿将对方隐私视为笑话,随意扩散,更不能添油加醋、搬弄是非。

2. 相互体谅

与邻里相处,必须相互尊重、相互体谅。具体来说,跟邻里打交道时,一定要注意保持整洁、维持安静、管教孩子、财物分清。

保持清洁,就是在日常生活中,要经常为他人着想,将他人利益、集体利益放在首位。平时不要乱扔、乱倒、乱撒废弃之物,尤其不要"自扫门前雪",不要不顾公共区域的卫生。

维持安静就是注意外来的噪音,不要随意扰民。在常规的节假日和午间、晚间等例行的休息时间,尤其需要注意。

有时候邻里关系不佳,往往就是孩子引起的矛盾。因此要管教好自己的孩子,不要令其过分调皮滋事。遇到孩子争吵打架,成年人只宜管教自己的孩子,绝对不应护短,甚至直接介入孩子之间的争端。

分清财物就是邻里之间,要注意"亲是亲,经济分"。平时借钱借物,要有借有还,并且按时尽早归还。邻里之间不要势利,更不要斤斤计较。此外,也不要贪小便宜或动不动就跟邻里讨价还价、秋后算账。

❋ 社交礼仪

3. 相互关心

邻里之间，需要相互关心、互相爱护。只有真正做到了这一点，就会使邻里关系"更上一层楼"。在与邻里相互交往时，主要体现在两个方面。

（1）主动照顾。邻里之间互相照顾，本是责无旁贷的事。一方有难八方支援就是这个道理。古人有"百万买宅，千万买邻"之说，就是如此。由此可见，富有关爱之心的邻居是多么的难能可贵。另外，对邻里的照顾，不应是纸上谈兵，更重要的是身体力行，善于从点滴小事做起。

（2）热心帮助。在生活中，邻居难免会碰上难以应付的事情，在这种情况下，他人的鼎力相助，无疑是"雪中送炭"，定会情暖人心。要是大家都自私自利，莫管他人瓦上霜，生活将寸步难行。因此当邻里有困难，理当出手相助，绝对不能瞻前顾后、患得患失。总之，人求于我，要尽力相助。

◆ **小互动**

30年来赡养了6位孤寡老人

林秀贞是河北省衡水市枣强县王常乡南臣赞村农民，30年如一日，她克服了各种困难，像女儿一样赡养了6位孤寡老人。这位朴实的农村人，始终记得她母亲的朴素教诲：人人管闲事，世上没难事；人人都帮人，世上没穷人；千千治家——用一千分的力量来治理自己的家，万万治邻——用一万分力量来治理邻里关系。

【讨论】
从林秀贞30年来赡养6位孤寡老人的故事中得到哪些启示？议一议发展邻里关系的重要性。

二、同乡关系

同乡，又叫老乡，是指籍贯相同之人。同乡关系是地缘关系的一种。在人际交往中，同乡关系往往难以回避。从社交礼仪的角度上，处理同乡关系时，既要发展友谊，又要正常交往。

1. 发展乡谊

我国地域辽阔，出生于不同地区的人，其生活习惯、日常风俗往往不同。相对而言，同乡之人进行交往，由于出生地相似，文化背景相近，口音相同，往往彼此之间存在一种亲切之感。因此，双方非常容易建立联络并保持关系。

重视乡谊，首先要善待自己的同乡。对于早已是旧识的同乡，要保持联系，多多关怀。不要对不如自己的同乡置之不理。当自己需要与同乡联络时不可为人势利；对于初次交往的同乡或上门相认的同乡，亦须热情相待，主动关照。不要拒绝相认，尤其是不要对对方摆架子。

重在乡谊，就是同乡之间进行交往应酬，应当有个侧重点。一般情况下，必须将其重点放在建立乡谊、巩固乡谊之上，提倡交流信息、密切联系、相互帮助。但是同乡关系既然是建立在乡情基础之上，那么交往中心，就应当有意识的放在怀恋家乡、支援家乡、共建家乡之上。应当特别指出的是，同乡之间的交往也要讲究"君子之交淡如水，小人之交甘若醴"，反对带有明显的功利色彩，拉帮结派，大搞"地方主义"。

2. 正常交往

同处理其他方面的人际关系一样，更要妥善地处理自己的同乡关系，使之正常化，而不能以任何理由去为之搞特殊。一般而言，同乡之间的正常交往，要注意下面三点：

一是多接触交流。同乡之间争取多联络、多交往。在不打扰对方的前提下，要勤于走动、保持联系。与同乡进行接触交往，最忌讳的是临时抱佛脚，至于过河拆桥的做法，更是同乡相交之大忌。

二是善待他人。同乡相交，既要有宽厚之心，还要有容人的度量。在交往过程中，既要注重同乡之谊，更要讲究善待对方。对于初来乍到、条件尚差、身处逆境的同乡，应主动关心，积极爱护。帮助同乡不仅要讲力所能及，更要提倡尽力而为。另外对同乡最好的帮助是引导对方积极进取、奋发向上。

三是寻求合作。同乡之间的合作，主要是事业上的合作。在进行合作时，既要讲乡谊，也要讲利益，切勿强求硬逼。最好的办法是，因势利导，顺其自然，彼此情愿，各有所需。

◆ 小互动

下面这些与地缘有关或类似的名言和成语，结合实际生活，说一说自己的看法。

择邻而居，择善而从。

物以类聚，人以群居。

近朱者赤，近墨者黑。

出淤泥而不染，濯清涟而不妖。

◆ 拓展与提高

邻里相处有十忌：

一忌背后议论，猜疑嫉妒。　　二忌见面不语，互不理睬。
三忌见难不救，幸灾乐祸。　　四忌乱扔杂物，有碍卫生。
五忌大声吵闹，不顾影响。　　六忌谈笑逗趣，不讲分寸。
七忌经济往来，账目不清。　　八忌偏袒轻信，不教子女。
九忌得理不让，不听劝解。　　十忌恶语伤人，动手打架。

◆ 实践训练

以邻里互帮互助为主题，开展志愿者服务活动，写出活动方案。

※ 社交礼仪

第四节　业缘

◆ 案例引入

【案例6-9】
小林和小夏是一对好朋友，一次高考模拟考试，小林考得很不好，想让小夏给他辅导功课。小夏想：快要高考了，我给他补课，会不会影响自己呀？而且小林成绩一向和自己相当，给他补的话，他说不定会超过我。补不补呢？小夏的犹豫，小林看在眼里，很是伤心。两人三年的友情就这么慢慢淡了。从此，两个人动上了心眼儿。只要成绩超过对方，就眉飞色舞，很是高兴。而落后的人，不是想下次怎么去考好，而是想歪点子，发展到诬告对方考试作弊的地步。

【讨论】
想一想：两个人如果继续发展下去，同学之间的学业会受到怎样的影响？

◆ 跟我学礼仪

业缘是指人们由职业或行业的活动需要而结成的人际关系。在人们所面临的各种关系中，业缘既是人人所必须面对的，同时又是难于自行选择的。人们可以选择朋友、选择配偶，但难于选择同学或同事。考虑到这一点，处理业缘关系时更应该认真行事，正确面对客观现实。

对常人来说，一个人的事业大体分为两部分，一是学业，二是职业。业缘，实际上所涉及的主要就是人们在学业、职业方面所面对的各种关系。

一、学业

学业，在此是指人们在学校期间所从事的学习、研究、教学以及其他方面的活动。在完成学业期间，人们同样需要处理多种人际关系。正常情况下，其中最重要的是师生关系和同学关系。

1. 师生关系

师生关系，即教师与学生的关系。在学业关系中它是一种人人均需面对的基本关系。在此方面，对于教师、学生有不同的要求。

◆ 小互动

【案例6-10】

2008年5月12日下午,东汽中学高二(一)班的孩子正坐在教室里听谭千秋老师讲课。突然,所有人都感到桌椅在晃动,几秒之后,便天崩地裂。谭老师大喊:什么都不要拿,马上走,赶快走!当时有四个同学眼看着就逃不走了,谭老师就把他们往课桌底下塞,而他自己却张开双臂趴在课桌上,用身躯护住了课桌底下的4个孩子,在那一刻,教学楼突然塌了下来,整个楼板砸了下来……在5月13日23时50分,救护车来到汉旺镇,救援人员看到了谭老师趴在课桌上,弓下的身躯,展开了双手,摆出守护的姿势。他的后脑被砸得深深凹下去。在他的身躯下,救援人员救出了4个学生。他失去了他51岁的生命,而4个学生却存活了下来。

【讨论】

谭千秋的故事展示了教师什么样的师德灵魂?

教师是师生关系的核心基础,教师应具有优良的思想道德品质。如果我们把教师的业务能力比作一艘轮船,那么教师具备品德状况就是轮船上的指向标。"师者,传道授业解惑也"是教师敬业之本。"榜样的力量是无穷的。"这就要求教师为人师表,在学生面前仪表、举止、服饰、谈吐乃至待人接物都要严格要求自己,发挥良好的示范作用。

对学生而言,在处理师生关系时要铭记:

第一,尊敬师长。"一日为师,终身为父"是中华民族的传统美德。在从师学习时,言行举止,都要对教师表示尊重与敬意。

第二,发奋学习。尊敬师长,最重要的是尊重教师的劳动。上课时要集中精力,专心听讲;在课余,要勤于思考。

第三,要听从教诲。作为学生,要领会教师的教诲,从教师传授的知识中吸取营养,自己才能不断成长,对于老师的严格要求,切勿强词夺理、予以顶撞。

◆ 小互动

【案例6-11】

李宗仁尊师若父

李宗仁幼年的教师曾其新,驼背弯腰,人们戏称"曾背锅"。别看其形陋貌丑,李宗仁先生敬若父辈。因曾年老无依,长期随军,由李宗仁出钱奉养。李宗仁还在司令部驻地附近修建房屋,给老师静居。并派一名副官专门侍奉,每天李宗仁还要亲去问安。李宗仁的另一名姓朱的老师,也长期随李宗仁起居。李对其照顾无微不至。老河口的老百姓都说,在李将军身上,真正体现了"一日为师,终身为父"的师生之爱,得恩不忘报,实乃大丈夫。

【讨论】

我们应当怎样尊敬我们的老师?

2. 同学关系

同学，即在同一个学校学习，或者是师从于同一位教师的人。在现代人际关系中，同学关系是人人皆有的。

在求学之际，处理好同学之间的关系，不仅有助于学业完成，而且还有可能为日后的生活与事业提供种种便利。处理同学关系应注意以下四点：

一是和睦相处。学习期间同学们往往朝夕相处，同学们不仅一块学习，有时还要一块生活。这种情况下，一定妥善处理好同学关系。尊重同学，以礼相待，不伤害对方的自尊。这样就容易营造和睦的同学关系。

二是团结友爱。对出门在外，远离家人的学生，一定要谦虚谨慎、戒骄戒躁、保持风度。与此同时，还要主动积极关心同学、团结同学，不要无事生非、破坏团结。尤其不允许在同学之中搞小帮派，或辱骂同学。

三是热爱集体。学生生活，在很大程度上来说是一种集体生活。对于集体，要关心、爱护、支持，并且要培养团队意识，学会与人合作，坚持个人服从集体的原则。

四是共同进步。与同学相处要相互鼓励，公平竞争、刻苦学习、共同提高。不论学习和生活都要彼此支持、携手并进。

◆ **小互动**

【案例6－12】
云南省高级法院经复核认为，马××无视国家法律，因不能正确处理人际关系，为琐事与同学积怨，即产生报复杀人的恶念，并经周密策划和准备，先后将四名同学残忍地杀害，主观上具有非法剥夺他人生命的故意，客观上实施了非法剥夺他人生命的行为，已构成故意杀人罪。在整个犯罪过程中，马××杀人犯意坚决，作案手段残忍；杀人后藏匿被害人尸体并畏罪潜逃，犯罪行为社会危害极大，情节特别恶劣，后果特别严重，应依法严惩。辩护人关于马××认罪态度好，有悔罪表现的辩护意见虽然符合事实，但马××罪行极其严重，对其不予从轻处罚。一审判决定罪准确，量刑适当，审判程序合法。遂做出裁定，核准昆明市中级人民法院以故意杀人罪判处马××死刑，剥夺政治权利终身的刑事判决。

【讨论】
马××事件说明了什么？说一说如何处理同学之间发生的矛盾？

二、职业

在现实生活中，每个人都有各自相对的职业。在自己的工作岗位上，人们必须应付各种各样的人际关系。因工作而形成的人际关系，既是客观存在的，又是无法选择的。

人们因职业而形成的人际关系，大致可以划分为两类：同事关系和同行关系。不论处理同事关系还是同行关系，均有其规定的礼仪规范可依。

1. 同事关系

同事关系是指在同一单位或同一部门里工作所形成的特殊人际关系。处理同事关系的基本要求是：积极合作，平等相待。具体而言，由于职位、身份的差异，同事关系可分为上级、下级、平级之间的关系。在处理同事关系时，应当遵循以下礼仪规范。

(1)上级。在工作岗位上担负了一定的领导职务，对于处理自己与部下的相互关系必须遵守以下五条：

第一，树立威信。在工作岗位上，任何一位称职的领导者，都必须令行禁止。在部下面前树立权威，主要依靠自己的工作能力和领导艺术，才能在部下心目中建立足够的威信，而不能凭对部下的冷、硬、卡、压。

第二，以身作则。任何一个单位，只有领导者恪尽职守、廉洁奉公，在工作中身先士卒、言出必行、言行一致，在部下面前才会受到拥戴。

第三，办事公正。领导者不能以权谋私、假公济私；不能以我画线、亲疏有别。只有这样，才能赢得部下的信赖。

第四，以礼相待。在职务上，只是分工不同。在人格尊严上，上下级都是平等的。尊重下级，永远都是上级的一种美德。不论在何种情况下，都不要忘记对部下以礼相待，尤其是尊重部下的人格，重视部下的建议。

第五，关怀备至。关怀部下有三点作用：可为其排忧解难、可调动积极性、可与其进行情感沟通。领导对下级的关心，要重在行动，重点放在支持部下、保护部下、体贴部下等方面。

(2)下级。在工作岗位上，按分工必须服从于上级。在处理上下级关系时，下级应注意以下四个问题：

第一，尊重领导。是对下级在处理上下级关系时所提出的基本要求。要对领导有礼貌，不要在背后议论对方，或者当面乱开玩笑。尤其指出：在工作中表现得跟领导"不分彼此"是不合适的。

第二，服从领导。就是下级服从上级，在实际工作中，服从领导、听从指挥、加强执行力，是天经地义的。对于工作中的不同意见，可以以适当的方式向上反映，或加以保留，但不应将其作为拒绝服从领导的一个借口。

第三，支持领导。身为下属，服从领导，既是为了尊重领导，也是为了更好地开展工作。从某种意义上说，支持领导既是下属的一项义务，也是服从领导的具体表现。要支持领导，重在表里如一，自觉配合对方工作，切忌阳奉阴违，口是心非。

(3)平级。在工作岗位上，同自己职位、级别相似的同事，和自己在客观上构成了一种平级的关系。处理平级关系时要注意下列四个问题：

第一，密切合作。现代社会中，要想取得成功，必须要有团队合作精神。具体工作中，平级之间，既要分工，更要合作。只有大家团结一致共同协作，才能维护本单位的共同利益。

第二，积极交谈。与平级之间的合作，首先有赖于双方的信赖和积极交流。假如双方之间"老死不相往来"，则很难有成功的合作。平级之间的交流，应当有来有往，双向沟通。与此同时，交流还要持之以恒，才能完成本职工作。

第三，热忱关心。对于平级关系的同事，在工作、生活上还要给与热忱关心。既要讲事业，又要重友情。因此彼此之间要重义轻利，彼此体贴。

第四，宽大为怀。在平级之间，不存在服从与被服从的关系，只存在合作的关系。这样一来，难免有些分歧，甚至会发生矛盾。遇到这种情况，要以工作为重，而不去争辩谁是谁非。不要在工作中心胸狭窄、勾心斗角。

2. 同行关系

同行关系，通常是指因为属于同一行业，或者是在不同的单位里从事相同的工作而形成的一种人际关系。尊重同行，是一种教养。处理同行关系的主旨是：密切配合，公平竞争，共同发展。一般情况下，同行关系具体分为伙伴关系与对手关系，社交礼仪对于二者分别有所规范。

（1）伙伴关系。是同行之间的关系，往往是一种合作关系。处理伙伴关系时要注意以下几点：

第一，讲究信誉。对于任何一个单位来讲，信誉都应被视为其立身之本。与合作伙伴打交道，尤其注意这一点。具体来说，就是平时说话要算数，不要滥开空头支票、自毁信誉。还要对于双方已有的合同、协议要认真遵守，绝对不能以任何借口毁约、违约。

第二，利益共享。任何单位之间的合作，都必须具有坚实的物质基础，要使合作双方都看到利益，并真正获得利益。不然的话合作就难以成功。与合作伙伴相交，不仅提倡患难与共，而且要讲究有福同享、彼此双赢。

第三，互通有无。与合作伙伴打交道，首先应当视之为友，切莫将其当作敌人。因为合作伙伴实质上是一种朋友关系，要相互支持，取长补短，共同提高。

第四，互谅互让。在合作伙伴之间，其中不免有着共同利益，但这并不意味着不存在各自的独特利益。既然存在独特利益，就难免产生摩擦、出现矛盾。要认识这是一种正常现象。因为在其出现时，要予以谅解、求同存异，不必大惊小怪。坚持"礼之用，和为贵"。对伙伴多加谦让，不要各执一端、互不相让，甚至得寸进尺。

（2）对手关系。同行之间的关系，在许多情况下，又表现为竞争关系。对手关系就是这种具有竞争关系的同行关系。处理对手关系，不能搞简单的敌对模式，重点要注意以下三点：

第一，合法竞争。合法竞争是促进事业发展的一种方式，它是指为了赢得或维护自己的利益而遵守的游戏规则，同自己的对立面进行公平竞争。由此可见，竞争从本质上讲，是一种"有法可依"的和平比赛。因此，参加竞争，既要尽一切可能争取战胜对手，又要认认真真、老老实实地遵守规则，合乎法律。为了在竞争中战胜对手，无法无天、不择手段，绝对是不可取的。

第二，共同发展。也就是说竞争双方通过竞争各取所需、各有所得、共同发展。企图通过竞争置人于死地，非要使竞争出现"你死我活"的结局，从策略上讲是错误的，从实践上讲是有害的。要想与对手建立良好关系，就必须立足于双方共同发展。

第三，礼让对手。世界的万事万物都是发展的、变化的，同行之间的对手关系自然也是如此。从一定意义上讲，同行之间的伙伴关系与对手关系都是相对的，而不是绝对的。伙伴关系有时可能变为对手关系，对手关系有时也会变为伙伴关系。话不能说死，事不能做绝，利不能谋尽，要把对手依旧当作朋友看待，始终勿忘以礼相待。

◆ 小互动

议一议：
1. "同行是冤家"，谈谈你对同行竞争关系的认识。
2. 尊敬领导就是溜须拍马吗？

三、提高自己的交际能力

建立良好的人际交往关系是一门艺术，人们只有不断地学习和实践，克服各种不正确的认知，知礼节，懂礼貌，讲礼仪，才能在尊重别人的基础上，得到别人对你的尊重和友好；才能形成和谐、良好、积极向上的人际交往关系。

1. 人际交往需要选择一定的目标

有人提出"为目标而交往"的概念，此言一出，就有人认为"为目标而交往，是否太势利"，针对这一提问，回答是："人类的活动，都是一种有目标的活动，人际交往也是一种活动，它应该有目标社会性行为。"

我们不妨设想，有这么一个人，他既不能与你信息共享、情感沟通，也不能与你相依相助，你会与他交朋友吗？恐怕不会。可见，交往还是有选择的，选择就是一种目标的体现，拒绝目标，也就是拒绝交往。

2. 人际交往需要采取一定的谋略

谋略，是一个合成词。"谋"的含义是"产生主意"、"商议"、"谋划"之意，而"略"是指策略、技巧。因此，谋略就是运用知识、智慧进行思考运筹，并形成策略。

首先，任何人交往都会有一个自己的标准，以确定自己交什么样的朋友。

茫茫人海、芸芸众生，不是遇见的每一个人都能成为朋友，交友是有选择的——兴趣、爱好、追求、价值观等，都是交友的尺码。

其次，怎样交朋友，是有策略和技巧的。有的人善于交朋友，所以家里经常高朋满座，有的人不善于交朋友，所以经常形单影只。

最后，要处理好交往中的各种关系，也必须拥有谋略。在交往中，会有各种关系存在：如情感关系、利益关系、时间关系、地位关系、亲疏关系等等，难免会出现差错或不平衡，处理不好，就会出现关系障碍，使人际关系破裂。

3. 人际交往需要选择相应的对象

人际关系网络应该由哪些人组成呢？不同的人组成的人际关系网络，其产生的能量大小也是不同的。设想一下，知心或亲密的朋友和一大帮酒肉朋友，或者是由那些因为你有权势而依附你，而你失意时就会离你而去的人组成的人际关系网络，哪一个对你更有帮助呢？所以我们一定要选择好社交对象，择人而交。

好的朋友会影响你一生，坏的朋友也会影响你一生。朋友有很多，建立一个令你满意并受益终生的人际关系网络，无疑具有巨大意义的。

按照你的朋友与你关系的密切程度分，有知己型、亲密型、一般型。

知己型。知己，顾名思义，是相互之间最了解、最知心。最亲密的朋友，又称为知心或知音。知己型朋友是与你心灵距离最近、关系最密切的朋友。

古今中外，有关知己型朋友之间深厚友谊的例子太多太多。朋友好找，知己难寻，人生能有一两个知己，也是最幸福的事了。知己型朋友在你的朋友圈中应该是数量最少的。

亲密型。亲密型朋友与你之间的关系其密切程度仅次于知己型朋友。亲密型朋友又可称为密友或挚友。亲密型朋友与知己型朋友之间只是一步之遥，因此，也是最容易成为你的知己之交的朋友，亲密型朋友与你交往的频率可能是最多的，他(她)对你的影响也是深刻而巨大的。

美国著名心理学教授保罗·H·赖特说，在亲密的友谊中，生活是密切的，犹如在婚姻中一样。他还说，亲密的好友"会在一起度过闲暇时光，你对他的一切都感兴趣"。

一般型。也就是与你关系一般的朋友，你的大多数朋友应属于此种类型。

一般型的朋友在你的生活中的作用不可忽视，他们虽然没有知己型朋友和亲密型朋友那样与你关系密切，影响那样深刻，但是一般型朋友是你人际关系网络中一个不可或缺的组成部分，随着时间的推移，交往的日益密切，其中有一些人就会成为你的密友，乃至知己。你有很多的事情是靠众多的一般型朋友的帮助才得以完成的。有目的、有步骤地维持并升格与现有的一般型朋友之间的友谊，并且有计划地扩大你的一般型朋友数量，增加新的朋友，应该是你社交活动中的一项重要内容。

熟人，在你的朋友圈中是一个特殊的类型，熟人这个概念有着广泛的内涵和外延。在日常生活中，你会经常听到或者说出这样的话，"我有一个熟人在某某部或某某单位"，"某某是我的熟人"等等。熟人有可能是与你关系非常密切的朋友，也可能是与你关系一般的朋友，他(她)有可能是你的亲戚，或者是你朋友的朋友，或者有时候仅仅是一个你所认识的人。因此，按照与你关系密切的程度进行划分，熟人很难归于某一类，而只能是一个特殊的概念，但是熟人也是你的人际关系网络中一个重要的组成部分。

4. 人际交往中的一般要求

(1)襟怀坦荡，笑对人生。处事乐观向上，积极主动地与人交往，在交往中发展自己，完善自己。

(2)满怀热情，富有感染力。使周围的人能够从你身上感受到青春的活力气息，受到启发和鼓励。

(3)心存感恩，以诚相待。以感恩的心来对待所有曾扶持过你的朋友们，慢慢地，你会发现自己的人际关系愈加牢固。

(4)注重仪表，落落大方。在人际交往中，第一印象非常重要。影响这一印象的主要因素是人的相貌衣着、表情及举止。仪表包括身材、容貌、姿态、神情以及服饰等多方面。

(5)正确评价、知己知彼。不时地提醒自己，成功的人际交往不需要特别的才智，既不神秘，也并非凭运气，而是靠那些有自信，相信自己一定成功的人执着、不懈的努力。缺乏自信，过低评价自己，会打击甚至会压垮你的自信心。当然，过高估计自己，过低估计别人，则会使你盲目自信，决策失误，在交往中，彼此消除压抑感，保持双方心理上的平等。

(6)真心赞美，激励对方。要以称赞来取代嫉妒之心，确实需要很大的勇气。无论认识或不认识，只要是能给予我们帮助或启发，就应诚挚地面带微笑地跟他们说声谢谢，养成习惯后，将对你的事业前途大有裨益。

四、与不同性格的人相处的礼仪

世界没有完全相同的两片树叶，在现实生活中，每个人都会遇到各种性格不同的人，由于每个人的性格不同,在待人接物方面的差异也很大。那么我们怎样与之相处呢?

首先要承认差别,世界上的事本来就千差万别,认识到了这一点,我们看到不同性格的人,就不会强求别人处处和自己一样,就能容忍相互性格上的差别。

性格的形成跟他的生活时代、家庭环境、所受教育和经历、遭遇等有关,理解他、体谅他、帮助他、增进了解,也能成为朋友。

两种性格不同的人在一起工作或学习、生活,要注意多发现对方的优点,取长补短,求同存异,发现对方的缺点,应委婉地指出。互相学习,和睦相处。世界上尽善尽美的事物是没有的。

与不同性格的人相处,胸怀应该宽,"宰相肚里能撑船",提倡宽容,但要讲原则,生活、工作上非原则的小事不必斤斤计较,应互相尊重,枝微末节小事能容得下。

还要讲求不同的方式方法,俗话说,一把钥匙开一把锁,但不是逢场作戏,世故圆滑,玩世不恭,而是指对不同性格的人要看到对方的特点,根据这些特点采取因人而异的恰当态度。

1. 忍耐的艺术

忍耐是一种美德,是一种难掌握的成功要素,它包含着至深的哲理,而且行之有效。忍耐在生活中有三大劲敌:一是灰心,二是沮丧,三是不冷静。

灰心,是内心的自卑自弃,是信心脆弱易折的表现。爱迪生的一项研究试验了一千次而尚未成功,有人问他是否值得,他回答说:"为什么不值得?至少现在我知道了有一千种方法是无效的!"这是何等的胸襟和气魄!不患得患失,不拘泥于成败,只把精力集中于事物的本身。一位哲学家说得好:所谓天才,不过就是极其耐心的人而已。

沮丧是一种精神的失调,容易使人失去自制,是忍耐的大敌。当你感觉沮丧之火开始在心里燃烧的时候,要想到丘吉尔的一句话,他对一位暴跳如雷的将军说:"你不能控制感情,而让感情控制了你!"人是需要控制自己的,沮丧就是自我情绪失控。瑞士精神病学家杜布瓦的"文字治疗法"对控制情绪很有帮助,这种方法是高声朗读,或在心里思索"肃穆"、"宁静"一类字眼,使因沮丧而来的冲动能逐渐平息。

不冷静表明方寸自乱,往往临事慌张,小题大作。

"人生失意常有八九",学会忍耐,战胜失意,不仅可以自己体会忍耐对生活的价值,还可以观察对别人生活的作用。总之,日出日落,潮涨潮汐,亦有一定的耐心,记住个人成功的要诀:"百忍成金。"

2. 摆脱窘迫的艺术

华盛顿大学的社会学家爱德华·格罗斯指出:"人们在公开场合被羞辱,感情受到伤害时,我们中的大多数人会十分愤怒,表现得张口结舌或者满脸羞红。我们可以有另一种比较聪明的解决办法:保持沉默,或者设法改变你的处境。"

当然,摆脱窘迫的处境,要依情形而定,如果是上司在你的同事面前三番五次地责备你时,可以心平气和地严正指出:"我们是否可以私下谈谈这个问题?"

如果伤害你的是亲密朋友或配偶,可以坦率地对其说明,自己觉得尴尬、为难甚至是痛苦的,远比用同样的方法去回击对方好得多,如果这人继续不分场合地使你窘迫不堪,可以明确地对他指出:"我觉得以后很难再信赖你。"

如果有人故意羞辱你时,可以采用比较激烈的方法,有时必须使这种羞辱立即停下来,可说:"你已经没法使我再难堪了,你不介意告诉我这都是为了什么缘故吧?"或者说:"你似

❋ 社交礼仪

乎心烦意乱,是不是我有什么事使你不高兴?"

无论怎么做,避免动怒、发火,如果失去了泰然自若的态度,只能使对方占上风,使别人对你产生不满情绪。当你身陷窘境时,一句幽默的话,不仅可以使你化险为夷,而且还会体现出自己处乱不惊,临危不惧的姿态,从而给对方以震慑。相当多的时候,最好的办法是靠急中生智和幽默感。

◆ 小互动

【案例6-13】

爱德华·格罗斯曾讲了一个典型的故事:两位作家之间的交锋。一位刚写完一本书,正沉浸在人们的赞美声中,另一位对她有些妒忌,不顾别人的劝说跑去和她说:"我喜欢你这本书,是谁替你写的?"她回敬道:"我很高兴你喜欢,是谁替你读的?"这种回击的方法,既柔中带刚,又不失风度。

【思考】

从这个案例中,您获得哪些与人交往的启示?

◆ 实践训练

1. 你每天见了老师、同学、同事、邻居等等你是怎样主动问好、表示致意的?

模拟要求:

(1)分组。五人一组,选出记录员、组长。每两个组负责一个方面的讨论。

(2)记录。各组对讨论结果进行记录。

(3)发言。在规定时间内发言,时间未用完,可由小组其他成员补充。

2. 在实际生活中与同学、同事共同工作时,你采取的工作态度是什么?

◆ 综合实践训练

一、情景剧现场表演:

1. 以小短剧的形式,展现课堂上各种不尊敬老师的现象,以及同学之间交往存在的问题。

2. 以电影播放的形式,介绍在职业活动中各种交往情况,展现以后在职业活动中与人交往注意的问题。

二、通过本章应酬礼仪的学习,说说下面中国俗语代表了亲情文化的哪一方面?

1. "一笔难写两个姓"——

2. "夫贵妻荣"——

3. "老乡见老乡,两眼泪汪汪"——

4. "一日为师,终生为父"——

5. "一面三分情"——

第七章　应聘礼仪

面对当前严峻的就业形势，就业压力日加凸显。怎样找到一份称心如意的工作？成为困扰求职者的重大问题。求职者除了要具备良好的专业素养外，掌握一些应聘礼仪惯例和技巧是非常必要的，有时这些礼仪形式甚至会起到举足轻重的作用。

第一节　应聘准备工作

◆案例引入

【案例7-1】
某大型上市企业招聘技术人员，由于待遇优厚，应聘者如云。某高校毕业生李云同学前往面试。只见她挽着同宿舍的张某袅袅婷婷地步入面试大厅，进门前她又掏出化妆盒补了一下妆。进入面试大厅后，主考官问她有什么特长，她说她在学校是文艺部长，有能力组织各种文艺活动，说着将她想给主考官看的资料从包里拿出来，在包里翻了半天，好不容易找到了，结果拿出来的时候将她的化妆品也带出来了，撒了一地。

【讨论】
(1) 李云同学在面试前准备有哪些不足？
(2) 假如是你在求职应聘，在应聘之前你该准备些什么？

对于一个求职者，无论你是刚从学校毕业的新人，还是准备谋取新职的人，都必须面临求职面试这一关。每位求职者都希望在面试时给考官一个好印象，从而增大被聘用的可能性。所以，我们在去应聘面试之前首先要了解一些必要的礼节，是非常重要的。可以说，这是应聘者迈向成功的第一步。

社交礼仪

◆跟我学礼仪

一、应聘前做好心理准备

谁都希望在面试时留给主考官一个优良而深刻的印象，以增加录取的可能性。因此先了解主考官在主持面谈时的心理状况和注意点，对应聘者而言是非常重要的。

1. 抓住主考官的心理

"知己知彼，百战不殆"。在应聘面试中，实际上也是供需双方心理上的较量。因此，适当学习些心理学知识，掌握面试考官的基本心理特征，有准备、有针对性地参加面试，对提高应聘的成功率是大有好处的。考官对非言语信息的关注不仅是指应聘者的穿着打扮，而更强调的是求职者在应聘时的眼睛、面部表情。有研究表明，那些善于用眼睛、面部表情，甚至简单的小动作来表现自己情绪的应聘者的成功率，远高于那些目不斜视、笑不露齿的人。由此可见，了解考官的心态还是有很大的作用的。

2. 应聘者自身心理准备

在应聘之前，明智的应聘者应该试着挖掘自己潜在的力量，用积极的心态来消除负面心理的影响，满怀信心地在未来的面试中一展自己的风采。但在面试的特定情景中，多数的面试者，是一半醒，一半醉，经常是面试远未开始，多数的应聘者就已进入这种沉闷的自我混乱状态之中了。因此，应聘面试前，应聘者心理准备可以包括以下几个方面：

（1）应聘者要认识自己。了解自己的长处、兴趣、人生目标、就业倾向等。

（2）排除不良情绪的影响。掌握自我调节情绪的方法，能及时从消极情绪中解脱出来，促使有害情绪无害化。

（3）主动找师长请教。一个人的视野、思维、控制能力是有限的，对自我的审视也带有主观色彩，一旦出现心理失调的情况，单靠个人的力量和智慧不一定能全部解决，这时获得他人的帮助和指导是十分必要的。主动找师长求教就是一条有效途径。

（4）客观地评价自我。自我是独立的、客观存在的实体。对这样一个客观存在的实体，要做出客观的评价并不容易，应聘者往往容易出现走极端现象，要么自负，要么自卑。自负与自卑都是由于不能客观地评价自我而引发出来的畸形心态，需要尽快地摆脱。要知道，在现实生活中，"人无完人，金无足赤"，每个人都有不可避免的弱点，也有别人没有的长处，对自己要进行全面、正确的分析，弄清自己的长处和不足之处，适宜到什么单位什么岗位工作。只有实事求是、扬长避短，才能使自己的特长得到发挥。

（5）增强心理承受能力。"自古英雄多磨难"。应聘者经历的大多数是顺境，对困境的体验不多，也不深，遇到困难时很容易被摧垮。所以，应聘者应正确面对现实，主动克服困难，选择坚强，在逆境中增强对挫折的心理承受能力。

（6）适应社会需要。应聘者应该看到，我们还是发展中国家，经济还比较落后，仍需发扬艰苦奋斗的精神去创业。边远地区、艰苦行业、基层和生产第一线等条件艰苦的地方需要大量的人才。我们应对这一现实有清醒的认识，应在心理上做好充分的准备。

（7）正确对待挫折。对待和处理挫折的态度方法不同，产生的影响和效果也迥然不同。有的人在挫折中徘徊、沉沦；有的人在挫折中奋发、崛起。对于挫折，不在于挫折本身，而在于如何认识它、对待它。有了强烈的自信心、乐观开朗的性格、顽强的意志和优良的心理素质，应聘者才能够经得起失败和痛苦的考验，战胜挫折。

(8)转换角色。走向新职业工作的背后,是人生的一个关键转折点,应聘者的社会角色将发生较大变化。例如,在就业以前,社会角色是学生,社会就会以学生的要求来衡量和评价其所作所为。而就业以后,社会角色就是种种社会职业人员,社会便会以职业人员的行为规范和要求去衡量和评价他们。

◆ 小互动

【案例7-2】

李某是一名应届大学毕业生,在校4年,自觉学有所成,然而却在求职上处处碰壁。他看中的单位,人家却看不中他;单位看中他的,他却看不中人家。还有一个月就要毕业了,他还未与一家单位签约。时下,他处在焦虑、忧郁、自卑、不满、无法决断的状态,内心十分矛盾、痛苦。他该怎么办?

【讨论】

1. 思考一下,面对案例中的李某的问题,假如是你自己,如何准备?
2. 小李为什么如此苦恼?

二、准备好应聘材料

在择业竞争中,决定胜败的因素很多,其中求职前充分的资料准备是非常重要的一步。应聘求职资料是求职者综合实力、综合素质最具说服力的证明。应聘求职材料是"通往面试的护照",因此,每个同学都要秉持诚信原则,精心打造自己的这本"护照"。准备材料主要包括以下内容:

1. 个人简历

个人简历设计各不相同,从要求上讲,以简单明了为好。主要内容应有:本人自然情况,包括姓名、性别、出生年月、民族、政治面貌、籍贯、毕业学校、系别、主修专业、辅修专业、学历、学位、外语水平、计算机水平、毕业时间、身体状况、特长等;主要经历(从高中写起);从事的社会工作、组织的活动、担任的职务;社会实践和生产实习;受奖励情况及取得的成绩等。表格上方要贴上一张一寸近照。

社交礼仪

◆ 小互动

请填写下表：

个 人 简 历

应聘职务：_____

姓名		性别		出生年月		照片
民族		政治面貌		身高		
学制		学历		户籍		
专业		毕业学校				
技能、特长或爱好							
外语等级				计算机		
个 人 履 历						
时　间		单　位			经　历	
联 系 方 式						
通讯地址				联系电话		
E - mail				邮　编		
自 我 评 价						

2. 自荐信或求职信

自荐信是指求职者写给招聘单位的毛遂自荐的信函。其内容包括一下几个方面：

（1）写明用人信息的来源及自己所希望从事的工作岗位，否则，用人单位将无法回答。

（2）愿望动机。这是求职信的核心内容，说明自己要求竞争所期望的职业的理由和今后目标。

（3）所学专业与特长。将自己所学的重要专业写入，对自己熟悉的、有兴趣的，特别是与期望单位所需人才职业关系紧密的，可多写一些。

（4）兴趣和特长要写得具体真实。

◆ 小互动

阅读下文，写一篇自荐信。

【自荐信范文】

尊敬的××领导：

您好！

首先感谢您能抽出宝贵的时间来看我的求职信，我将感到无比的荣幸！

我是××××大学×××专业20××届的应届毕业生。我喜爱××这份职业并为其投入了很高的精力和热情。

在四年的大学生活中，我勤奋刻苦，力求向上，努力学习基础与专业知识，课余时间积极的去拓宽自己的知识，并积极参加学××的各种体育活动。尤其热爱运动和自身的锻炼。作为即将要跨出校门，迈向社会的大学生，我以满腔的热情与信心去迎接这一切。

我知道当今社会需要高质量的复合型人才，因此我时刻注意自身的全面提高，建立合理的知识结构。在学习专业知识的同时，我也努力学习课外知识，提高自身综合素质。四年大学生活的学习和锻炼，给我仅是初步的经验积累，对于迈向社会远远不够的，但所谓士为知己者死，我相信自己的饱满的工作热情以及认真好学的态度完全可以弥补暂时的不足。因此，面对过去，我无怨无悔，来到这里是一种明智的选择；面对现在，我努力拼搏；面对将来，我期待更多的挑战。战胜困难，抓住每一个机遇，相信自己一定会演绎出精彩的一幕。

希望通过我的这封自荐信，能使您对我有一个更全面深入的了解，我愿意以极大的热情与责任心投入到贵公司的发展建设中去。您的选择是我的期望。给我一次机会还您一份惊喜。期待您的回复。

最后祝贵公司的事业蒸蒸日上——稳步发展！

此致

敬礼

自荐人：

3. 毕业生就业推荐表

这个表格是学校统一填写制作的，其中包括：学生基本情况、简历、自我介绍、学校对毕业生评价及意见等基本内容。

社交礼仪

◆ 小互动

阅读下表，根据自己情况，制作填写一份毕业生就业推荐表。

毕业生就业推荐表样表

姓　名	张三	性　别	男	贴照片处 蓝底2寸
出生年月	1991年1月	民　族	汉	
政治面貌	××	健康状况	良好	
学　历	大学本科	生源地区	广东广州	
入学时间	2010年9月	修业年限	四年	
通讯地址	（家庭常住地址）			
联系电话	（自己手机以及家里联系电话） 15000000000/020-81000000	邮政编码	（家里邮编）	
在校期间 参加社会 工作情况	单位实习、兼职、学生社团工作、志愿者等（与就业意向相关的更佳，按时间先后排序，必须不能空，每人都必须要写，至少也要写到两三行）一定要对齐 例如： 2011.6-2012.6 在华南理工大学广州学院管理学院学生会担任××部长工作一职 2011.6-2012.6 在华南理工大学广州学院校学生会担任××部长工作一职 2011.6-2012.6 在华南理工大学广州学院学生社团××协会担任××部长工作一职			
在校期间 奖惩情况	按奖项级别高低写，请如实填写 例如： 2011.6-2012.6 获得国家××奖 2010.6-2012.6 连续三年获得××奖 2010.6-2012.6 获得××比赛××奖			
有　何 特　长	擅长×××（跑步、唱歌……） （或者其他体育方面、艺术方面、电脑方面等等）	外　语 水　平	通过英语四（六）级，听说读写能力×××未过的:具备英语的基本听说读写能力（大致是这样，还可以自由增加些许）	

个 人 简 历	自何时起至何时止	在何处学习（工作）	担任何职务
	2010.9-2014.6	××	×××××
	2007.9-2010.6	高中（复读的自行顺接填写）	无
		（填写到高中即可）	
		（时间一定要连贯，如多次复读的可以不填）	（如无职务的填"无"）

续表

自我鉴定：	
（毕业生自我鉴定是毕业生对自己在校期间的政治思想，道德品行、专业学习、课外活动、社会实践等方面，全面如实的自我总结。要求内容真实充实，至少400－500字） （开头要有个过渡）光阴似箭日月如梭，四年的大学生活即将结束…… （思想品德方面）（如是党员、入党积极分子可在此体现出来）思想积极上进，关心国家大事，时刻关注实时动态…… （专业学习）学习态度端正，有明确的学习目的，刻苦认真学习课程理论知识、专业知识，并取得优良（良好）的成绩（成绩一般的就不要写成绩了），在20××－20××年度综合测评排名××，获得了×××（三好学生）…… （课外活动）…… （社会实践方面）于××××年在××××担任××××（职务），做了×××工作，学到了××××；××××年参加×××比赛，并且获得了××奖项，××××年暑期在×××企业实习工作，主要做×××××，学会了×××××，在实践中结合了课程专业知识，提高了…… （结尾要有对以后的展望）通过大学四年的学习、生活和社会实践，自己的×××方面得到了提高，将以×××态度来对待以后的工作，在现有的基础上更加努力…… （自我鉴定的大体内容可以这样写，也可以自由选择写作格式了，但请密切结合自身的大学生活来展开，可以充分展现自我，最好存档一份电子版的，以后还有用） 本人签名： 2013 年 10 月 25 日	

本人求职意愿	
院系推荐意见	（100－150字，但尽可能写满一点，从德、智、体、美、能方面写，草稿先自己写，填原件时必须找其他字迹漂亮的同学写，记得一定要写"同意推荐就业"） 　　某某同学在校期间，思想×××（于20××年成为中共党员）……，学习态度端正，学习成绩（成绩一般的不要写成绩了）……，体育是否达标……，遵守校规校纪，团结同学，团结班集体，组织协调能力如何……参加××比赛获得×××奖项，积极参加校内外科技文化活动等等自己发挥，综上所述，××同学是一名××××的大学生。同意推荐就业。 　　　　　　　　　　　　　　　　　　　　　　　　　　签　章 　　　　　　　　　　　　　　　　　　　　　　　　2013 年 10 月 28 日

学校意见	联系地址	×××××××			
	联系人	××	联系电话	×××××	邮政编码	×××××
	（公章） 　　年　月　日				

4.各种技能证书

包括外语过级成绩单、职业资格证书、驾驶执照的复印件等有效证书。

5.各种荣誉证书

包括奖学金、三好学生、优秀学生干部、竞赛获奖证书的复印件。参加社会实践、各类实习的鉴定材料。

6.其他材料

有关科研成果的证明，在杂志或报刊上发表的文章等。

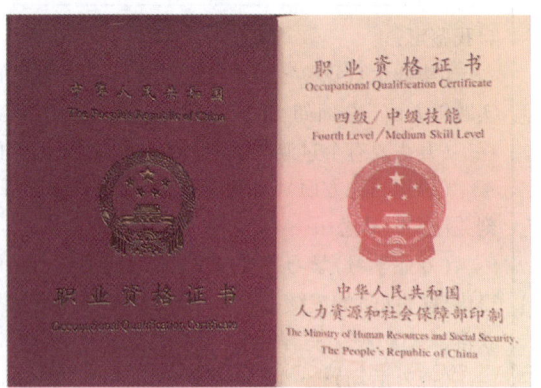

◆ 拓展与提高

"迎接面试十法"

面试是求职成功的必经之路，也是求职中最具有挑战性的过程。在面试中，求职者将身临其境与招聘单位的人事主管甚至是更高层的管理人员面对面，可以充分展示除了简历以外的更加立体感的自己。面试前的准备工作不容忽视。许多面试成功的毕业生，他们共同总结出"迎接面试十法"。

1.收到面试电话通知时，尽管这时你的内心是按捺不住的狂喜，声音也要保持平和，从容地记下面试时间、地点以及是否要正装出席等关键信息，并表示真诚的感谢。

2.马上拨打公交查询电话或向朋友询问，确定最方便、最快捷的交通路线。尽量选择轨道交通，因为轨道交通基本没有堵车情况。

3.整理出寄往该公司的简历。以往有的同学因为寄出的简历太多，最后连自己都搞不清楚寄往面试公司的到底是哪一份，所以"求职高手"们往往都有非常详尽的备案。温习一下简历上的内容，针对常见性的问题准备好自己的答案。

4.如果你在填写职位申请表的时候没有来得及浏览公司网站，那么这时无论如何也要安排时间查看一下，对公司的一些基本情况要做到心中有数。因为一般求职者在求职信上都会表示出对该公司有多么多么热爱，但是如果你连公司的主要业务都搞不清楚，面试的时候肯定会露出破绽。

5.面试前一天，准备好明天要穿着的正装和配件以及需要携带的资料。千万不要因为紧张而睡不着，也不要因为太兴奋而和寝室同学"卧谈"至深夜。尽量不要对第二天的面试想得太多，充足的睡眠会让你容光焕发。

6.定上闹钟。

7.按时起床，带上你的自信心和"全套装备"提早20分钟左右到达公司。记住，从现在起，你已经进入了"战场"，你的一举一动都与面试结果息息相关。

8.在被安排的区域内安心等待，适时环视一下办公室的环境。不要东逛西逛，显出浮躁心理；也不要呆若木鸡，显得特别紧张。

9.对身边每一个人都保持微笑，因为很有可能他或她就是等会儿面试你的主考官之一。

10.当听到有人叫到你的名字时，泰然自若地起身，深呼吸一下，对自己说："I Believe I

Can!（我相信我行）"然后迈着坚定的步子，步入考场。

◆ **实践训练**

1. 给自己所想去应聘的单位写一封求职信。
2. 制作一份个人简历。

第二节　应聘面试时的基本礼仪要求

◆ **案例引入**

【案例7-3】
在一次公务员面试的等待中，李小姐去洗手间补妆，在洗手间门口，她碰到另一位女士，李小姐彬彬有礼地点头向对方致意，并打开门，请对方先进，对方表示感谢后，李小姐又做了得体的回答。这本是一件小事，当李小姐进入面试考场时，惊讶地发现在洗手间碰到的那位女士，正是面试考官中的一位。她平静地向考官打了招呼，面试就开始了。面试的整个过程，她都感觉到那位女士对她友好、亲切与注意的目光，这个目光让她感觉到很轻松，似乎高高在上的主考官与自己的距离近了许多。在洗手间与那位女士短短的交流只是几句话而已，但这种非角色的人际交往，起到了很大的情绪互动的作用，让李小姐获益匪浅。

【案例7-4】
有一位心理学家曾做过一个实验：把被试者分为两组，同看一张照片。甲组说：这是一位屡教不改的罪犯。乙组说：这是位著名的科学家。看完后让被试者根据这个人的外貌来分析其性格特征。甲组说：深陷的眼睛藏着险恶，高耸的额头表明了他死不改悔的决心。乙组说：深沉的目光表明他思维深邃，高耸的额头说明了科学家探索的意志。

【思考一下】
从这两个案例中，您获得了哪些启示？

求职礼仪是一个职场新人（特别是毕业生）容易忽略或轻视的地方，常常有人认为"我有真才实学，不必在乎形象"，"我搞工程技术，不必能言善辩"。一般人通常把精力都放在准备简历、成绩单、面试问题等上面，而忽视了一个基本事实：求职面试，是一个人和人沟通交流的过程。硬件部分，如学历、资质、经历等，确实非常重要，但仅是这些绝非求职面试成功的保证；软件部分，如个人外表、谈吐、气质等，对招聘者的心理有巨大的影响。如果招聘者喜欢你这个人，哪怕在硬件方面你可能稍微欠缺，他们也会愿意给你机会。

社交礼仪

◆跟我学礼仪

一、应聘求职者时间礼仪

迟到会影响自身的形象，而且大公司的面试往往一次要安排很多人，迟到了几分钟，就很可能永远与这家公司失之交臂了。

1. 时间观念是第一道面试题

守时是职业道德的一个基本要求，提前20分钟左右到达面试地点效果最佳，可熟悉一下环境，稳定一下心神。提前半小时以上到达会被视为没有时间观念，但在面试时迟到或是匆匆忙忙赶到却是致命的。如果你面试迟到，那么不管你有什么理由，也会被视为缺乏自我管理和约束能力，即缺乏职业能力，给面试者留下非常不好的印象。但招聘人员是允许迟到的，这一点一定要清楚，对招聘人员迟到千万不要太介意，也不要太介意面试人员的礼仪、素养。如果他们有不妥之处，你应尽量表现得大度开朗一些，这样往往能使坏事变好事。否则，招聘人员一迟到，你的不满情绪就流于言表，面露愠色，招聘人员对你的第一印象就大打折扣，甚至导致满盘皆输。因为面试也是一种人际磨合能力的考查，你得体、周到的表现，自然是有百利而无一害的。

2. 把握进屋时机

进屋后，若发现招聘人员正在填写上一个人的评估表，不要打扰，表现得理解与合作。但也不要自作聪明，在招聘人员不知晓的情况下等在门外不进去，这是不对的。对招聘人员来说，什么时候填写评估表，写多长时间，都是他自己的工作安排；对你来说，如果面试的时间到了，你就应该按点敲门。不过如果招聘人员请你在门外等一下，那就另当别论，此时你就应按他的要求做。其实有的时候，招聘人员已填完了表格，并已开始看自己的文件了，这时，如果仍自作主张地在外面等，就会落得"哑巴吃黄连，有苦说不出"的后果。有的人会让您进来在屋内等一下，你就按他的安排做，不要东张西望、动手动脚、闭目养神或中间插话。一般填这种评估表时间都不会太长，不必一定要省这个时间看点什么或干点什么。有经验的招聘人员会妥善处理这种尴尬的局面。比如，他觉得你等的时间长了，就会建议你先看一下桌面上的杂志。这时即使你不想看，也别拒绝，你看不看是另外一回事，但礼貌上要友善地接受。

二、应聘求职者着装礼仪

古今中外，着装从来都体现着一种社会文化，体现着一个人的文化修养和审美情趣，是一个人的身份、气质、内在素质的无言"介绍信"。"佛要金装，人要衣装"。应试当天的穿着打扮对录取与否，有着举足轻重的影响，虽说留下完美的第一印象未必会被录取，但若给人留下坏印象，极可能因此名落孙山。所以，随着面试日期的到来，仍应花费心思为自己塑造一个良好的外在形象。

公务员仪表特点：公务员、事业单位等政府部门人员一般衣着、仪表都以简单、朴素、庄重为主，当然，也不排除有个性特点好看顺眼的，但是，参加面试时最好以"安全系数"较大的衣着为主，可以博得大多数考官的认同感。

1. 男士着装

以简洁、大方、庄重为主。春夏可以着深色西裤、深色皮鞋、浅色衬衫，短发（如头发较长，要梳理整齐，不可披头散发），衣服颜色最好是纯色，也可带些不是很明显的暗条纹，另切记身上不要带任何饰品。秋冬以正规西装或夹克、领带、衬衫(颜色要搭配合理)、皮鞋为主,当然,也可根据个人特点穿着毛衣等,但要以正装为主,最好不要穿过于休闲,过于运动的衣服。

图7-1 男士着装

2. 女士着装

女士着装以整洁美观、稳重大方、协调高雅为总原则,服饰色彩、款式、大小应与自身的年龄、气质、肤色、体态、发型和拟聘职业相协调、相一致。

对于女生来讲,服饰的颜色、款式、花纹是三个要素。有两个要素选择经典的风格,另一个可以自由发挥,整体上的效果是衣服衬托人,不是展示服饰之美。有了这种感觉就可以任意的搭配而不显单调。短裤长靴丝袜这样的时尚元素,以及亮闪闪的装饰不宜出现,过于紧身和牛仔风格的服饰也应尽量避免。

图7-2 女士着装

社交礼仪

三、应聘面试时的自我介绍

在面试的题目设置中，自我介绍题目往往安排在第一个。通常都会有1分钟的自我介绍环节。常言道：良好的开头是成功的一半。自我认知题目回答的成功与否至关重要，成功的回答不仅会给考官留下深刻的印象，同时还会缓和考生紧张的心理，所以，对于自我认知题，考生在备考时要格外注意，作好万全的准备。

自我介绍，也就是个自我认知的过程。自我认知，指的就是人在社会实践中，通过对自身的生理、心理、社会活动以及与周围事物的关系所进行的观察、体验、感知和评价等。自我认知包括：认知自己的价值观、人生方向和目标，认知自己的性格特征，认知自己的优势和劣势，觉察自我的情绪变化及其原因等。

完美的自我介绍要注重四维度——正确真实、巧妙自然、精炼流畅、自信大方。

1. 内容正确真实

正确、真实是作答自我认知题目的核心。考生一定要把握恰当的分寸，不但非常诚恳地说出自身的优势，同时也要非常客观地说出自身存在的不足，正确处理好优点和缺点之间的比例关系，向考官展示一个真实的自我。

2. 顺序巧妙自然

自我介绍时还要注意介绍的顺序，以考录的要求来组织自我介绍的内容；为使答题更有层次，在优点和缺点衔接部分要可添加适当的关联词或者过渡性的句子。

3. 语言精炼流畅

精炼就是要求考生答题时要做到"三个少说"——暴露自己不足的话少说；与题目联系不紧密的话少说；不规范的话少说。流畅就是要做到说话流畅，做到"四忌"——忌夹冗字、废话、口头禅；忌停顿太久；忌啰嗦重复；忌一口气说到底。

4. 态度自信大方

自信不仅是面试的要求，更是作为一名公务员应该体现出来的一种气质、一种高品位。在面试时，大方地进门、彬彬有礼地问候、稳重地就坐、落落大方地回答考官的提问、真诚地与考官交流……顺利做好一切流程，自信、严谨的心态体现在考生的举手投足之间。

◆ **小互动**

【模拟练习】阅读下文，向老师作一个自我介绍。

【自我介绍精彩展示】

我是一名应届大学生，今年22岁。小时候生活在一个山清水秀的小山村，在农村读完小学之后，我以优异的成绩考进市立中学，在那里读完了中学和高中，并成为了一名光荣的共产党员。2004年，我以全市第一名的成绩考上了我理想中的大学，成为一名经济学专业的学生。在大学期间，我认真学习本专业的知识，获得了学士学位，同时选修了与本专业接近的经济法专业，并获得了此专业的学士学位。系统化的理论学习，为我将来服务社会打下了深厚的理论基础。

为增强自己的社会实践能力，一方面我积极参加学校组织的社会实践活动，另一方面，我还利用寒暑假在一些单位实习，在实践中磨练自己的意志，在实践中不断获得进步。

每个人都是不完美的，我也不例外。我知道我也有很多不足。孔子说："知错就改，善莫大焉。"在今后的工作中，我会通过自身的努力，在领导、同事的帮助下，不断改正缺点，努力成长为一名合格的工作人员。

四、应聘面试时入座的礼仪

首先,入座(离座时也一样)时动作要轻盈和缓。从容不迫,不要慌张,也不要双腿一软,径直跌坐在位子上。

其次,请保持得体的坐姿。不仅要符合体态美的礼节,而且要与你的表情、语言协调一致,也要与面试情景相符。

最后,入座之后,面试就正式开始了。此时,你应注意以下几点注意事项。

1.规范的坐姿:落座后,请不要坐得太满,尤其是软椅或沙发,坐到椅面的一半到三分之二。两脚平稳着地,平行放好。男性两膝之间可空出一个拳头左右的位置,而女士两膝应并拢,一起摆向一边或小腿交叉,但不要向前伸直。坐直,脊椎下部抵住椅背,上身略向前倾。一幅端正、大方、自然的坐姿既显得精神十足,又表现了对考官的尊重。

图7-3 入座时坐姿

2.避免小动作。

3.随身带的公文包或文件夹等可平放于膝盖上(或桌子上),但双手不要玩弄公文包上的拉链扣或卡舌等。

五、应聘面试时交谈的礼仪

1.诚恳热情

把自己的自信和热情"写"在脸上,同时表现出对应聘单位工作的诚意。

2.落落大方

要把握住自己,应答时要表现得从容镇定,不慌不忙,有问必答。碰到一时答不出的问题可以用两句话缓冲一下:"这个问题我过去没怎么思考过。从刚才的情况看,我认为……"这时脑子里就要迅速归纳出几条"我认为"了。要是还找不出答案,就先说你所能知道的,然后承认有的东西还没经过认真考虑。考官在意的并不一定只是问题的本身,如果你能从容地谈出自己的想法,即使欠完整,很不成熟,也不致影响大局。

3.谨慎多思

回答提问之前,应对自己要讲的话稍加思索,想好了的可以说,还没有想清楚的就不说,或少说，切勿信口开河、夸夸其谈、文不对题、话不及义。

六、应聘面试时聆听的礼仪

1. 专注有礼

当主考向你提问或介绍情况时，应该注视对方以表示专注倾听，可以通过直视的双眼、赞许的点头，表示你在认真地倾听他所提供的更多的信息。

2. 有所反应

要不时地通过表情、手势、点头等必要的附合，向对方表示你在认真地倾听。如果巧妙地插入一两句话，效果则更好，如"原来如此"、"你说的对"、"是的"、"没错"等。

3. 有所收获

聆听是捕捉信息、处理信息、反馈信息的过程。一个优秀的聆听者应当善于通过主考官的谈话捕捉信息。

4. 有所判断

求职者倾听时要仔细、认真地品味对方话语中的言外之意、弦外之音、微妙情感，细细咀嚼品味，以便正确判断他的真正意图。

七、应聘面试结束时告别的礼仪

1. 表明态度

再次强调你对应聘该项工作的热情，并感谢对方抽时间与你进行交谈。

2. 阐述收获

表示与主考官们的交谈使你获益匪浅，并希望今后能有机会再次得到对方进一步的指导。

3. 道别有礼

告别时可以主动与考官们握手，但要注意握手的基本礼节。

◆ 拓展提高

合理掌握礼仪分寸

1. 保持诚恳态度

进入面试场地，求职者应始终面带微笑，不要过分紧张，对碰到的每个公司员工都应彬彬有礼。不要询问公司的情况、薪酬和待遇，要端正地坐在备考区等待面试。

2. 身体语言

身体语言在人际交流中占50％以上，大家一定遇到过面试失败的例子，专业也对口，也没说过什么不得体的话，不知道输在哪里。其实，除了职场竞争激烈是主要原因外，由于面试时身体语言表现不当而暴露出的弱点也是一个重要因素。

身体语言包括：说话时的目光接触，身体的姿势控制、习惯动作，讲话时的嗓音等。

（1）目光接触

面试时，应试者应当与主考官保持目光接触，以表示对主考官的尊重。目光接触的技巧是，盯住主考官的鼻梁处，每次15秒左右，然后自然地转向其他地方，例如望向主考官的手、办公桌等其他地方，然后隔30秒左右，又再望向主考官的双眼鼻梁处。切忌目光犹疑、躲避闪烁，这是缺乏自信的表现。

为了缓解面试时的紧张,考生可以把目光转向考官的额头,这样不用直视考官的眼睛,心情会放松一些,而且还能显现考生的自信和对考官的尊重。

(2)身体姿势和习惯动作

在进出面试办公室时,注意进退礼仪,一定要保持抬头挺胸的姿态和饱满的精神,不要与人交谈时频繁地耸肩,手舞足蹈,左顾右盼,坐姿歪斜,晃动双腿等,这都是不好的身体语言,也不要拿着笔不停得摆弄,总之,手势不宜过多,需要时适度配合表达。

(3)讲话时的嗓音

听嗓音可以判断出一个人是否紧张,是否自信。平时应多练习演讲、交谈的艺术,控制说话的语速,不要尖声尖气或声细无力,应保持音调平静,音量适中,回答简练,不带"嗯"、"这个"等无关紧要的习惯语,这些都显示出在自我表达方面不专业。有些考生在面试时因为紧张会不停得抿嘴,咽唾沫,嗓子发干,这些都是不允许出现的失误,我们在平时要注意勤加训练。

3. 交谈技巧

参加面试时,除了熟记自己准备的资料外,如何把握短短的面试时机,最大限度地利用自己的长处和树立良好形象,掌握良好的交谈技巧也是实施成功面试的重要因素。面试主考官一般较欣赏谈吐优雅、表达清晰、逻辑性强的职位应试者。要与同伴找时间互相进行角色扮演,多熟悉一下面试时自我介绍的环节和有关问题的回答方式,多研究主考官观察人的角度和侧重点。

整个面试过程中,注意不要紧张,表述要简洁、清晰、自信、幽默等,同时注意观察主考官的表情变化,也就是做到察言观色,尽快掌握主考官感兴趣的在哪些方面,再根据事先的准备做着重表达。

切记:在与主考官的意见不一致时,不要据理力争,那会导致一时"嘴巴上的快活"而满盘皆输,要知道生死大权皆掌握在主考官手上,即使你不同意他的看法,也不能直接给予反驳,可以用诸如:

"是的,您说的也有道理,在这一点上您是经验丰富的,不过我也遇到过一件事……"

可以用类似的开头方式进行交流。但在下结论时不要主动说与主考官的观点完全相反,要引导主考官自己做结论,这样就避免了与主考官直接发生冲突,又巧妙地表明了自己的观点,特别是在回答情景面试问题时,稍不注意,容易处理失当,过度自信而忽略了场面控制。

◆ **实践训练**

1. 结合本节所学内容,请分析下面几句面试应答的错误:
(1)"我原来那个单位的人际环境太差了,小人太多,没法与他们相处。"
(2)"现在已有多家公司表示要和我签约,所以请你们务必于这个月底之前答复我。"
(3)"我毕业于名牌大学,学的又是热门专业,我是一个杰出的人才,我想实现我远大的理想和宏伟的抱负。"
(4)"我很想知道我如果到你们公司,每个月会挣多少钱?"

2.【面试时的各种礼仪训练】

任务要求:结合本节学习内容,请分别设计到以下几个单位去应聘时的形象:

社交礼仪

(1)到学校应聘教师；
(2)到外企公司去应聘秘书；
(3)到酒店去应聘接待人员。
完成方法：分组训练
评测方法：依照附表，根据表现予以打分。
附表：

面试评分表

面试序号			性别	报考部门		报考职位	
面试要素		责任心与进取心	计划组织能力	协调沟通能力	逻辑思维能力	语言表达能力	举止仪表
分 值		20	15	20	20	10	5
评分标准及评分要点	好	15-20 诚实负责，自信而又务实，既有进取意识而又踏实、谦逊，回答极有分寸感	11-15 有极强的设计能力，计划周密可行，组织能力极强	15-20 极强的合作意识，注意协调，相处和谐，合作技巧高，协调沟通方法得当	15-20 层次清晰，主次分明，条理清楚，善于分析综合，逻辑性强，思维面广	8-10 表达准确、简洁、大方，叙说流畅得体，无语病	4-5 文化素养高，举止文雅，穿着得体，无多余动作
	中	10-14 有一定自信心和进取精神，但有些好高骛远，不够实际	8-10 办事有计划但不够严密，有一些组织能力	10-14 有合作意识，注意到协调，懂得一些合作方法	10-14 有条理，有主次，有一定逻辑性，能分析归纳问题	6-7 表达尚准确，叙说较通顺，不够简明，有些语病	2-3 有文化素质，举止不够大方，穿着整洁
	差	0-9 回答问题绕弯子，办事不负责任，无进取心或华而不实、哗众取宠	0-7 办事无计划性，考虑事情极不周到，缺乏组织管理意识	0-9 缺乏合作意识，思想行为封闭，协调沟通方法差，效果差	0-9 条理混乱，内容凌乱，缺乏逻辑性，思维面窄	0-5 表达不准确，语言不通顺，说话累赘、罗嗦、混乱	0-1 文化素质差，穿着不得体，举止不恰当，多余动作多
择重选择		一题为主	二题为主		三题为主		全过程
初评等分							
终评得分	分项						
	合计						
评委评语							

评委签名　　　年　月　日

第三节 公务员面试技巧

◆ 真题引入

1. 模拟面试情景，回答下列问题：

海尔集团总裁张瑞敏是第一个走上哈佛讲坛的中国企业家。他提出了人本管理哲学。海尔设置了"排忧解难办公室"，给每个员工均发放排忧解难卡，排忧解难办公室24小时值班，解决员工的实际问题。对此持反对观点的人认为，企业不能办社会，企业只能在增效益上做文章，让员工增收入，排忧解难应由社会有偿服务来解决。请你对这一问题谈谈个人的观点。

2. （对一个自认为有很好的人际资源的应聘者提问）

你现有的人际资源是如何获取的？今后如何继续拓展？

你较之他人拥有哪些特别的气质？

非正式组织的核心或权威人物是如何产生的？

以人为本的核心是什么？

有四个词：责任、忠诚、爱护、理解，请各挑一个词表示你对工作、家庭、爱人和朋友的态度。如果只能挑一个词，你会挑哪一个词？

◆ 跟我学礼仪

一、结构化面试

结构化面试是由多个有代表性的考官组成一个考官小组，按规定的程序，对报考同一职位的考生，始终如一地使用相同的考题进行提问，并按相同的追问原则进行追问；这些试题必须是与工作相关的；考生的行为根据事先确定的标准进行评定；面试的结果采用规范的统计方法记分；面试合格的考生按其分数由高到低的顺序进入考核。

结构化面试，最典型的特征是设计《结构化面试表》。它有两个基本类型：

一类是分列式，《测评表》、《参考试题》、《测评标准》、《答案》等分别设计；

另一类是复合式，把《测评表》、《参考试题》、《测评标准》、《答案》等设计在一起。

结构化面试有很多优点，如内容确定、形式固定、便于考官面谈时操作；面试测评项目、参考话题、测评标准及实施程序等，都是事先经过科学分析确定的，能保证整个面试有较高的效度和信度；对于有多个考生竞争的场合，这种面试更易做到公平、统一；更主要的是这种面试要点突出，形式规范，紧凑，高效，能更加简洁地实现目标。在比较重要的面试场合，如录用公务员、选拔管理人员、领导人员等，常采用结构化面谈。国家机关招考公务员的面试，一般都采用结构化面试。

根据《国家公务员录用面试暂行办法》中规定的九大要素分别为：综合分析能力、言语表达能力、应变能力、计划组织协调能力、人际交往的意识与技巧、自我情绪控制、求职动机与拟任职位的匹配性、举止仪表以及专业能力。

结构化面试主要题型分为五大类型：

1. 综合分析题

例：现在网络上经常用几个词语来概括最近热门的事件，俗称"热词"，对于"热词"你有什么看法？

2. 情景应变题

例：单位组织一次培训会，临近会议开始时，专家和领导都来了，可是培训的学员还没来，你怎么处理？

3. 人际交往意识与技巧题

例：你和同学一同考入新单位，你勤奋，成绩突出，但领导对你印象不佳，你的同学受到领导信任，却总是为难你，你怎么做？

4. 计划组织协调题

例："五四运动"是一次关于理想和信念的活动，要你组织一次纪念"五四"的活动，你怎么组织？

5. 求职动机与拟任职位匹配性题

例：你是学经济学的研究生，让你到这里来，可能开始只是做些基本的工作，你会觉得亏吗？

随着公务员面试考试的不断深化，除了以上5种基本题型外，还出现了一些形式新颖的面试题，如材料题、串词、编故事、发散想象题、即兴演讲题、漫画题以及视屏题等。这些题型都很新颖，而且也比较灵活，考生务必要重视。

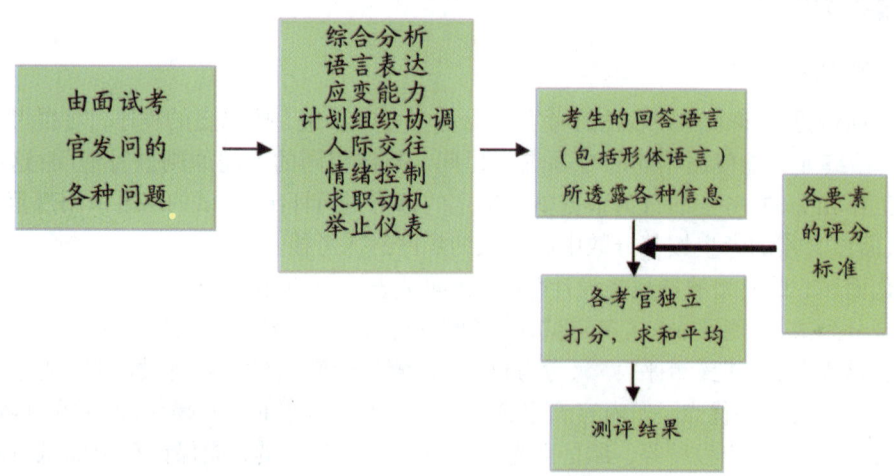

图7-4 结构化面试模型

二、公务员面试一般流程

1. 报到

一般需要提前10-30分钟到达指定地点报到。而遇面试规模较大的情况，要提前一小时到达，为核对身份预留足够的时间。

2. 核对身份

考试工作人员核对考生身份证件和面试通知。

3. 抽签

抽签确定分组和进场顺序,有的地区是先抽分组签,再抽顺序签,有的地区是一次抽取确定分组和顺序,如:三(1),表示第三组第1个进场。个别地区采取事先将考生分组和安排好顺序并安排好考场号,这种做法目前多数地区不再采用,因为无法保证公平,容易产生考官和考生事先串通的情况。

4. 候考

考生抽签完毕后进入候考区等待考试,考试未结束,不许随便离开,有考场工作人员监督,上卫生间需要工作人员陪同,如排在下午考试,午饭也由工作人员送到候考室。以防止已经考试完毕的考生将面试透露给未考试的考生。

5. 进入考场

按照顺序,轮到某考生入场时,引导员将到候考室宣布:"请×××号考生入场",考生随同引导员到达考场门口,一般考场门是敞开的,考生可以直接进入,不必敲门,如门是关着的,考生需要敲门并获得考场内考官允许后方可以进入。引导员不许直接叫考生名字,否则算严重违反考试纪律,一般引导员也只知道考生顺序编号。

6. 面试开始

考生进入后,直接走到考生席,站定后向各位考官问好,得到"请坐"的指令后,考生可以落座。考生落座后,考生一般需要报自己的考试顺序号。等考官宣布导语后,考试开始。特别注意的是,考生不能自报姓名,有些面试书上所介绍的考生自我介绍是与当前考试严重不符的,如发生在考场内自报姓名的,考生会被当场取消面试资格。面试时间一般是15~20分钟,题目一般为4~5道。

7. 退场

考生回答完所有题目后,主考官一般要问考生是否还有其他补充,多数时间已到,考生此时一般回答无补充。主考官宣布请考生退场,到候分室等候公布分数。记分员核算分数后,考生在候分室得到分数通知即可离开考场。也有个别地区是等待当场分数公布后考生再离开,这种情况适用于招考人数比较少的情况。

8. 计分

考官将各自对该考生的评分表交给计分员,核算分数。核算完毕,交给监督员审核。

9. 公布成绩

计分员核算完分数,监督员和主考官签字后交给工作人员到候分室对考生宣布。也有的在候分室张贴。

10. 面试结束

三、公务员面试考场设置

1. 席位摆放

考官席与测评对象之间的位置关系一般采用"U"形摆放,考官席位单列一排,在测评对象席位前方。

2. 席上摆放

社交礼仪

在测评对象席上摆放标有编号的席卡、1~2张白纸,席卡为双面编号,摆放角度会保证考官能够看清楚,同时保证测评对象能看清彼此的编号。

3. 考官席

考官席与测评对象席间距4米左右;考官席摆放标有"考官"的席卡,记录员席和非考官观看席设于考官席后。

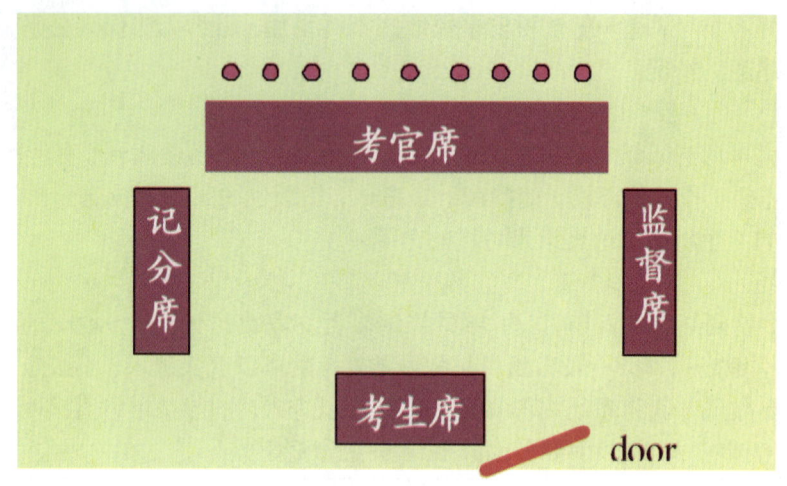

图7-6 考场设置

四、公务员面试时的注意事项和技巧

首先,拿到题目之后,认真审题,可能一时会没思路,不要紧,可以边想边写,写的过程就形成答题思路了;如果是那种没有给准备时间,那就在准备的几秒内想到的先答,如果没有思路,那就略停顿,想到一点答一点,边想边答。在这方面,可以先讲一些简单的话来调整时间。比如把题目换个说法重复一遍,拖延时间;或是加上"我觉得"、"总体而言"、"从某种程度上"、"当然,反过来说"之类的空话,增加思考时间。

第二,一定要分层次,分点分先后。可能有人会问如果没有逻辑怎么办,不要紧,也一样的分点,一、二、三,听起来很棒。

第三,结尾时,再加一句"综上所述",内容不可过多,一两句画龙点睛的话,否则会起到反作用。

第四,在答题时,注意与考官的眼神交流,这一点非常重要。当然只注视其中的一个考官也是不错的,至少可以减缓压力,但是所有的考官在内心其实都希望考生能够关注自己,特别是坐在两边最角落的。所以用眼神与他们进行沟通是必要的,可以为获得高分打下基础,否则你会发现,给你最低分的,可能就是来自坐在两边的考官。

第五,注意在答题时把想到的名言警句作为佐料,这是飞往高分的翅膀。而这就有点需要平时的功底了,是无法一时突破的。比如:海明威说的"人生来不是为打败的";但丁说的"走自己的路,让别人去说吧";罗曼罗兰的"累累伤痕是生命给你的最好东西"等等。看上去很美吧。当然也可能起反作用,特别是那些听不懂的考官,认为你显摆,所以佐料可加,但不要多,要用到妙处,恰如其分。

第六,注意说话的语气语调,不可太无生机,注意抑扬顿挫,生动简练。故说话时加上一些手势,增强你的感情。

第七,表情丰富些。进场时,一定要微笑,保持热情的态度。答题时,在讲到严肃的正义的话题时,一定要表现出深沉、痛感的样子;讲到轻松的话题时,就可以继续和颜悦色。切忌面无表情。

五、面试前几个必须解决的问题

1. 衣着

看似简单,但却不知有多少人倒在这坎上。有人主张穿出自己的个性,比如休闲服或是便装,但有一前提:你是一个非常自信或是气质高雅的人,那么当然可以穿休闲服上阵。但实际上很多人不是,不仅不是,而且在面试时人人都相当紧张。最好还是穿上西服套装吧。

2. 消除紧张

这个问题比较严重,最好的办法在于多经历一些场面,考生可相互结合,分别任考生和考官进行练习和点评,几次下来以后基本上就没有什么问题了。在进考场前一定要使自己镇静下来,比如用深呼吸法,或是站起来,慢慢的踱步。

3. 问候技巧

没有一个考官喜欢粗鲁无礼的考生。所以进场面试时,记得做到这样几步:首先对带你进门的说谢谢,其次对为你开门的人说谢谢,不要以为这些很无所谓,其实考官都看在眼里。下面就是最重要的一步了,对考官的问候表示法。很多人都是说:考官好,或是各位考官早上好等等,当然可以,总比什么都没说就一大屁股坐下来好,而且说完后再鞠躬一下,不要太过分的达到90度,态度上不卑不亢,然后等其请你坐下,再坐下。

另外,面试前话不要多,保持镇静即好。面试时不要有转笔等小动作;不要抖腿,不管是因为紧张,还是平时有这种恶习。

◆ 拓展与提高

职场新人入职须知的几项生存法则

每年夏季,刚刚踏出校门的大学生们,便要走上一个个不同的岗位。如何去适应新的工作、融进新的办公圈子?怎样才能完成从校园到社会的角色转换?

新人三大纪律

1. 超强的生存力

从校园到单位工作是两个完全不同的环境,这是从书本知识学习向实际工作能力转变的一个过程,所以说,超强的生存力对于刚刚参加工作的新人来说至关重要。

2. 谨言慎行 勤快工作

身在职场不能像在家里那么随心所欲。职场文化有成文的也有未成文的,需要你自己去摸索。

3. 沟通合作 融入团队

有位人事经理曾说:"我从不录用不积极参加集体活动的毕业生。"在一个大集体中,要完

社交礼仪

成一项工作,占主导地位的往往不是一个人的能力,而是个成员之间的协作能力。

新人八项注意

前三年的工作时间在个人职业发展的道路上是知识和经验积累的时期。往往在这个阶段,有很多人无法拒绝高新和高职位的诱惑,开始频繁跳槽。职场新人应注意下面几项:

1. 要有饱满的工作热情

要主动地在工作中寻找乐趣,而不是被动应付工作。要为自己精心设计职业规划,有近期目标和长远目标。

2. 要善于观察思考

要养成善于观察思考的习惯,随时随地注意细心观察周围同事的喜好以及工作方式;当你仔细观察之后,就要想想他们为什么这样做,同时,还要考虑一下,你该怎么做。

3. 要有吃苦耐劳的精神

吃苦耐劳要有目标性、选择性,不能盲目地做没必要的事;吃苦耐劳不能凭一时兴趣,而要能坚持到底。

4. 琐碎工作不容忽视

琐碎的工作同样具有挑战性,可以锻炼你的条理性、灵敏度。而且,不断地重复做好小事,会养成好习惯。

5. 要改掉自身的小毛病

要善于发现自身的毛病,切勿视而不见。

6. 要给自己充电

领导一般看重新人能否给单位带来活力,能否提出和接受新的经营观念。职场专家表示,很多领导自己学习能力减弱,就会更看重新生人才的学习能力和学习精神。

7. 工作遇挫勿以跳槽为对策

在现有工作岗位上踏踏实实地做,不断地去解决问题,你将会发现你的承受能力、办事能力会因此提升很多。

8. 要怀有一颗感恩的心

当你对领导怀有感恩之心时,你也是在尊重自己的选择;同事之间的矛盾冲突也是难以避免的,只有相辅相成,才能共同进步。他们都是你的镜子,当你用感恩之心面对时,他们也会更为友好、愉快地与你相处。

◆实践训练

【表演公务员面试情景】

任务要求:掌握面试礼仪与技巧。

完成任务的方法:分小组表演。

完成任务所需的资料:自编的情景剧本。

评价办法:情景剧汇演效果。

(评分表可参考上节表格)

◆ 综合实践训练

1. 结合面试的仪容和服饰礼仪的要求,请分别设计到以下几个单位去应聘时的形象:
(1)到学校应聘教师;
(2)到外企公司去应聘秘书;
(3)到酒店去应聘接待人员。
2. 案例分析:

某航空公司要面向社会招录一批空姐,前来报名的人络绎不绝。其中有几个女孩,心想空姐是多么时髦的职业,招的都是那些漂亮的女孩。于是,她们就到美容院将自己浓墨重彩地打扮了一番,活象电视剧里的韩日明星。她们高高兴兴地来到报名地点,谁知工作人员连报名的机会都不给她们,就让她们走了。看着别的姑娘一个个报上了名,她们几个很纳闷:"这是为什么呢?"

问题:(1)工作人员为什么不给这几个姑娘报名?
(2)空姐的漂亮究竟有什么样的含义?
(3)如果你要去应聘,你会怎么打扮自己?
3. 案例分析:

某公司经理对他为什么要录用一个没有任何人推荐的小伙子时,如是说:"他带来了许多'介绍信'。他神态清爽,服饰整洁;在门口蹭掉了脚下带的土,进门后随手轻轻地关上了门;当他看见残疾人时主动让座;进了办公室,其他的人都从我故意放在地板上的那本书上迈过去,而他却很自然的俯身捡起并放在桌上;他回答问题简洁明了,干脆果断。这些难道不是最好的介绍信吗?"

问题:(1)经理话中的"介绍信"指的是什么?
(2)这些"介绍信"介绍了小伙子哪些优点?
(3)小伙子在应聘中遵守了哪些礼仪规范?

第八章 聚会礼仪

作为社会中的一员，我们经常会举办或参加许多不同形式的聚会活动，熟练运用聚会的礼仪知识和技巧，才能得体地展示自我，汇集人脉，交流感情，增进友情。聚的是人，而会的是"神"。这个"神"，就是人们的文化底蕴在特定的环境中所外化的精神风貌。仅就礼仪来说，这个"神"，就是通过得体的言行举止来体现人们的科学态度、文明风貌、价值观念和人格特征。本章主要介绍聚会礼仪中常见的宴会礼仪、晚会礼仪、寿诞礼仪、婚礼礼仪及吊唁礼仪等。

第一节 宴会礼仪

◆ 案例引入

【案例8-1】

客人埋单

小王的好朋友自远方来，小王很隆重地将朋友领到一家很高档的酒店吃饭，又招呼了几个哥们儿作陪。为了显示尊重，他执意让朋友坐在面对大门的最里面的座位上。朋友盛情难却，也只好坐在了那里。

饭快吃完时，朋友去了趟洗手间，小王也没有多想。吃过饭，小王准备结账时，服务员说他的朋友已经把账结了。小王有点不高兴，责备他的朋友不该抢着结账，可是朋友说："你让我坐在这个位置上，我怎么能不结账呢？"小王不知道说什么才好。

【讨论】

小王在宴请朋友的过程中有哪些礼仪上的失误呢？

◆ 跟我学礼仪

宴会是为了表示欢迎、答谢、祝贺、喜庆等举行的餐饮活动，用以增进友谊或建立感情，是社会交往中最常见的交际活动方式。

一、宴请的形式

图 8-1　正式宴请餐桌

宴会，指比较正式、隆重的设宴招待，宾主在一起饮酒、吃饭的聚会。宴会是正餐，出席者按主人安排的席位入座进餐，由服务员按专门设计的菜单依次上菜。按其规格有国宴、正式宴会、便宴、家宴之分。

1. 国宴

国宴特指国家元首或政府首脑为国家庆典或为外国元首、政府首脑来访而举行的正式宴会，是宴会中规格最高的。按规定，举行国宴的宴会厅内应悬挂两国国旗，安排乐队演奏两国国歌及席间乐。席间，主、宾双方要致词、祝酒。

2. 正式宴会

正式宴会除不挂国旗、不奏国歌及出席规格有差异外，其余的安排大体与国宴相同。有时也要安排乐队奏席间乐，宾主均按身份排位就座。许多国家对正式宴会十分讲究排场，对餐具、酒水、菜肴的道数及上菜程序均有严格规定。

图 8-2　中餐摆台

3. 便宴

便宴是一种非正式宴会，常见的有午宴、晚宴，有时也有早宴。其最大特点是简便、灵活，可不排席位、不作正式讲话。菜肴也可丰可俭。有时还可以自助餐形式，自由取餐，可以自由行动，更显亲切随和。

4. 家宴

家宴即在家中设便宴招待客人。西方人士喜欢采取这种形式待客，以示亲切。且常用自助餐方式。西方家宴的菜肴往往远不及中国餐之丰盛，但由于通常由主妇亲自掌勺，家人共同招待，因而它不失亲切、友好的气氛。

二、宴会的准备

宴请是一种社交性活动，是对宾客的一种礼遇，必须按规定礼仪的要求进行准备。

1. 确定宴请对象、范围、规格

宴请的目的一般很明确，如节庆日聚会、贵宾来访、工作交流、结婚祝寿等。根据不同目的来决定宴请的对象和范围，即请哪些人，请多少人，并列出客人名单。在确定邀请对象时应考虑到客人之间的关系，以免出现不快和尴尬的局面。宴请规格的确定一般应考虑出席者的最高身份、人数、目的、主宾情况等因素。规格过低，会显得失礼、不尊重；规格过高，则造成浪费。

2. 确定宴请的时间、地点

宴请的时间和地点，应根据宴请的目的和主宾的情况而定，一般来说，宴请的时间安排应对主宾双方都较为合适为宜，最好事先征求一下主宾的意见，尽量为客人方便着想，避免与工作、生活安排发生冲突，通常安排在晚上6~8点。在时间的选择上还不宜安排在对方的重大节日、重要活动之际或有禁忌的日子和时间。例如，欧美国家忌讳"13"，日本则忌讳"4"、"9"，宴请时间要避开以上数字的时日。宴请的地点也应视交通、宴会规格和主宾的情况而定，如是官方隆重的宴请活动，一般安排在政府议会大厦或客人下榻的宾馆酒店内举行；企事业单位的宴请，有条件的可在本单位的饭店或附近的酒店进行。

3. 邀请

邀请的形式有两种，一是口头的，一是书面的。口头邀请就是当面或者通过电话把活动的目的、名义以及邀请的范围、时间、地点等等告诉对方，然后等待对方答复，对方同意后再做活动安排。书面邀请也有两种方式，一种是比较普遍的发"请帖"；还有一种就是写"便函"，这种方式目前使用较少。

书面邀请应注意以下礼仪：

（1）掌握好发送时间。国内邀请按被邀请人的远近，一般以提前3~7天为宜。过早，客人可能会因日期长久而遗忘；太迟，使客人措手不及，难以如期应邀。

（2）发请柬礼仪。请帖上面应写明宴请的目的、名义、时间、地点等，然后发送给客人。请柬发出后，应及时落实出席情况，作好记录，以安排并调整席位，即使是不安排席位的活动，也应对出席率有所估计。

图8-3 请柬的样式

请柬行文要注意以下几个要点:

一是写清目的。明确目的就是要说明"为什么宴请",一般的写法是:谨定于某年某月某日,在什么地方举行一个什么样的活动,敬请光临。

二是没有标点符号。一般的中文请柬行文不用标点符号。如果为国宾举行宴会,请柬上应印有国徽。较复杂的行文也可使用标点符号。

三是文字措辞。请柬上的文字务必要简洁、清晰、准确,对时间、地点和人名等要反复核对,做到正确无误,万无一失。措辞要典雅、亲切、得体。例如不能把"敬备茶点"写成"有茶点招待",不能把"敬请光临"写成"准时出席",不能把"谨此奉告"写成"特此通知"等等。另外不要把人家还没有结婚的写成了"夫妇",或者人家丧偶的,也写上"夫妇",引起对方读物伤怀,这就失礼了。

以上三个方面,任何一个环节都不可失礼,否则必将给个人或组织形象带来严重损失。总之,邀请无论以何种形式发出,均应真心实意,热情真挚。邀请发出后,要及时与被邀者取得联系,以便做好客人赴宴的准备工作。

◆ **小互动**

如果你有喜宴想邀请你的上司赴宴,如何向他发出邀请?

三、用餐礼仪

1. 座次席位排列

中餐的座次席位排列原则主要为以下几点:一临墙为好,二观景为佳,三以右为上,四面门为上。

我国在正式场合一般都用圆桌,最少一桌,多则几十桌,每种情况都有具体的礼节要求。

(1)一桌

如果只有一桌,这一桌一般设在房间的中央,正对着门口,这时主人应该坐在离门口比

✱ 社交礼仪

较近的位置，主宾坐在面向门口、离门口比较远的位置，这样既可以便于主人招呼迟到的客人，又不会让主宾受上菜动作的影响。

（2）多桌

两桌和两桌以上桌次的安排有横、竖、花三种方式，可根据餐厅的不同形态来确定，长方形餐厅采用直排或横排利用率较高，而正方形餐厅采用花排则更为美观。以下几种不同桌次的常规排次方法。

```
        ①                          ①                      ② ① ③
        ② ①                         ②
       二桌横排                    二桌竖排                 三桌横排
        图8-4                       图8-5                   图8-6

        ③                          ①
        ①                         ② ③                     ③ ① ② ④
        ②
       三桌竖排                    三桌花排                 四桌横排
        图8-7                       图8-8                   图8-9

                                    ①                      ② ③
       ① ②                        ③ ④                      ①
       ③ ④                         ②                      ④ ⑤
       四桌正排                    四桌花排                 五桌花排
        图8-10                      图8-11                  图8-12

        ①                                                  ① ②
       ② ③                        ② ① ③                   ③ ④
       ④ ⑤                        ⑤ ④ ⑥                   ⑤ ⑥
       五桌正排                    六桌横排                 六桌竖排
        图8-13                      图8-14                  图8-15

                                                            ①
                                                           ② ③
                                                            ④
       ④ ⑤                        ③ ⑥ ⑨                   ⑤ ⑥
       ② ① ③                      ① ④ ⑦                    ⑦
       ⑥ ⑦                        ② ⑤ ⑧                   ⑧ ⑨
       七桌花排                    九桌横排                 九桌竖排
        图8-16                      图8-17                  图8-18
```

如果是一字形排开的三桌，则以中为主，以左为次，最次是右边的一桌；如果是品字形的三桌，则以上面的一桌为主桌，然后是下面左边的一桌，最次是右手这一桌；如果是鼎足形的三桌，上面左边的是主桌，上面右边的是次桌，下面靠近门口的一桌是最低的位置，由年纪比较小、职位比较低的人坐。

如果是梅花形排列的四桌，中间的远离门口的一桌是主桌，其次是中间的离门近的一桌,再次是左边,最后是右边;如果是一字形排开的四桌,还可能是七八桌,都是以中间的一桌为主桌,然后按照离主桌的距离从近到远先左后右依次排序。

如果是轴心形的五桌,那么最中心的一桌自然是主桌,然后依照以中为主,以左为次,以右为辅的规律,再排其他四桌;如果是梅花形的五桌,最上面的是主桌,然后按照从上到下、从左到右的顺序排列,常见的摆结婚喜筵的时候,新郎新娘都是坐在最上面的主桌。总之,不管桌子摆成什么形式,在排序时都是以中间为首,其次是左边,最后是右边,只要按照这个规则就能把座位安排得非常妥当。

西式宴会一般采用长桌,以参加人数的多少和餐厅的大小形状而决定。

不论中、西式宴会,不论多少桌,桌次排定的大致原则基本相同。即主桌排定以后,其余桌次的高低以离主桌位的远近而定,离主桌越近的桌次越高,离主桌越远的桌次越低,平行桌以右桌为高,左桌为低。

桌次排定以后,每桌就餐人员的席次,礼仪要求很严格。中式宴会席次的安排比较容易,见下图8-19席次的高低与桌次的高低原理基本相同,即右高左低,先右后左。主宾应安排在第一主人的右侧,副主宾应安排在第一主人的左侧,以此类推,如有夫人同桌就坐,按国际惯例,应将男女掺插安排,第一主人的右侧和左侧安排主宾的夫妇,第二主人的右侧和左侧安排副主宾的夫妇,以此类推。但我国习惯是以个人本身职务排列,以便谈话,如夫人出席,常把女方安排在一起,主宾夫人坐女主人的右侧。遇特殊情况时要灵活掌握,比如主宾身份高于主人,为表示敬

提醒您:依照国际礼仪,在餐桌上,男士应该以右手边的女士为服务对象,所以一般把女主宾安排在男主宾的右手边,如果桌上有夫妻同坐,则太太坐在先生的右手边。

重,可把主宾排在第一主人的位置。而主人则坐在主宾位置上,第二主人坐在主宾的左侧。假如需要配译员应将译员安排在主宾的右侧;同一桌上需要排第二译员时,可将其安排在第二主人右侧与第三宾客隔开的席位上。

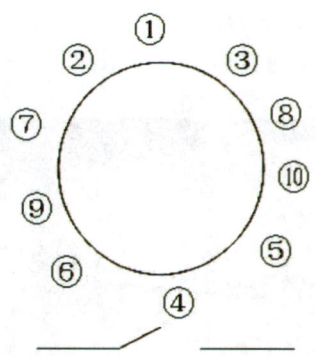

图8-19
①第一主人②主宾③夫人或副主宾
④第二主人⑤⑥副主宾⑦-⑩一般客人或陪客

西式宴会席次的安排有两种：见图8-20、8-21

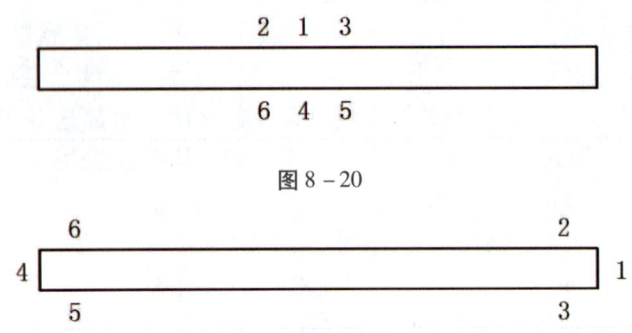

图8-20

图8-21

①第一主人，②主宾，③夫人或副主宾，④第二主人，⑤⑥副主宾，其他为一般客人或陪客。

这与圆桌席次的安排原理是同出一辙，但要注意，不要把宾客排在桌端，图8-21的排法就可避免这一问题。如果有译员，自然也安排在第一或第二主人的右侧。也有译员不上席的，为便于主客交谈，可安排其坐在主人和主宾的背后。

冷餐会的菜台一般用条桌，靠餐厅四周陈设或摆在餐厅的中央都可以。就餐者通常是自由走动用餐。如需坐下用餐，也可摆四至五人一桌的方桌或圆桌，座位略多于全体主客。

酒会一般摆小圆桌或茶几，以置入些花瓶、烟缸、干果、小吃等。参加者多无座席，可自由选择对象交谈。

2.餐具的摆放与使用

（1）筷子的使用

筷子是一种非常实用的饮食工具，在中国已经沿用了几千年，但是还是有不少人不知道如何使用筷子，其中不仅仅有外国人，还包括许多中国同胞，在餐桌上常见到有人夹菜夹到一半就掉了，就是因为拿筷子的姿势不正确所致。

筷子是利用杠杆原理设计的，有支力点、使力点、着力点，需要三力合一才可以夹取食物，用大拇指来固定两根筷子，中指与食指一起作用使筷子一开一合，无名指和小拇指在下面支撑筷子，具体做法可以参照下面的示意图。

图8-22 筷子的使用方法

筷子是吃饭的工具,而有的人却喜欢在餐桌上把玩筷子;有的人在吃饭前或吃饭的过程中,总是挥舞着筷子招呼同桌的各位:"来来,各位,别客气,吃",把筷子当成了指挥棒;有的人在开始吃饭前,把筷子往桌面上"嘭"的戳一下,还有的人喜欢把筷子插在嘴里……这些都是不雅的动作与习惯,一定要引以为戒,慎重地使用筷子。

(2)夹菜的礼仪

在夹菜的时候,一定要注意礼仪:

太远的菜用汤匙跟着,拿过去把菜承接过来,避免中途掉下来或撒下汁水;夹菜的时候不要在碗里挑挑拣拣,夹起来又放回去;如果有掉下的菜,应该夹起来放在自己盘子的边缘,而不是任其停留在桌面上;嘴里含着食物的时候,最好不要说话,以免含糊不清,而且也相当不雅观;喝汤的时候,汤碗应稍微提高,在碗的边缘上稍微剐一下,再送到嘴中,这样不会弄脏桌面;使用过的汤匙不要倒挂在盘子边缘,而是让凹槽朝上,放在托碟上,避免汤汁倒流到桌面上;使用公筷的话,用完之后要及时放回原处,方便别人下一次使用;每次夹菜的时候,量要少一点,不要在自己面前堆积大量的食物。

3.餐桌上的形态礼仪

我国自古以来就讲究"坐有坐相,站有站相",在餐桌上也是如此。

(1)注意动作的雅观

在餐桌上应该坐得端正,夹菜的时候身体稍微前倾,但是注意不要整个人趴在桌子上,或者把手臂从一边伸到另一边去,这样的动作不仅会影响旁边的人用餐,而且是不得体和不雅观的。

(2)保持桌面的整洁

随时保持桌面的整洁,既能让人看着舒服,又能显示自己的修养,所以在用餐的时候要留意。对于吃剩的残渣,万万不可吐在桌面上,而应该轻轻地吐在骨盘上,如果骨盘满了,可以请服务生帮忙换一个干净的盘子;如果不小心弄脏了桌面,要及时请服务员帮助清理。

(3)照顾同桌

在餐桌上不仅仅是一个人就餐,一般来说,我国的圆桌都会安排10个人就餐,所以还要注意到同伴的存在、留意同伴的需求、照顾好同伴,尤其是男士应该视照顾同桌的女士为自己的责任。

> 照顾同桌:
> 为同桌介绍自己熟悉的菜,为同桌布菜,及时为同桌添酒或饮料,转动圆盘的时候,眼睛要观察别人是否在夹菜,餐具是否太靠近,积极调动餐桌上的气氛。

4.席间祝酒礼仪

(1)宴会进行过程中,敬酒是不可缺少的项目,重要的宴请活动,还有专门的祝酒仪式。作为与宴者,要事先准备好为何人、何事祝酒,何时祝酒等等,以便做到心中有数,避免失礼。

(2)碰杯时在餐桌上不要将手伸得太长,如果主人致完祝酒词需要碰杯,男士应当把自己的酒杯举得比女士的酒杯略低一些。

(3)主人致祝酒词时,应当放下筷子暂停进餐,更不要与其他人交谈或抽烟,耐心倾听才符合礼节规范。

❈ 社交礼仪

5. 席间谈话礼仪

（1）宴会上沉默寡言会使宴会气氛显得沉默，男女主人应主动引出交谈的话题，促使客人们相互谈论大家都感兴趣的内容，使宴会始终保持愉快的气氛。

（2）不要只同几个熟人或一两个人谈话，也绝不可金口难开、枯坐一隅。宴会中不可哈哈大笑、窃窃私语，或者大声招呼。

（3）注意不要边吃食物边讲话，或边摆弄刀叉边讲话。想说话时，要等吃完了嘴里的食物再说。

6. 宴会结束礼仪

（1）待绝大部分客人已停止进餐之时，主人把餐巾放在桌上，或者从餐桌旁站起来，表明宴会到此为止的信号。只要看到这种信号，宾客即可把自己的餐巾放下，起身离席了。

（2）离开餐桌时，不要将座椅拉开就走，而应将椅子再挪回原处。男士应帮助身边的女士移开座椅，尔后再把座椅放回餐桌旁。

（3）一般情况下，贵宾是第一位告辞的人，客人在分手时要对主人的盛情款待表示感谢，不可吃完抹抹嘴巴就走。离席时应让身份高者、年长者或女士先走。

◆ 拓展与提高

人际交往活动中，在家里招待客人或作为客人到朋友、同事、同学家小聚是经常性的事。那么，怎样才能当好主人，做好客人呢？

1. 当好主人

对客人要热情，让客人感受到对方的诚意；客人入座后，要主动搭话、寒暄；对待客人要谦和有礼；款待客人要有诚意；创造轻松、愉快、和谐的气氛；客人告别时，应主动相送，与客人话别，并祝客人返家路上平安，欢迎并诚恳邀请客人以后再来做客。

2. 做好客人

事先预约；严格守时；拜访时间要选择恰当；所带物品（外衣和雨具等）或礼品，应该放到主人指定的地方；随主人招呼进屋入座后，行为礼节要规范；控制好拜访时间，适时起身告辞；拜访时，要尊重主人的生活习惯。

3. 在宴请中，位次的排列可遵循几个原则：

①主人坐位的选择通常是面对正门或者里门最远的位置；

②主宾一般坐在主人坐位的右手边；

③三人一同就坐用餐，坐在中间的人在位次上高于两侧的人；

④关于上座应是哪个位置，各地的做法略有差异。一般来说，最好是客随主意而入座。

◆ 实践训练

以小组为单位组织一次模拟正式宴会，注重各个环节的礼仪规范。

第二节 晚会礼仪

◆ 案例引入

【案例8-2】
张先生收到一张舞会请柬,于是他邀请了小文和小丽两个女孩去参加舞会,为了表示隆重,张先生穿上了国外买来的牛仔裤,小丽穿上了性感的吊带裙,而小文穿上了一套高级的套裙。在舞会中,当张先生准备下一支舞曲与小丽共舞时,一位男士过来邀请小丽,小丽觉得这男士身材矮小,便一扭身不吭声了,拉着张先生就往舞池中间走去。该男士非常尴尬而去邀请小文,小文则彬彬有礼的回答:"对不起,先生,我不太舒服。"
【讨论】
小丽在舞会的过程中有哪些礼仪上的失误呢?

◆ 跟我学礼仪

一、晚会主持人礼仪

一部电影不能少了导演,同样,一场晚会也不能少了主持人。在晚会中主持人具有非常关键的作用,主持人需要带动现场气氛,激发表演者的创新能力,更要调动、感染观众情绪,使嘉宾、观众融入到晚会主题氛围当中,可谓是承上启下。所以晚会前期准备工作中,选定主持人也是关键的一步。主持人要具备良好的外形条件和清晰的口齿,音色悦耳,敏捷的思维,良好的应变能力,还要根据晚会主题的具体要求来选定主持人。而在晚会上,主持人的礼仪就更加重要,主要分为以下几点:

1. 着装

主持人应衣着整洁,大方庄重,精神饱满,切忌不修边幅,邋里邋遢。男主持人应以整理发型和轻度化妆为主。女主持人可以浓妆,服装、配饰可华丽典雅。走上表演台男主持人步伐应稳健有力,女主持人步伐应轻盈,行走速度应由晚会性质而定,一般来说,气氛热烈的晚会步伐应慢一些。

2. 站姿

站姿方面,站立主持,应双腿并拢,腰背挺直,男主持人"小八"站姿,女主持人"丁"步站姿。单手持稿,右手持稿底中部,左手五指并拢自然下垂。双手持稿,应与胸同高。坐姿主持时,身体应挺直,双臂前伸,两手请按于桌沿。报幕时要注意向观众行礼。15度鞠躬礼或点头礼。主持过程中,切忌出现搔头、揉眼等不雅动作。

3. 语言

主持人言谈应口齿清楚,思维清晰,语句停顿准确,缓急有度,简明扼要。

4. 气氛调动

主持人应根据晚会实际情况,节目类型来调动观众气氛,或庄重,或活泼,或幽默。可见,晚会对主持人的要求是异常严格的,主持人礼仪的表现,恰恰是一场晚会质量高低的体现,主持人可谓是晚会的灵魂人物。

图8-23 晚会主持

二、晚会演员礼仪

一场晚会好不好看,关键是晚会节目如何,而节目需要演员来表演,演员在舞台上的一举一动展现了演员的素质,决定了晚会的节目质量水平。演员在晚会上要做到以下几点:

1. 尽心表演

恪尽职守,发挥正常,格调高雅。

2. 尊重观众

演员能否尊重观众常常比演技更重要,更能受到观众欢迎。

3. 善待同行

与同行相互支持,积极合作,齐心协力把晚会办好。所以演员应该提高自身修养,规范言行,按知"礼"、"义"的要求,在表演中结合自身专业表演特点的需要,做好舞台礼仪的工作,以期演出成功。

三、晚会观众礼仪

晚会主旨一定要宣扬晚会主题,给观众带来寓教于乐的积极意义。作为观众,不仅有欣赏节目的权利,也有自觉遵守晚会礼仪的义务。我们通常是作为观众出席一场晚会,要注重礼仪规范。

1. 着装礼仪

观众要根据出席晚会的具体形式来选择着装,或庄重严肃,或活泼轻松。观看戏剧、舞蹈、音乐或综合性晚会适宜穿正装,女士也可穿连衣裙。衣着总体要求干净整洁,绝对不能穿背心、拖鞋、短裤、不能赤膊或者赤脚。

2. 入场礼仪

一般情况下,在演出开始前一刻钟左右,观众即应进入场所。观众提前入场,一方面是为了观众自身着想,因为这样一来,观众会比较有时间去会合亲友,领取节目单,存放衣帽,寻找座位,熟悉环境。另一方面,是为了维护演出秩序,演出一旦开始,观众若随便进出,会影响其他观众，对演员也不尊重。有极其特殊情况下迟到，入场时一定要放轻脚步，当旁边观众协助自己入座时一定要致谢。

3. 就座礼仪

观众应尊重组织者的安排，持票排队入场，凭票按号入座。在寻找自己的座位时。若有领位员在场，最好请其带路或予以指点。若无领位员，自己最好从左侧向前行进，逐排寻找。千万不要为省时间省事走捷径，从别人座位上踩过或跨过。在走向自己座位的过程中，也要有礼貌的向已落座的观众说对不起，尽量不要与其他观众有身体接触。如果自己座位上已有别人，切不可争执，应主动出示自己的门票，必要时请工作人员处理。落座时要优雅，不能弄出咯吱的响声，不能东倒西歪，前仰后合，切忌脚乱伸，跷二郎腿。一旦落座不能随意进出，轻易不可与其他人调换座位。

4. 观看礼仪

观看演出时注意不能影响演员也不能影响其他观众。观众要全神贯注，专心致志。不要交头接耳，切不可大声评论，最好也不要与同伴切切私语，忌接打电话、忌粗俗，语言要文明，但也适时对同伴给予照顾。尽量不要使用通信联络设备，进入会场后，手机最好关机，至少一定要静音或振动。不进食，绝对不可在演出现场大吃大喝，也不要吃带壳的食物，或者是易拉罐类的饮料，这些都可能成为噪声之源、垃圾之源。观众要禁止吸烟，避免意外。不要心不在焉，看报纸，看杂志，听音乐，做自己的事都是不礼貌的行为。不要随便走动，从观众面前走过时一定要低头弯腰尽量不要打扰到别人。

5. 鼓掌礼仪

演员登台或表演结束或者演完退场时，观众要给予热烈友善的掌声，以表示欢迎或者感谢。只有演出结束后，观众全体起立，才可以有经久不息的掌声。节目不好或者不喜欢的演员，切忌喝倒彩，吹口哨，这是极不礼貌的行为。

6. 退场礼仪

演出结束后，观众有秩序的退场，不要制造混乱。晚会结束时通常请嘉宾先退场，观众切不可立刻离开。做文明观众，是个人素质高低的重要体现，观众是一场晚会成功的关键，没有观众晚会就失去了意义。

规范的晚会礼仪，一定会使晚会更加多彩，更加成功，无论是主持人、演员、或是观众，都会因为规范的晚会礼仪，增强了自身魅力，获得更多的快乐与满足！

◆ 小互动

你参加过正式的晚会吗？描述一下当时参加晚会的场景，结合这节内容，谈谈有哪些礼仪上需要改进的地方。

四、舞会礼仪

舞会作为晚会的一种重要的表现形式，在聚会中更能贴近人与人之间的关系，同样，对于参加者而言，也需要了解更多的舞会礼仪规范，从而使得人们在轻松、愉悦的舞会环境中更好地展示自我。

首先，舞会组织者要拟订客人名单，然后逐一发出邀请。邀请信要写得简洁明白，包括舞会时间、舞会地点、内容安排。若需穿着特殊的服饰,也要在邀请信上写明。当然也可以向客人发出口头邀请。发出邀请后,主人还要叮嘱客人给予回复,并再次表达自己的诚意。

1. 崇尚节俭

家庭舞会不必花许多钱去追求奢侈,以朴素省俭为原则。一个舞会的成功与否,并不在于花钱的多少,而在于大家是否高高兴兴、心情舒畅,舞会是否有其特色并达到交际的目的。

2. 选择舞曲

选择舞曲对舞会的成功与否至关重要。除了有好的音响设施外,主人一定要根据来宾的爱好搭配音乐,如果来宾中多为年轻人,那就准备些快节奏、节拍鲜明的曲子;如果多数人都不十分会跳舞,主人就要多准备些"慢三步"、"慢四步"曲子。对音乐播放的次序要精心设计,一般应该按"慢四"、"慢三"、"快三"、"快四"、"探戈"等顺序播放音乐,同时交替播放不同风格的曲目,不可只放同一类音乐,否则会使一部分人感到扫兴。

3. 准备场地

如果是家庭舞会,那么场地不可能很大,最好选择近乎正方形的厅,不要选狭长形的。在房间布置方面,力求大方雅致。舞场四周放些座椅,角落放上茶几,用来放置饮料、茶点。如房间带有阳台,可把它利用起来,放上几把舒适的椅子,作为休息的地方。

4. 设计灯光

为了烘托气氛,灯光要暗,家用的浅黄色或橙红色壁灯就很合适。若只有日光灯,蒙上彩色玻璃纸效果也很好。

图 8-24 大型舞会

5. 略备茶点

舞会上可准备一些小点心、糖果、饮料或自制的小食品等,若想增加情趣,也可备一点酒。

6. 待客之道

邀请客人的多少根据地方的大小而定,要留有回旋的余地,但也不要只请来疏疏落落的几位客人,过于清静而影响了情趣。邀请客人应选择喜欢跳舞而且比较熟悉的朋友。

作为主人应细心照顾来宾,要给那些没带舞伴的人介绍性情比较相投的舞伴。女主人要注意陪那些没有邀请到的男客人;男主人要注意发现有谁被冷落了,主动去与他们交谈。另外,要有意安排一两位比较活泼的朋友,来控制舞会的气氛,使大家都参与到"气氛"中来。

虽说是舞会，但也不要整个晚上都只是跳舞，最好能插入一些集体游戏，并准备一点有纪念意义的小礼物，发给游戏的幸运者，以使舞会不显单调。

7. 讲究公德

参加舞会时不要在舞厅里大声喧哗，也不要在舞池里来回穿梭；不可喝烈性酒；要自觉维护舞场卫生，不要在舞场内吸烟、喝酒，不要乱扔果皮、纸屑等。

8. 舞姿标准

身体直立，重心放在前脚掌，挺胸收腹，提臀，头部端正自然，目光从对方右肩上方向前平视。男士左臂弯曲举起，肘部与背部平行，掌心略朝上，轻握女士的右手；右肩伸向前方，右前臂弯曲，手指沿水平方向伸直，放在对方腰部。女士右臂弯曲举起，肘部与肩平行，手掌举至与对方左掌同高，手指并拢，掌心向下放于对方掌上，左手手指并拢，轻放在对方右上臂对面。起舞时脚跟和脚尖贴着地面轻轻滑动，旋转时以脚尖着地为转轴，脚跟略离地面。男女舞伴身体最好保持一拳的间隔。

9. 邀舞礼仪

只宜邀请异性。一般是男士主动邀请女士。如果关系特别熟，女士也可主动邀请男士。

男士邀舞时，应自然、大方、彬彬有礼地走到女士面前，双脚立正，面带微笑地行点头礼，右手掌心向上，向舞池中央自然前伸，并说"请！"。

如果被邀女士身边有父母或丈夫，应征得他们的同意。

女士一般不应拒绝男士的邀舞。如果不愿与某位先生共舞应有礼貌的婉拒，不能不加理睬或恶语伤人，当你拒绝了某位先生的邀请后，在这支曲子奏完之前，不可再接受别的男士的邀请。

10. 舞场交际

人们参加正规的舞会，不能只图尽兴跳舞，而忘了本应重点进行的交际活动。客人一定寻找机会与主人攀谈，以示对主人的尊重；对于旧交不能视而不见，而要叙叙旧情；同时尽可能多的结识新朋友，但在跳舞过程中，遇到异性故交，只宜用眼神示意，不能高声攀谈，以免冷落了自己的舞伴。

◆ 拓展与提高

其他舞会规则

1. 不能同性共舞，尤其不能两男士共舞。

2. 正式舞会的第一场舞应由主人夫妇、主宾夫妇共舞；如果夫人不跳，可由已成年的女儿代之。第二场舞男女主人与主宾夫妇交换舞伴。男士应避免全场只与一位女士共舞。第一场舞和最后一场舞必须和自己的舞伴跳。

3. 主办舞会的人员应主动陪伴无伴的宾客跳舞或为其介绍舞伴。

4. 一支曲子没结束不得中途更换舞伴。一曲结束后，男士应把舞伴送回原座位处。

5. 跳舞时应沿着正确的迈步方向起步，这样才不至于互相碰撞。一般来说，运转方向应沿舞场的右方逆时针运转。

6. 跳舞一般是男士带领，女士跟随。跳起来两人协调一致。步法的变换要用手通知女

社交礼仪

方,女士不要自作主张改变步法。

7.通常在拒绝别人时,可使用适当的委婉、暗示性的托辞。

(1)"对不起,已经有人邀我了。"

(2)"我累了,我想单独休息一会儿。"

(3)"对不起,我不喜欢跳这种舞。"

(4)"我不会跳这种舞。"

(5)"我不熟悉这首舞曲。"

◆实践训练

学员以小组为单位,组织一次简单的舞会。

第三节 寿诞礼仪

◆案例引入

【案例8-3】

王小杰忽然接到同学张忻的电话,问他什么时候来参加自己的生日聚会,这时王小杰才想起自己答应了今晚参加张忻的生日聚会。于是匆匆忙忙赶到聚会地点,发现来的人很多,有一些相识的同学,但也有很多不认识的人。王小杰在外奔波了一整天,衣服穿得很随便,加之连日来事情很多,脸上也满是疲惫之色。当王小杰随随便便,拖着有些疲惫的步子走进聚会厅时,看到别人都衣着光鲜,神采飞扬,不觉心里有点不快,后悔自己勉强过来参加聚会,所以脸色更是难看,没有一点笑容。张忻过来招呼王小杰,王小杰勉强表达了祝福,便坐在一旁喝了几杯啤酒,也不想与人寒暄,坐了一会便又借故离开了。

【讨论】

王小杰在参加同学的生日聚会,应该注意哪些礼仪方面的细节?

◆跟我学礼仪

一、青少年生日

青少年做生日典礼不叫做寿,只叫"过生日"。家长预先买好生日蛋糕和生日蜡烛并买几样或做几样小礼物,待到孩子生日那天(为不耽误学业和工作也可选择生日前后的星期日)带孩子去游一趟公园或参观展览。晚上家里搞一个小家宴,将准备好的蛋糕放在桌上,按孩子的年龄点燃相应支数的蜡烛,然后家长向孩子表示祝贺,为他祝福并交给他礼品。接着孩子自己(也可与家长合作)吹熄蜡烛。由孩子(也可与家长合作)将蛋糕按在场人数切成若干等份,大家同吃,以示祝贺。

图 8-25 青少年生日

在孩子生日前,家长为孩子邀请一些小伙伴到家里来共同祝贺孩子的生日,邀来的小客人应是孩子的好同学或邻友,应邀者来时应准备一两件小礼品。在生日那天的约定时间,小主人(过生日者)应与母亲一起在家门口迎接来宾,来宾应向小主人和他们的母亲问好!进屋后"小客人们"即可向小主人展示礼品,"小主人"应一一观赏并致谢!然后大家可以做一些小游戏。接下来是"蛋糕·蜡烛式"。由于人较多,在点燃蜡烛时大家最好能一起向着过生日的孩子唱起《祝你生日快乐》,歌罢吹熄蜡烛。

吃过生日餐后,家长应与孩子们共同设计一些助兴节目。比如看电影、唱歌、做游戏等。结束时,小主人与家长应将客人们送至门口,客人们应与主人握手并说:"再见,今晚玩得真开心!"主人亦应回说:"谢谢你的礼物"或"欢迎常来!"。

◆ 小互动

回想一下自己曾经举办或参加过生日聚会,当时的情形是怎样的?

二、祝寿礼仪

中国人祝寿一般从六十岁或六十六岁开始,不论是六十或六十六都是按虚岁计算,即按实际年龄提前一年。祝寿,也惯称作"过生日",老年人一开始"过生日",以后就须年年过,不能间断。平常为小庆,逢十如七十、八十、九十等,为大寿,要大庆,不但设宴待客,还唱大戏、放电影,或请唢呐班子演奏助兴。给老人贺寿的人有族内子侄辈和儿孙辈、女儿和女婿、侄女儿和女婿、干女儿和女婿、徒弟、学生、亲戚中的晚辈及朋友等,七十岁以上的高寿老人过生日时,街坊邻居也常备礼庆贺。

1. 祝寿准备

给老人祝寿,儿女们要提前做好各项准备工作。

第一是预备招待宾朋的菜肴和酒水;第二是准备寿面、寿桃、寿糕等。寿面叫长寿面;寿桃是用精致白面粉做成桃形;寿糕是用白面和红枣蒸制的多层枣馍,城镇多买生日蛋糕代替。第三要布置寿堂。寿堂一般在堂屋正厅,屋内张灯结彩,正面墙壁中间悬挂中堂图画,男寿多为南极仙翁,女寿多为瑶池王母,或八仙庆寿、或百寿图、或红纸书一大金色"寿"字。中堂两边为"福如东海长流水,寿比南山不老松"等祝福对联。墙下放礼桌,桌上陈寿桃、寿糕、寿酒等,两边两只红蜡烛。桌前地上铺设红毡或花席,以备后辈人行礼。

2. 祝寿仪式

中国人给老人庆寿并无严格的仪式程序，仅有大致的章法。一般是，寿辰之日，先把祖宗的神主牌位请于神案之上，点燃香烛，鸣放鞭炮，寿诞老人穿戴一新，率全家拜祭。之后，老寿星端坐寿堂椅上，晚辈们衣冠整齐，恭恭敬敬依次磕头祝寿，并献上贺寿礼品。祝寿磕头为"寿头"，"寿头"是必定要磕的，现在很多年轻人不会磕头，就变为三鞠躬了。

祝寿完毕，寿宴开始，众人给寿星敬酒，寿星把寿糕、寿蛋、寿果等吃食分给众人，众人踊跃嚼食，即替老人"嚼灾"。长寿面是寿宴上必有的食物，吃面时，儿女们要把自己碗中的面条拨向老人碗中一些，谓之给老人"添寿"。

寿宴后稍事休息，大家陪老寿星看戏、看电影。晚上请执事人等吃酒答谢。寿礼便圆满落幕。

3. 祝寿礼品

给老人祝寿的亲朋邻里都要拿祝寿礼品，祝寿礼品也多种多样，有衣服、鞋帽、手杖，有寿面、寿桃、寿糕或生日蛋糕，有肉、蛋、鱼、酒，有苹果、石榴、桃，还有写有祝寿字句的寿幛、寿联、寿屏和寿匾。也有朋友送戏、送电影庆贺的。忌讳送钟（终）。

4. 特殊寿礼

老人过六十六、七十三、八十四等生日时，祝寿礼比较特殊。

六十六占两个六字，象征"六六大顺"，老人和子女都很看重，所以寿礼较为隆重。"六十六，娘吃闺女一块肉"，父母六十六岁生日这天（北方地区也可在农历二月二时），已出嫁的女儿除一般礼品外，还须买六斤六两一块肉，蒸六十六个小寿桃为父母祝寿，以报答父母生养之恩。肉与小寿桃须父母两人吃，其他人不得分食，否则谓之"夺福"。

七十三岁和八十四岁，俗谓人的一道生死坎儿，谚云："七十三，八十四，阎王不叫自己去。"到了这个年龄，老人和子女都比较紧张，平时对老人加倍呵护，生日时也有个特别的破法，即子女买活鲤鱼为寿礼让老人吃，鲤鱼擅跳跃，吃了鲤鱼，就会跃过这道坎儿，获得平安健康。

三、成人生日晚会

生日晚会只是时间晚些，大家吃过晚饭后举行。生日的白天举行一个简短的赠礼式，家长将礼品送给孩子并祝福，然后家长带孩子出游。一般不主张在外面餐馆为孩子过生日。

近年来，人们尤其是年轻人越来越多开始以举办生日晚会这种形式来庆祝自己的生日了。顾名思义，生日晚会应当在晚上举行，地点可以是生日主人的家里也可以在饭店或餐厅里订一个房间。如在家里举办生日晚会应提前搞好卫生并对房间进行适当的装饰。

生日晚会开始之前，生日主人应站立在门口迎接客人，并对每位客人说一句"感谢光临！"。应邀前往的客人应准时到达，客人们的服饰要美观大方。可以送给生日主人件礼物，礼物的品种可根据生日主人的爱好或需要加以挑选，但鲜花是普遍受欢迎的。客人到齐后，生日晚会即可宣布开始！

四、宾客礼仪

被邀请参加诞辰纪念活动的客人除名人诞辰纪念活动外一般不应空手前往，而应随带一些礼品如蛋糕、糖果或适合老年人的滋补品等。穿着衣服要有节日气氛，一般不应穿黑色的，不要戴白色的胸花，妇女也不要穿全白色的衣裤或裙子。

要准时出席宴会或纪念活动,不要迟到或早退。庆祝诞辰一般要注意语言的吉利,如庆祝长辈的诞辰还要恭敬地向长辈敬礼祝贺。入席时要让长辈先坐,离别时要向长辈告别。因为庆祝诞辰的酒宴是礼节性的,故应节制酒量,不要互相灌酒或酗酒以免酒后失礼。庆祝活动结束后,主人如回赠礼品,可略作谦让但不要过分推辞。参加名人纪念集体活动也要注意服装整洁,遵守公共场所秩序。瞻仰故居纪念碑铜像等要态度严肃,不能喧哗或开玩笑以免破坏纪念活动的气氛。

◆ **拓展与提高**

常用祝寿词语

寿星高照	九如献颂
松鹤遐龄	百福骈臻
韶光流转	日月同春
身心愉快	天地比寿
精神愉快	延年益寿
如松如柏	青春永驻
花萼喜连荣	佳偶同欢庆
福如东海水	寿比南山松

◆ **实践训练**

以小组为单位,制作一封寿宴邀请函,模拟组织一次生日宴会。

第四节 婚礼的基本礼仪

◆ **案例引入**

【案例 8-4】
某酒店正在举行婚礼,在司仪的主持下,新郎跪下身向岳父岳母敬茶。一名女士身着白色套装,看到这一幕后小声地评价:"跪都没有跪相,摇摇晃晃的,茶都要洒出来了。"另一人接口道:"这种礼节很久不用了,现在又开始时兴起来。"第三人不禁大声问道:"什么时候废除的呢?"婚礼仪式结束后的宴请环节中,前两位参加者在新郎新娘敬酒之际,拉住新郎长时间交流,令新郎有些无所适从。
【讨论】
上面几位参加婚礼的人士的做法是否符合礼仪要求呢?

社交礼仪

◆跟我学礼仪

一、参加婚礼前的准备

1. 及时回应

收到喜帖邀请函后,要马上打电话或是回函给对方,别忘了要先说声"恭喜",然后再告知出席与否,以便让对方能掌握正确的出席人数。

2. 祝福贺词

红包袋的种类很多,结婚对一个人来说可是人生大事,一定要隆重,所以千万别忘了写上祝福的话。

3. 礼金适度

随社会的发展,收入的增加,礼金金额会有变化,各地风俗也不尽相同,总体原则是适可而止。但要偶数,偶数象征着双双对对的祝福,最忌4(死)和9(苦),礼金的纸钞最好是新的。

4. 着装礼仪

可以穿着小礼服参加婚礼,珍珠饰物优雅高贵,很适合参加婚礼时配戴。露肩式的小礼服,配上领巾或饰品不失为一种明智的选择。应注意千万不要穿黑色的网眼袜去参加婚礼,即使你穿的是黑色的裙子,只有在参加葬礼的时候才可以穿黑色的袜子。胸口袒露过多的款式缺乏高雅的品位,而过长的礼服不仅给人拖沓的感觉,还有过分招摇的嫌疑。白色是专属于新娘的颜色,因此参加婚礼的人绝对不能选择和新娘礼服相同的白色,这也是最基本的礼仪。对于新娘新郎而言,婚礼是他们人生最绚丽的舞台,为了表达对他们的祝福和尊重,不要穿日常的针织衫或棉质的衣服。

图 8-26　参加婚礼时着装

5. 到达时间

出席喜宴要提前半小时到达,而且要整理一下仪容,不要匆匆忙忙地赶到,不然很没礼貌。如果迟到、早退的话要事先通知对方。迟到时不要自行进入会场,最好让招待人员领你进去。若要早退,最好等来宾都致完词后再走。离开时不需要再跟新郎、新娘打招呼,但要跟坐同桌的两侧人打招呼。

在接待柜前,先对新人的亲戚道贺,报上大名,并要谢谢他们的招待。递上礼袋,正面朝上递给对方,此时顺便说些祝福的话。在签名簿上签名,如果夫妻一起出席,要先写先生的名字,再写太太的名字。

二、参加婚礼时的礼仪

1. 不抢风头

所有的婚礼都是为了新娘举行的,婚礼这一天永远属于新娘,连另一个主角——新郎也不过只是她的陪衬。想像一下,如果你在人家的婚礼上,大出风头,大抢眼球,那么可能这辈子新娘都会耿耿于怀。

2. 认真聆听

喜宴开始后至敬酒前这段时间是媒人和来宾致词。要安静聆听,不可喧闹。

3. 入座有礼

入座时要先跟邻席的人打招呼。如果同桌的都是陌生人,你也要表现出愉悦的心情。就座前先对同桌的人自我介绍一番,才不会显得尴尬,但也不要让自己太出风头。

4. 及时鼓掌

致词结束时要记得拍手。边听演说边用餐,但要记住最初和最后一定要放下餐具鼓掌。如果同桌有人上台演讲的话,尽量不要用餐,专心聆听。

5. 交流简洁

新郎新娘敬酒时,有些客人可能自觉和他们的关系较近,或为表示对新人的关心,常会拉着新郎或新娘说很长时间的话,这是一种不礼貌的做法。首先,来参加婚礼的都是新郎新娘的亲朋好友,不能这样分出亲疏远近来;其次,新郎新娘要应酬的是全场的客人,不能在一个客人那里花太多时间,冷落其他人;最后,新郎新娘敬酒主要是为表达对来宾的谢意,让大家分享自己的甜蜜幸福,说太多与此无关的话题与婚礼的氛围也不符。

8-27 婚礼现场布置

❋ 社交礼仪

◆ 小互动

学员们组织一次模仿举行婚礼的小活动,其他学员作为参加婚礼仪式的亲友,在整个活动中重点把握好在参加婚礼过程中应注意的礼仪规范。

◆ 拓展与提高

参加婚礼时常用的祝福贺语

心心相印	永结同心	佳偶天成	百年偕老
花好月圆	珠联璧合	天缘巧合	美满良缘
郎才女貌	同德同心	情投意合	天赐良缘
缘定三生	成家之始	鸳鸯璧合	文定吉祥

◆ 实践训练

假设你将参加同事的婚礼宴请。婚宴在一家高档中餐厅举行,参加婚宴者有新人的领导、亲友、同事等。你工作不久,很想给大家留一个好印象并借机结识新朋友。

从礼仪的角度谈谈你会怎么做?该注意什么?

第五节 吊唁礼仪

我国是个多民族国家,丧葬礼仪不全相同,但对死者的吊唁都要体现出对死者的尊重。吊唁礼仪主要有送奠仪、慰问死者家属、参加追悼会三个部分。

一、送奠仪

丧事是件大事,人们把它看作与婚事同等重大,习称为"婚丧大事"或"红白喜事"。因此,民间历来有在参加丧仪时送奠敬的习尚。

奠敬的数额,根据各个时期生活水平的情况而定。主要应量力而行。其意义,一是对亡者表示祭奠;再是借以资助丧家办事费用。在农村,按旧习还有赠白布或大米的做法。在城市则习惯送现金或绸缎被面等。有少数人借办丧事的机会广为收礼,致使送奠仪尽失原意,这是应当予以抵制和反对的。

当丧事已办完之后,作为丧家,一般都要略备水酒,请亲友一叙。一来酬谢诸亲好友的盛情厚意;二来亲友们也可借此机会宽慰死者家属。这在南方谓之吃"豆腐饭"(在北方,多是在亲友于灵堂祭奠之后、起灵之前摆饭款待来宾)。但在农村的某些地方,至今还存在"吃死人"的陋习。特别是七十高龄以上的老人死后,往往全村成群结队到死者家里吃喝三天。

而且还有什么"死者家属三天能自行做主"的陋习由其他人代买代办。有的甚至吃完了还要拿走碗、盆、碟等,说是这样做可以"借寿"。像这类陈规旧俗,常使许多有老人的人家忧心忡忡,产生有"死不起"的感触。这种不良习俗,是应当予以革除的。

二、慰问死者家属

人生中最难受的事情莫过于生离死别。生离虽难,但总还有他日重聚之望,而一旦死别则成永诀。特别旧社会所谓的人生三大不幸:幼年丧父(或母);中年丧妻(或夫);老年丧子(或女、或婿),更加让当事者痛断肝肠。因而,对死者家属的慰问是十分必要的。

安慰死者家属不仅仅是表示同情,或者相伴流泪。一般来说,要注意以下几个方面:

1. 了解死者亲属的身体健康状况

因为过度的悲伤和因对死者临终前连日侍奉的劳累(特别是久病不愈),会使死者亲属的体力下降,甚至因哀伤过度而致病。如本来就患有慢性重症的,则更应劝其节哀止悲。此时,可找几个平日知心的朋友一起相劝,尽量转移话题,分散其注意力。对于特别会引起亲人悲伤的送葬或火化场面,如死者亲属身体多病或年迈,则应劝阻其不要去现场。以免因悲恸过分而发生意外。

2. 了解死者亲属在死者去世后的主要思想顾虑

注意了解一下死者亲属是否有家庭困难、子女教育,或是有未竟之遗业。对此,要有的放矢地做好劝慰。如需通过组织、亲友、师长或子弟解决的,则应积极协助解决。以使亲属打消顾虑,减轻忧虑和悲痛。

3. 针对亲属的喜好,拣他(或她)高兴的事多讲

例如亲人虽已亡故,但子女们已经成才,且学有长进,工作有成绩的,则应多多提及子女情况,使家属看到希望。如果能让子女同时进行劝慰,效果当能更好。

4. 对死者亲属多给予谅解

如死者亲属由于悲痛而对丧事的料理或接待工作有所疏忽或不周之处,都应予以谅解,不仅如此,还要积极配合家属处理好各项事务,决不要因小事而心存芥蒂,以致使死者家属更加伤心和悲痛。

三、参加追悼会

举行追悼会,是为了表示对死者的怀念和寄托大家的哀思。所以,无论是参加追悼会或是吊唁,都应注意以下几点。

1. 要注意服装

过去,我国对丧服礼制比较复杂。不同的亲属要穿不同的丧服。有斩衰、齐衰、大功、小功和缌麻等区分。对居丧期也有不同的规定。近年来,这方面的做法已逐渐简化。在农村,凡直系亲属都披麻戴孝;其他的亲属则戴白布做的白孝帽或束白腰带。城市虽不怎么讲究这一套,但是吊唁和追悼会的气氛也是很沉痛和肃穆的。因而,吊丧人的穿着要与之适应。一般宜穿深色的衣服,也可穿比较素雅的服装,衣服上可佩戴白花、黄花或黑纱。但千万不能穿红着绿,或穿色彩鲜艳的大花衣服。因为这是一种严重失礼的行为。

2. 要注意礼貌

为了表示对死者的怀念,吊唁时可送一个花圈或一副挽联。当然,也可只在准备好的签到簿上签名。在追悼会上的态度要沉痛,走路要轻手轻脚,说话要低声。追悼会开始后,要

❋ 社交礼仪

按规定的位置站立端正，奏哀乐时不要东张西望，默哀时要低头静默，总之，要尊重死者家属的安排和遵守会场秩序。切不可见了熟人就三五成群、谈笑风生，更不能中途退场，这既是对死者的不敬，也是有失吊唁者身份的。

3. 在纪念死者的同时更要关心生人

尤其是同死者生前关系密切的人，在追悼会后，还应注意帮助家属解决一些困难。逢年过节时，还应前往探望切不可"人在人情在，人走茶就凉。"

◆ 实践训练

结合所学知识，学员以小组为单位，各设计一套大型社交聚会的仪容礼仪和服饰礼仪方案。社交聚会的目的及形式由各小组自行设计完成。

附 录

附录一

岁时节令礼仪

(一)传统节日

1. 元旦

元旦,又名元日、岁首,是汉族的传统节日,最初流行于黄河流域和长江流域,现已成为全国性节日。旧时元旦,与今日春节同义,即农历正月初一日。《尚书.舜典》曰:"月正元旦,舜格于文祖。"《正义》中记载:"正月旦,岁之始,日之始,故云四始。"先秦时期,这一天皇室要举行盛大的祭祀仪式,广开豪宴,招待四方宾客;民间亦开喝春酒之习,这便是春节的源头。到了汉朝,朝廷正式下令将元日定为节令,并有朝会之仪。民间始有祭祖尊老之礼。南北朝时,方有元旦之称,并有贴年画、燃放鞭炮、相互祝愿等仪俗。唐宗以后,又增加拜年、宴饮、玩赏等礼俗。到了明清时代,习俗愈加丰富。无论官民贫贱,这一天均穿新衣、戴新帽、着新鞋,内外焕然一新。礼神祭祖,焚香燃烛,一家老少阖家团圆,或丰或俭,尽其所有,以庆新年伊始。出门拜年,路遇亲友,长揖不绝,互祝新喜纳福,万事顺利。元旦礼仪到了近代,发生了许多变化。幸亥革命后,我国使用公历,将正月初一定为春节,把公历1月1日定为新年元旦。1949年9月27日,中国人民政治协商会议第一届全体会议将公历1月1日正式定为元旦。元旦期间,休假一天,民间有拜年、放烟花爆竹、送贺年片、宴请亲朋的礼俗,社会团体多举办一些新年酒会和舞会等活动。

2. 春节

春节是中华民族的传统节日,亚洲许多国家也有这一节俗,春节原称元旦,元日,每年农历正月初一守此节,为中国诸节之首。

中国人民过年的礼仪是很复杂的,一进腊月门,过年的气氛便一天浓似一天。有民谚云:"腊鼓鸣,春草生。"乡民们为祈求福寿吉祥,避灾免祸,在广场上敲起细腰鼓,戴上假面具,扮成力士金刚的模样跳起乡风舞,来祈求平安。

从宋代起,腊月初八吃腊八粥就成了百姓们习俗。据说腊八粥是从寺庙传至民间的,释迦牟尼在得道成佛之前,游历各地,饥饿昏倒,一个牧羊女用五谷杂粮将其救活,由此精神百倍,得道成仙。这一天就是腊八日。于是相沿成习。腊八粥用黄米、白米、江米、小米、菱角米、粟子、红小豆、去皮枣泥等,和水煮熟,再加

— 205 —

核桃仁、杏仁、瓜子、花生、榛穰、松子及白糖、红糖和葡萄干以作点染即成。至今这一习俗不废,只是粥中原料有些变化而已。

送灶,时在腊月二十三日。旧时这一天的晚上,民间有送灶神的习俗。在黄河流域诸省,送灶用些糖瓜之类,还要备些清水草豆,据说糖瓜是给灶神吃的,清水草豆是为灶神的马匹准备的。祭毕,将灶神请下,与千张、元旦一同焚化,到除夕日再行接灶供奉。送灶,在一些地方也称过小年,要燃放鞭炮,有吃饺子和年糕的习俗。

除夕,又称大年夜,时在农历十二月的最后一天,这一天家家户户要摆天地桌,供奉家祖和神灵,在室内(多是卧室内)贴年画,多是四美图和一些忠孝节义的故事,以山东潍坊杨家埠、江苏桃花坞和天津杨柳青的为最好。在大门上要贴春联,并在门楣上挂门钱。除夕夜,家家守岁不睡觉。

到了晚上零点时分,由家长将新灶神像贴好,于像前放些贡品,意思是把灶神从天上接下来了,直到现在许多地方仍有这一习俗。

守岁和年夜饭是春节的重要内容,零点时分辞旧迎新鞭炮声响起,热腾腾的饺子或汤圆端了上来,全家人辞旧迎新,共庆新的一年的开始。现在的春节家家坐在电视机前看春节晚会,共品生活美酒,形成了新的春节习俗。

春节前后,社会团体一般要举办迎春会、团拜会、招待会,同时要去探望高龄的老同志,民间在外地生活的人们,纷纷放下工作,奔回父母身边,共享天伦之乐。

除夕过后,人们相见要互致问候,俗称拜年。

3. 元宵节

元宵节是我国主要的传统节日,也叫元夕、元夜,又称上元节,因为这是新年第一个月圆夜。因历代这一节日有观灯习俗,故又称灯节。元宵节俗的形成有一个较长的过程,据一般的资料与民俗传说,正月十五在西汉已经受到重视,汉武帝正月上辛夜在甘泉宫祭祀"太一"的活动,被后人视作正月十五祭祀天神的先声。历代人们除游灯市外,又有迎紫姑祭厕神、过桥摸钉走百病等习俗,有击太平鼓、秧歌、高跷、舞龙、舞狮等游

戏。同时,还要吃些应节食物:南北朝时代元宵节吃拌和肉与动物油熬煮的豆粥或米粥,唐代吃一种叫"面茧"的面食,到宋代有盐豉汤和绿豆粉做的科斗羹,并出现了"圆子",此后元宵节南北方均以吃元宵为习。

4. 清明节

清明节在每年的农历三月初。旧时清明节前一天为寒食节,不能动烟火,只吃头一天准备下的冷食。因二节相距太近,于是渐渐地融为同一节日。清明节是我国传统节日,也是最重要的祭祀节日,是祭祖和扫墓的日子。扫墓俗称上坟,祭祀死者的一种活动。汉族和一些少数民族大多都是在清明节扫墓。按照旧的习俗,扫墓时,人们要携带酒食果品、纸钱等物品到墓地,将食物供祭在亲人墓前,再将纸钱焚化,为坟墓培上新土,折几枝嫩绿的新枝插在坟上,然后叩头行礼祭拜,最后吃掉酒食回家。直到今天,清明节祭拜祖先,悼念已逝的亲人的习俗仍很盛行。清明节的习俗是丰富有趣的,除了讲究禁火、扫墓,还有踏青、荡秋

千、蹴鞠、打马球、插柳等一系列风俗体育活动。相传这是因为清明节要寒食禁火,为了防止寒食冷餐伤身,所以大家来参加一些体育活动,以锻炼身体。因此,这个节日中既有祭扫新坟生别死离的悲酸泪,又有踏青游玩的欢笑声,是一个富有特色的节日。

5. 端午节

端午节,又称粽子节,"端"的意思和"初"相同,称"端五"也就如称"初五",起源众说纷纭。但民间多以纪念伟大的爱国诗人屈原为信。屈原遭谗不用,五月五日投江而死。百姓哀其忠良不幸,每日往江中投粽子祭奠。以后演变成吃粽子,划龙舟竞渡。这一天,民间有吃粽子、划龙舟、喝雄黄酒、系五彩绳、插艾蒲等礼俗。

6. 中秋节

农历八月十五日,是我国传统的中秋节,也是我国仅次于春节的第二大传统节日。八月

十五恰在秋季的中间,故谓之中秋节。我国古历法把处在秋季中间的八月,称谓"仲秋",所以中秋节又叫"仲秋节"。中秋节是汉族的传统节日,流行于全国各地。汉代就有了中秋节的雏形,到了唐代,中秋赏月已经十分盛行,到了宋朝定为节令,祭月赏月是节日的重要习俗。古代帝王有春天祭日,秋天祭月的社制,民家也有中秋祭月之风,到了后来赏月重于祭月,严肃的祭祀变成了轻松的欢娱。中秋节时,云稀雾少,月光皎洁明亮,民间除了要举行赏月、祭月、吃月饼祝福团圆等一系列活动,有些地方还有舞草龙、砌宝塔等活动。除月饼外,各种时令鲜果干果也是中秋夜的美食。

中秋节,是团圆节。人们习惯一家老幼围桌而坐,赏月品酒。兴致浓时,分食大月饼,称吃团圆月饼。

7. 重阳节

重阳节在农历的九月九日,《易经》以阳爻为九,九为阳数,两九相重,故名重九,日月并阳,两阳相重,又称重阳。重阳这一天,人们赏玩菊花,佩带茱萸,携酒登山,畅游欢饮。九月重阳,天高云淡,金风送爽,正是登高远眺的好季节,因此,登高便成了重阳节的重要习俗。住在江南平原的百姓苦于无山可登,无高可攀,就仿制米粉糕点,再在糕面上插上一面彩色小三角旗,借以示登高(糕)避灾之意。重阳节还有插茱萸,饮菊花酒,吃重阳糕等风俗。

现代重阳节许多地方又增加尊老的内容,因此重阳节又含有敬老节的内涵。

(二) 外来节日

1. 圣诞节

圣诞节从12月25日算起,连续一个星期。圣诞节前夕,教徒们组成歌咏队,到各个教徒家去唱圣诞歌曲,称之报挂普。天主教会午夜12时,即25日零点举行"子夜弥撒",有盛大宗教仪式。

在西方各国，圣诞节的宗教气氛已经大大地减弱了，到了这一天圣诞节老人是最受欢迎。身穿红皮袄、头戴大皮帽、银须白发、红光满面、和蔼可亲的圣诞老人，在五彩缤纷的圣诞树下，给孩子们赠送礼物，孩子们个个拍手欢笑，家家欢宴，户户开怀。人们相互道圣诞快乐，其欢乐之情如同中国的春节一般无二。

圣诞节，近年来在我国沿海城市中流传很广，在青年人中影响较大。

2. 父亲节

即每年六月的第三个星期天。这个节日是由美国一位妇女率先倡导的，她就是达德夫人。达德夫人幼年丧母，兄妹六人全靠父亲一人抚养长大。为此，她十分感谢父亲的养育之恩。1910年向教会建议每年六月的第三个星期天为父亲节。

1972年，美国国会正式规定了这个节日。每逢节日，凡是父亲健在的子女佩带一朵红玫瑰，父亲去世的佩带一朵白玫瑰，带上给父亲的礼物，去给庆贺节日。不能去看望父亲的子女，也应寄上礼物或贺卡给父亲，以表示对父亲的尊敬，这一节日在我国已有流传。

3. 母亲节

每年五月的第二个星期天庆此节，这个节日源于美国。在著名的妇女活动家贾维斯建议下，由美国国会规定的。目前已流传欧亚大陆的许多国家，成为一个世界性的节日。

在一些国家，每逢母亲节，家家户户都挂起国旗或彩旗以表示对母亲的尊敬。儿女们只要有可能，尽量地赶回家中回到母亲身边欢度节日。在外地不能回家的儿女们，也要寄上礼物或打电话向母亲祝贺节日，用此来表达对哺育他们长大的慈母的爱。母亲们也十分喜欢这个幸福团圆的日子，高高兴兴地和儿女们共享节日的快乐。这一节日在我国也已有流传。

4. 情人节

情人节也称瓦伦丁节，可以追溯到一千多年以前，公元三世纪，好战的罗马克拉底斯大帝，为了扩军备战，不许青年人谈情说爱，禁止已到婚配年龄的青年男女结婚成家。这一暴政当然受到人民的反对，牧师瓦伦丁不仅劝阻大帝收回成命，同时勇敢地向这一禁令挑战，毅然为青年男女主持婚礼仪式。这极大地触怒了统治者，遂被捕入狱，后死在狱中。

瓦伦丁是为了青年人的爱情而死的。人们为了纪念他，就把他逝世的二月十四日定为情人节。每到这一天，世界各地的青年男女要选一件精美的礼物送给自己的心上人。青年女子则把月桂树叶贴在枕头上，期盼着能与自己的白马王子在梦中相会。其他不同年龄阶层的男女，也可以用不同的方式来表达对自己配偶或恋人的情感。情人节在我国城市的年轻人中开始盛行起来。

附录二

我国一些城市的雅号

蓉城、锦城——四川省成都市
榕城——福建省福州市
牡丹城——河南省洛阳市
花果城——山西省临汾市
油城——甘肃省玉门市
盐城——四川省自贡市
锡都——云南省个旧市
煤都——辽宁省抚顺市
瓷都——江西省景德镇市
汽车城——吉林省长春市
石头城——江苏省南京市
雨城——四川省雅安市
花园城——浙江省杭州市
刺桐城——福建省泉州市
钢都——辽宁省鞍山市
烟城——河南省许昌市
酒城——四川省泸州市
纺织城——陕西省咸阳市
英雄城——江西省南昌市
龙城——山西省太原市
羊城、花城——广东省广州市
塞上煤城——宁夏回族自治区石咀山市
镍都——甘肃省金昌市
青城——内蒙古呼和浩特市
春城——云南省昆明市
日光城——西藏拉萨市
泉城——山东省济南市
水城——江苏省苏州市
江城——湖北省武汉市
冰城——黑龙江省哈尔滨市
山城——四川重庆市
瓜果城——甘肃省兰州市
草原钢城——内蒙古包头市
化学城——吉林省吉林市

附录三

世界时差对照表

世界时（格林威治标准时）中午十二时与世界一些城市当地时间对照表

地名	时间	地名	时间	地名	时间
北京	20:00	地拉那	13:00	莫斯科	15:00
旧金山	4:00	斯德哥尔摩	13:00	德黑兰	15:30
墨西哥城	6:00	维也纳	13:00	卡拉奇	17:00
危地马拉城	6:00	华沙	13:00	科伦坡	17:30
哈瓦那	7:00	罗马	13:00	新德里	17:30
巴拿马城	7:00	布拉格	13:00	孟买	17:30
波哥大	7:00	巴黎	13:00	达卡	18:00
利马	7:00	日内瓦	13:00	仰光	18:30
华盛顿	7:00	布达佩斯	13:00	金边	19:00
纽约	7:00	贝尔格莱德	13:00	曼谷	19:00
加拉加斯	7:30	柏林	13:00	河内	19:00
圣地亚哥（智利）	8:00	索非亚	14:00	乌兰巴托	19:00
布宜诺斯艾利斯	9:00	大马士革	14:00	雅加达	19:30
蒙得维的亚	9:00	安卡拉	14:00	新加坡	19:30
雷克雅未克	11:00	开罗	14:00	马尼拉	20:00
伦敦	12:00	卢萨卡	14:00	伊尔库茨克	20:00
科纳克里	12:00	开普敦	14:00	平壤	21:00
阿克拉	12:00	布加勒斯特	14:00	东京	21:00
巴马科	12:00	赫尔辛基	14:00	大阪	21:00
达客尔	12:00	巴格达	15:00	堪培拉	22:00
阿尔及尔	12:00	内罗毕	15:00	惠灵顿	24:00
布拉柴维尔	13:00	达累斯萨拉姆	15:00		

附录四

中外主要节日

中国主要传统节日

春 节　农历正月初一,又称过年、正旦、正朝、新正、新年、新春、元展、元日、元朔、朔日等。

元宵节　农历正月十五,又称灯节、上元节。

清明节　公历4月5日前后,又称踏青节。

端午节　农历五月初五,又称端阳节、重五节、重午节、天中节、开长节,是我国传统的三大节日之一,古又称"龙子节"。

七 夕　农历七月初七,又称七巧节、女儿节,人们又称之为中国的"情人节"。

中秋节　农历八月十五,又称团圆节。

重阳节　农历九月初九,又称重九节、茱萸节、菊花节。

腊八节　农历腊月(十二月)初八。

中国官方节日:

元旦	一月一日
国际劳动妇女节	三月八日
植树节	三月十二日
国际劳动节	五月一日
中国青年节	五月四日
国际儿童节	六月一日
建党节	七月一日
建军节	八月一日
教师节	九月十日
国庆节	十月一日

世界主要节日

圣诞节　十二月二十五日,天主教徒、基督教徒的宗教节日,现已成为欧美国家的主要节日。

复活节　每年春分(3月21日或22日)月圆之后的第一个星期天。

佛诞节　农历4月8日,佛教节日,相传这一天为释迦牟尼的诞生日,又称浴佛节。

开斋节　伊斯兰教节日,在太阳年历10月1日,又称放肉节。

巴西狂欢节　每年二三月中,为期3天。

美国感恩节　每年十一月的第四个星期四。

✱ 社交礼仪

　　加拿大枫糖节　每年三月,枫糖采制季节。
　　情人节　二月十四日,欧美及大洋洲一些国家的节日。
　　护士节　五月二十日。
　　美国母亲节　五月的第二个星期日。
　　美国父亲节　六月的第三个星期日。
　　万圣节　十一月一日和二日夜晚,又叫万灵节、亡人节,欧美、拉丁。
　　愚人节　四月一日,欧美。
　　莎士比亚戏剧节　四月二十三日,英国。
　　敬老节　九月十五日,日本。
　　老人节　九月第二个星期日,美国。
　　阵亡战士纪念日　五月三十日,美国。
　　南太平洋艺术节　四年一度,每次在六七月举行,澳大利亚、新西兰、库克群岛、瑙鲁、汤加、西萨摩亚、斐济、巴布亚新几内亚等二十多个国家和地区。
　　玫瑰节　六月的第一个星期天,保加利亚。
　　意大利狂欢节　二月中旬。
　　仲夏节　夏至(6月21日或22日)前后,瑞典、罗马尼亚等国。

附录五

欧美人婚龄命名

一周年：纸婚
二周年：棉（花）婚
三周年：皮（革）婚
四周年：水果婚
五周年：木婚
六周年：糖果婚
七周年：羊毛婚
八周年：（青）铜婚
九周年：陶器婚
十周年：锡婚
十一周年：钢婚
十二周年：丝婚
十三周年：花边婚
十四周年：象牙婚
十五周年：水晶婚
二十周年：瓷（器）婚
二十五周年：银婚
三十周年：珍珠婚
三十五周年：珊瑚婚
四十周年：红宝石婚
四十五周年：蓝宝石婚
五十周年：金婚
五十五周年：绿宝石婚
六十周年：钻石婚
七十周年：白金婚

附录六

一些国家的生活禁忌

适用对象	禁忌事项	禁忌俗由
日本人	用绿色作装饰色	不祥之色
印尼·中爪哇人	晚间出门吹口哨	招鬼、遇灾
不丹人	留山羊胡子	越轨行为
印度人	将小孩放在浴盆里洗澡	不流动的死水
印度人	在丧礼中节哀	有悖礼教
巴基斯坦人	谈猪、吃猪肉、用猪制品	教俗
沙特人	客人随意进入主人房间	男女用房有别
伊拉克人	日常生活中使用蓝色	魔鬼的象征
土耳其人	用花颜色装饰房间	不吉利的象征
捷克人	用红三角作标志	巨毒的标记
欧美人	用左手握手，让贵宾坐于左侧	失敬、卑下
西方人	用棕色物送礼或装饰	邪恶凶丧之色
西方人	偶然弄洒了盐	坏运气之兆
西方人	在公共场合谈不吉利的话	招邪致灾
西方人	打破镜子	坏运的征兆
瑞典人	饮酒	俗定
匈牙利人	打破玻璃器皿	逆运的先兆
比利时人	蓝色服装，以蓝色物作装饰	不祥，恶兆
英国人	在公共场合直接提"厕所"一词	不礼貌
英国人	用人像作商品装璜	俗定
法国人	用核桃待客或作装饰物	不吉祥
英美人	在公共场合或丧礼中悲哀	知礼者节哀
意大利人	以手帕为礼品	亲友分离
意大利人	在房间、门厅、过道、车内吹过堂风	招致患病
希腊人	养猫玩、爱猫	引人至阴间
埃塞俄比亚人	出门作客时穿黄色服装	哀悼死者
南美·印第安人	在陌生人面前说出自己的真名	带来不幸
巴西人	用黄与紫的调配色作代装饰色	引起恶兆
多国人	用左手握手或递物于客人	不敬，侮辱

读者反馈意见

亲爱的读者：

　　感谢您对《社交礼议》的支持和热爱，为了今后为您提供更好的服务，请您抽出宝贵的时间来填写下面的意见反馈表，以便我们更好地对本教材做进一步改进，同时如果您在使用本教材的过程中遇到了什么问题，或者有什么好的建议，也请您来信、来电告诉我们。

　　地址：北京市丰台区科学城南极星大厦108室
　　电话：010 - 83794590/83794403
　　电子邮箱：caikai6223@263.net　　QQ：649319527　　QQ：1694299827
　　网址：WWW.KFHWH.CN

教材名称：《社交礼仪》
个人资料：
姓名：_____　年龄：_____　所在院校/专业_____
文化程度：_____　通讯地址：_____
联系电话：_____　电子信箱：_____
您使用本书是作为：□指定教材□选用教材□辅导教材
您对封面设计的满意度：
□很满意□满意□一般□不满意□改进建议_____
您对本书印刷质量的满意度：
□很满意□满意□一般□不满意□改进建议_____
您对本书的总体满意度：
从语言质量角度看□很满意□满意□一般□不满意
从科技含量角度看□很满意□满意□一般□不满意
本书最令您满意的是：
□指导明确□内容充实□讲解详尽□实例丰富
您认为本书在哪些地方应进行修改？（可附页）
_____
_____
您希望本书在哪些方面可进行改进？（可附页）
_____
_____